创业原理、案例与实训
以中华文化为背景

张耀辉 王勇 著

清华大学出版社
北京

本书封面贴有清华大学出版社防伪标签，无标签者不得销售。
版权所有，侵权必究。举报：010-62782989，beiqinquan@tup.tsinghua.edu.cn。

图书在版编目(CIP)数据

创业原理、案例与实训：以中华文化为背景/张耀辉，王勇著．—北京：清华大学出版社，2022.3
ISBN 978-7-302-54846-1

Ⅰ．①创… Ⅱ．①张… ②王… Ⅲ．①创业—研究 Ⅳ．①F241.4

中国版本图书馆 CIP 数据核字(2020)第 017681 号

责任编辑：王如月
封面设计：李　唯
责任校对：王荣静
责任印制：杨　艳

出版发行：清华大学出版社
　　　　网　　址：http://www.tup.com.cn，http://www.wqbook.com
　　　　地　　址：北京清华大学学研大厦 A 座　　　邮　编：100084
　　　　社 总 机：010-62770175　　　　　　　　　邮　购：010-62786544
　　　　投稿与读者服务：010-62776969，c-service@tup.tsinghua.edu.cn
　　　　质量反馈：010-62772015，zhiliang@tup.tsinghua.edu.cn
印 装 者：北京同文印刷有限责任公司
经　　销：全国新华书店
开　　本：185mm×260mm　　　印　张：14.75　　　字　数：328 千字
版　　次：2022 年 3 月第 1 版　　　　　　　　　　印　次：2022 年 3 月第 1 次印刷
定　　价：59.00 元

产品编号：086065-01

本教材是国家精品在线开放课程"创业基础（MOOC）"的参考书目之一，得到了2018年度广东省本科高校教学质量与教学改革工程项目"实践育人创新创业教学团队"和暨南大学2019年本科教材重点资助项目"创业原理、案例与实训——基于中华文化背景"的资助

前　　言

在中国经济社会不断发展的今天,一个重要问题正摆在中国创业教育者的面前,那就是我们所使用的创业原理以及以此为基础编写的教材无不是以西方,特别是以美国经济管理学家的研究成果汇编的。但是,不论是中国现在经历的改革开放,还是曾经闯荡南洋致富后的中华儿女,有大量的商业实践并不符合西方创业理论,这让我们不能不警觉:来自西方的创业理论中,也存在一些没有考虑到的因素,如果反复使用西方经济学、管理学的思维范式,中国传统思维方法将无法立足,无法建立起具有中华文化特色的创业理论框架。这让我们这些身处中华背景下的创业教育者感到困惑。

我们的警觉不仅来自理论建设的困难,还来自越来越多的创业实践者以西方思维来指导和判断,创业的意义也越来越西方化的现实。

有一些人认为:保留了文化符号就可以传承中华文化,但是符号只是符号,不是思维方式;当思维方式被悄悄地置换,保留的只是文化符号,价值观和方法论却全部丢失了,这个损失可能不是财富增长能够弥补的。

笔者曾经认为致富就是一切。然而,当致富的思维方式变成了其他文化的时候,致富所影响的需求行为和企业行为,都是在传播其他文化,我们自己也在这个过程中逐渐迷失。

在不失去自我的前提下发展自己,是一个有着优秀文化传统的大国负责任的表现。世界不可能只有一种文化,百花齐放才能欣欣向荣。为了保护文化而不去推动发展,文化虽然能在古代封闭的环境下得以存活,却无法在开放、进取和竞争的环境中发展,最后仍免不了被否定。面对西方文化在各方面对中华文化的渗透,需要觉醒:一是我们需要回到自己的文化上来,解释和指导我们自己的实践;二是无论从世界文化多元化,还是从中华传统文化传承的角度,我们都需要保护和发展让世界和平、进步的文化。

世界需要进步,世界更需要和谐。如果以追求"世界进步"为唯一的理由,以牺牲其他民族文化为代价,世界便没有了和谐。中华文化强调"和而不同",承认差别,承认不同,也承认进步。但中华文化先强调和谐,在和谐的前提下共同进步,这样的主张有利于促进人类共同繁荣。

这正是中华文化的优秀之处,也应是未来世界的重要文化取向。中国在走向强大,需要将这一优秀文化分享给世界。我们自己首先应该觉醒,从现有的创业行动中归纳出具有中华文化特色的创业理论,将这样的理论向中华儿女传播,指导他们的创业实践,让他们的创业实践体现优秀的中华文化,并在其中使中华文化得到广泛传播。

创业理论要体现文化,能够有融合文化的能力,这是由文化的渗透性决定的。从中华文化出发,建立以中华文化为基础,吸收西方创业理论中的营养,指导人们创业实践的

创业理论体系,是本书的目的。其重要特点是:

(1) 以中华文化为背景,结合国内外主流创业理论,强调创业是一个长期的过程,是一个追求百年老店的过程,也是一个不断成长的过程。

(2) 从人性出发,而不是从市场出发,把创业与人的成长结合起来,使文化更能体现在创业过程和创业结果之中。

(3) 从文化角度理解创业机会,评估创业机会,通过挖掘创业机会,弘扬中华文化。

(4) 强调商业模型与规划的意义,借助商业模式的分析工具,结合中华文化,特别是指导企业积累成长资源,引导企业持续成长。

(5) 在创业者与机会的整合基础上,形成创业计划,把创业资源作为创业计划推广的结果,同时也重视创业资源对文化的融合和承载作用,通过创业资源积累、转换、整合来放大自己的资源。

(6) 突出企业成长与发展战略,把内创业方法作为创业企业成长的重要手段。特别强调在大量企业面临转型创业时,内创业方法对企业更有借鉴意义。

作者希望通过本书向读者解释中华文化下的创业动力是否强劲及其是否能推动创新创业。帮助读者理解中华儿女在创业中的优势以及在中华文化中是否隐藏着商业智慧;帮助读者理解中国改革开放和今天的"大众创业,万众创新"的巨大成就以及企业转型创业的热潮,是否源自于中华文化的影响;帮助读者把培育有中华文化精神的未来领导力与创业指导结合起来,在实践中为实现中华民族的伟大复兴助力。

本书是暨南大学规划教材,推荐大家在"创业基础""创业哲学"及相关课程中使用,希望它成为创业者提升创业能力的培训教材或参考书,乃至弘扬中华文化的学习读本。

目 录

第一章 创业理论与创业环境 … 1

一、创业理论与创业过程 … 2
　　1. 创业与创业成功率 … 2
　　2. 创业理论 … 5

二、创业环境与外生创业动力 … 10
　　1. 创业家创业 … 11
　　2. 外生创业动力 … 13
　　3. 创新、创业的环境动力 … 15

三、创业文化与内生创业动力 … 16
　　1. 中国的"双创"环境 … 17
　　2. 创业文化、创业行为与创业精神 … 18
　　3. 内创业及其动力 … 20

四、案例精读 … 22

五、课后思考题 … 23

第二章 华人创业特点与中华文化下的创业追求 … 24

一、华人创业行为特点 … 25
　　1. 以勤为德 … 25
　　2. 克俭容人 … 25
　　3. 皆可商量 … 25
　　4. 以情为先 … 26
　　5. 用钱挣钱 … 26
　　6. 商业智慧 … 26
　　7. 低调忍让 … 27
　　8. 经营面子 … 27
　　9. 回避风险 … 27
　　10. 重权轻技 … 28

二、中华文化在创业中的优势 … 28
　　1. 中华文化优秀在哪里 … 29
　　2. 中华文化在创业中的优势 … 30
　　3. 中华文化与追求百年老店的创业 … 32

三、外部对中华文化的影响与追求创新下的中华文化 ………………………………… 34
    1. 外部对中华文化下的创业行为影响 ………………………………………………… 34
    2. 中华文化下的创新、创业 …………………………………………………………… 36
四、案例精读 ……………………………………………………………………………… 37
    1. 靠胆量淘到第一桶金 ………………………………………………………………… 37
    2. 靠胆识缔造辉煌 ……………………………………………………………………… 38
    3. 无心插柳重回巅峰 …………………………………………………………………… 38
    4. 一个人富不算富,大伙富才真叫富 ………………………………………………… 39
    5. 洒向人间是大爱 ……………………………………………………………………… 40
五、创业思维训练 ………………………………………………………………………… 41
六、课后思考题 …………………………………………………………………………… 42

第三章 华人创业者的个人素质 ……………………………………………………… 43
一、什么人适合创业 ……………………………………………………………………… 43
    1. 创业者的定义 ………………………………………………………………………… 43
    2. 创业的动机与使命 …………………………………………………………………… 44
二、创业素质的 4Q 组合 ………………………………………………………………… 46
    1. 创业者素质的 4Q 组合 ……………………………………………………………… 46
    2. 逆商训练 ……………………………………………………………………………… 48
    3. 财商的培养 …………………………………………………………………………… 50
三、创业者素质培养 ……………………………………………………………………… 52
    1. 什么是创业者素质 …………………………………………………………………… 52
    2. 创业素质培养 ………………………………………………………………………… 52
    3. 创业性格培养 ………………………………………………………………………… 55
四、创业者能力发掘 ……………………………………………………………………… 57
    1. 创业素质与创业能力的关系 ………………………………………………………… 57
    2. 创业能力的挖掘 ……………………………………………………………………… 57
    3. 创业资源的开发——激发人的活力 ………………………………………………… 58
五、案例精读 ……………………………………………………………………………… 60
六、创业思维训练 ………………………………………………………………………… 61
七、课后思考题 …………………………………………………………………………… 62

第四章 创业团队管理 …………………………………………………………………… 63
一、创业团队及其建立 …………………………………………………………………… 64
    1. 什么是创业团队 ……………………………………………………………………… 64
    2. 为什么需要创业团队 ………………………………………………………………… 64
    3. 创业团队的组建 ……………………………………………………………………… 65
    4. 创业团队组建最常见的陷阱 ………………………………………………………… 67

        5. 中华文化对创业团队组建的启示 ………………………………… 67
   二、创业团队管理 ……………………………………………………………… 68
        1. 印象管理 …………………………………………………………… 68
        2. 团队寿命周期管理 ………………………………………………… 69
        3. 提高团队的效率 …………………………………………………… 69
        4. 冲突处理 …………………………………………………………… 70
   三、企业成长与团队管理 ……………………………………………………… 71
        1. 在企业成长期创业团队需要什么样的主管 ……………………… 72
        2. 成长期的高效能团队 ……………………………………………… 73
   四、内创业人才与团队管理 …………………………………………………… 75
        1. 企业内创业人才 …………………………………………………… 76
        2. 内创业人才管理 …………………………………………………… 76
        3. 企业内创业团队的管理 …………………………………………… 78
   五、案例精读 …………………………………………………………………… 79
   六、创业思维训练 ……………………………………………………………… 79
   七、课后思考题 ………………………………………………………………… 81

第五章　创业机会及其识别 …………………………………………………… 82

   一、以中华文化理解创业机会 ………………………………………………… 82
        1. 机会为何重要 ……………………………………………………… 82
        2. 创业机会的内容 …………………………………………………… 84
        3. 创业机会的判断 …………………………………………………… 85
        4. 基于中华文化的创业机会 ………………………………………… 86
   二、创业机会的识别 …………………………………………………………… 87
        1. 为何天机不可泄露 ………………………………………………… 87
        2. 创业机会识别 ……………………………………………………… 88
        3. 趋势、信念与机会 ………………………………………………… 90
        4. 创业的机会窗口 …………………………………………………… 93
        5. 判断机会的方法 …………………………………………………… 94
   三、什么是中华文化下好的创业机会 ………………………………………… 97
        1. 创业机会评估 ……………………………………………………… 97
        2. 百年老店的创业机会，从红海里挖掘机会 ……………………… 100
   四、开门有益——在行动中获取创业机会 …………………………………… 101
   五、先生存,后机会 …………………………………………………………… 102
   六、案例精读 …………………………………………………………………… 103
   七、创业思维训练 ……………………………………………………………… 104
   八、课后思考题 ………………………………………………………………… 105

第六章　商业模式设计与创新 …… 106

一、商业模式及其作用 …… 106
1. 商业模式的含义 …… 106
2. 商业模式创新的作用 …… 108

二、商业模型原理 …… 110
1. 深入理解商业模型 …… 111
2. 商业模型理论 …… 112
3. 需求搜集原理 …… 113
4. 盈利构造与利润函数 …… 115
5. 成长资源及其函数 …… 118
6. 企业成长资源配置与约束 …… 119
7. 依据商业模型理论进行商业设计 …… 120

三、商业模式 …… 120
1. 商业模式再认识 …… 121
2. 商业模式关键要素 …… 121
3. 商业模式设计流程 …… 123

四、商业模式创新 …… 124
1. 商业模式创新实现多赢 …… 124
2. 商业模式创新路径 …… 125
3. 商业模式创新检验 …… 126

五、案例精读 …… 127
六、创业思维训练 …… 129
七、课后思考题 …… 130

第七章　创业计划书与撰写 …… 131

一、创业计划书及作用 …… 132
1. 创业计划的概念 …… 132
2. 创业计划书的作用 …… 132

二、创业计划书撰写 …… 135
1. 创业计划书的撰写原则 …… 135
2. 创业计划书的结构和内容 …… 137
3. 写好创业计划书的几个细节 …… 142

三、创业计划书的展示 …… 143
1. 创业计划书展示前的准备 …… 144
2. 创业计划书展示幻灯片 …… 145
3. 设计电梯式演讲 …… 148

四、案例精读 …… 149

         1. 企业综述 …………………………………………………… 149
         2. 产品设置 …………………………………………………… 150
         3. 企业竞争环境与 SWOT 分析 ……………………………… 150
         4. 市场概况与营销策略 ……………………………………… 150
         5. 投资与财务 ………………………………………………… 151
         6. 企业管理以及核心团队 …………………………………… 152
    五、创业思维训练 …………………………………………………… 152
    六、课后思考题 ……………………………………………………… 153

第八章　创业资源与融资 ………………………………………………… 154
    一、中华文化与创业资源 …………………………………………… 154
         1. 持续积累 …………………………………………………… 154
         2. 量力而为，进退有据 ……………………………………… 155
         3. 资源依赖 …………………………………………………… 156
    二、创业资源及其获取 ……………………………………………… 157
         1. 创业资源 …………………………………………………… 157
         2. 不同类别的创业资源 ……………………………………… 157
         3. 创业资源的获取 …………………………………………… 159
         4. 资源的转换与组织 ………………………………………… 161
    三、创业融资 ………………………………………………………… 163
         1. 融资难度分析 ……………………………………………… 163
         2. 阶段融资需求分析 ………………………………………… 164
         3. 主要融资渠道 ……………………………………………… 165
         4. 不同阶段的融资匹配 ……………………………………… 168
    四、创业资源的开发与分配 ………………………………………… 169
         1. 创业资源的开发 …………………………………………… 170
         2. 创业企业的资源分配 ……………………………………… 174
    五、案例精读 ………………………………………………………… 175
    六、创业思维训练 …………………………………………………… 176
    七、课后思考题 ……………………………………………………… 178

第九章　企业法律形态与股权设计 …………………………………… 179
    一、企业的法律形态与特点 ………………………………………… 180
         1. 企业的法律形态 …………………………………………… 180
         2. 不同企业法律形态的特点 ………………………………… 182
         3. 企业法律形态的选择依据 ………………………………… 183
    二、股权设计与公司治理 …………………………………………… 185
         1. 股权设计 …………………………………………………… 186

  2. 特殊退出的股权处理 …………………………………………………… 188
  3. 不宜参与股权分配的人员 ……………………………………………… 189
  4. 公司治理 ………………………………………………………………… 189
  5. 股权控制权与公司治理 ………………………………………………… 190
 三、案例精读 ……………………………………………………………………… 193
  1. 国美、永乐的合并 ……………………………………………………… 193
  2. 黄、陈股权之争 ………………………………………………………… 193
  3. 国美股权之争结局 ……………………………………………………… 194
 四、创业思维训练 ………………………………………………………………… 195
 五、课后思考题 …………………………………………………………………… 195

第十章 企业成长与企业发展战略 …………………………………………… 196

 一、企业成长及其途径 …………………………………………………………… 196
  1. 初创企业成长及其管理 ………………………………………………… 196
  2. 初创企业步入成长的管理 ……………………………………………… 199
 二、企业发展战略与资金、利润计划 …………………………………………… 202
  1. 企业发展战略 …………………………………………………………… 203
  2. 资金、利润计划 ………………………………………………………… 205
  3. 利润和现金流计划 ……………………………………………………… 208
 三、创业风险与控制 ……………………………………………………………… 209
  1. 创业风险的种类 ………………………………………………………… 210
  2. 风险预防与控制 ………………………………………………………… 211
 四、内创业管理 …………………………………………………………………… 212
  1. 内创业的特征 …………………………………………………………… 212
  2. 公司内创业的模式 ……………………………………………………… 213
  3. 内创业风险管理 ………………………………………………………… 214
 五、案例精读 ……………………………………………………………………… 215
 六、创业思维训练 ………………………………………………………………… 216
 七、课后思考题 …………………………………………………………………… 217

参考文献 …………………………………………………………………………… 218

后记 ………………………………………………………………………………… 220

第一章 创业理论与创业环境

本章导读

本章讲解创业理论与创业过程、创业环境、创业文化、创业机制及创业动力的关系，从理论上分析创业形成的原因、类型及影响，认识提高创业成功率的意义。

关键词：创业；创业成功率；创业理论；创业过程；创业环境；创业动力；双创机制

引导案例

马云的创业方案

马云通过三次高考才考上大学，大学毕业以后竟然当了大学老师。有一次，在一个外教的家里，他听到外教的孩子讲互联网，觉得互联网创业是一个机会。当时，中国第一波的创业潮刚开始，于是他下了海，在杭州成立了公司。创业之初，公司的业务方向不是很明确，生意不太好，他就转战到了北京。到了北京之后公司还是没有太大起色，他又回到了杭州。在这个过程中，虽然马云的公司生意一直不太好，但他通过不断地尝试和实践，逐渐形成了阿里巴巴创业方案。他拿着创业方案到香港找到了软银的老总孙正义。孙正义听他讲完创业方案，就给他投了第一笔钱。马云获得这笔创业投资，把阿里巴巴做了起来。

阿里巴巴的创业方案中，针对面向国外做电子商务给出了解决方案。在中国做外贸，过去只有一个办法，就是去广交会。可是去广交会需要花很多钱。参会展位费，展品运输费，展品后续处置费、管理费，展台装修费，这些加到一起就需要几十万元，还不见得有订单。而且广交会一年只有春秋两季，其他时间没有订单，做不了生意。马云提出建设一个网上外贸交易平台，类似于网上广交会，帮助企业最大限度降低外贸成本。马云就用这样一个商业计划书，获得了第一笔融资，但当时还看不到这种模式如何盈利，它只是解决了人们进行外贸却时间受限、成本经费受限的问题。马云后来继续挖掘和完善他的创业计划，陆续推出了淘宝、支付宝等产品，阿里巴巴逐渐成长起来了。

思考题：

(1) 马云的创业方案基于什么外部环境？

(2) 外部创业环境是如何影响马云的创业思路的？

一、创业理论与创业过程

1. 创业与创业成功率

（1）如何理解创业

没有什么比创业更激动人心，没有什么比成功更令人渴望。现在，创业已经成为大家耳熟能详的名词，并成为很多人尤其是越来越多的年轻人的梦想。但究竟什么是创业？这是一个长期热议的话题。

马云说过："100个人创业，其中95个人连怎么死的都不知道，没有听见声音就掉下悬崖，还有4个人掉下去时你只听到一声惨叫；剩下一个可能不知道自己为什么还活着，但也不知道明天还活不活得下来。"虽然越来越多的年轻人开始把创业纳入自己的职业生涯规划，但很多创业者为自己的盲目冲动付出了代价。究其原因，是他们对创业的认识存在误区。那么，创业的误区是什么？以下四个方面需要大家关注。

第一，创业不完全是为了赚钱。企业必须赚钱，但只追求赚钱的企业往往却赚不到大钱，企业家也成不了富翁。赚钱只是企业运行的表征，在一定程度上代表市场对企业的认可；赚钱不是创业的目的，而是创业成功的一个自然回报。如果只是为了赚钱而创业，就会形成"为钱而钱"的心态，难免投机取巧，甚至为赚钱"恶小而为之"，这样不仅给企业带来后患，还可能有害于社会。

第二，创业不等于经商。经商是从事经销活动，是低买高卖的商业交易，也是一种套利行为。这种行为的价值在于通过对流动性的选择，为产品找到最有利于实现价值的人和地方，达到物尽其用的目的，起到消除供求不平衡的作用。然而，创业不同于经商，在于它不单纯追求通过低买高卖的经营方式增加财富，而是通过创造品牌形成事业。创业是一个可承载创业者追求的商业活动。创业需要以商业的原理为基础，但不局限于经商，而是创立事业。

第三，创业不是为了"说了算"。创业是为了让更多资源供自己支配，但支配本身不是目的，而是集中资源、发挥资源规模效应，让资源指向事业，实现资源内部化。左右别人只是发挥资源优化配置作用、创立事业的前提条件。一味做没有事业意义的资源支配，总想"说了算"，不想与人合作，即使有再好的想法，创业也会失败。

第四，创业不是赌博。很多人认为创业就是一场赌博，成功凭的是运气，一旦面对所谓的机遇便大喊大叫："这回我要赌一把！"一旦创业热情变成了冲动，最后多是以失败告终。创业需要热情，更需要理智；创业需要冒险，但也要懂得控制风险。成功的创业者在投资项目之前，往往要进行反复论证，预测和评估风险。创业的确有经营风险的特性，但成功的创业者多是那些迎战风险的高手，他们不怕风险，他们做好了对付风险的各种准备。

传统的创业概念被界定为创办一个新的企业。随着创业实践形式的日益丰富，国内外不同学科的许多学者都从自身的研究视角对创业领域进行观察和描述，创业被不断赋予新的含义。那么，创业是什么？

第一章 创业理论与创业环境

① 创业是创办一个新组织。不论这一组织的目标是营利,还是非营利;制造产品,还是提供服务,它必须是把各种要素整合到一个组织之内,统一起来,共同完成一个目标。

② 创业是一个过程。首先,它是一个不拘泥于当前资源条件的限制而对机会的追寻,将不同的资源组合以便利用和开发机会并创造价值的过程。其次,它也是一个不断适应市场需求,提升自己的过程,还是一个让自己的企业价值不断提升的过程。

③ 创业是创业者企业管理思想和方法的实践。对白手起家的个人或团队来说,掌握这些方法可以提高创业成功率。对已经运行多年的团队来说,则可以通过创业实现企业的扩张和转型。

④ 创业是一种行为。它是一种发起、维持和发展以特定目标(企业以利润为目标)为导向的冒险行为,是通过独立权力来把握机会和承担风险,从而去创造价值的。

狭义的创业是指在不确定的环境中,通过发现、识别和捕捉创业机会并有效整合资源,获取利润,创造个人价值与社会价值的活动或过程。广义的创业是指借助于各种环境,创立一个有意义的事业的全部过程。

(2) 创业与创业家

从狭义层面而言,创业是一个让创立的企业获得稳定盈利的过程,即创业是一个企业从无到有的过程。图 1-1 所示是企业生命周期曲线,表达了企业的生命形成、成长、稳定和衰亡过程。狭义的创业是一个从创业想法的酝酿,到发起成立企业,到步入成长轨道开始取得稳定盈利的过程。

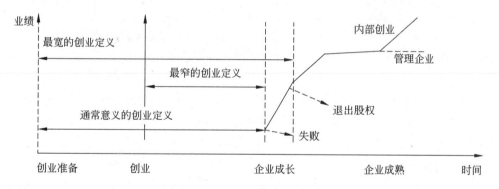

图 1-1 创业进程

从图 1-1 中可以看到,当创业者或创业团队认为自己可以胜任企业成长甚至稳定期的管理时,他们就已经从创业者转变为管理者。如果他们仍然保持着旺盛的创新热情,借助于有利的外部条件和环境,与企业资源结合开展内部创业,即使他们没有在内部开展业务,而是不断提升企业的品牌影响力,也在很大程度上表现出这些创业者所具有的创业者素质与企业家素质。

但是,有时创业者会在合适的时间退出股权,或者保留股权而退出管理,如果他们继续寻找新的创业机会,他们仍是创业家。

创业家有两种情况:一种是他们不停地创业,多数会比较成功,他们不愿意管理企业,怀疑自己管理企业的能力,他们只愿意创办新的企业,然后交由其他人管理,这些其他人可能是自己聘请来的高管团队,也可能是借助于社会投资机构,把股票出售给投资人,由他们进行管理;另一种是专业的创业管理者,他们自己并不创立企业,却有较丰富的创业管理经验,他们可以帮助别人创业,但自己不能承担创业风险,也缺少创业机会识别与利用能力。这些人多以就业的方式工作在创业投资基金或者创业孵化器中,他们是通过创业管理经验工作的,他们可能都是创业管理专家,但他们只为创业者提供服务,并不是直接的创业者。二者的共同之处是他们对创业规律有较深刻的理解。

(3) 创业准备

通常意义上的创业是从一个人打算成为一名创业者开始的。也许他还在忙于其他事务,但若从事后结果看,他会越来越多地把注意力放在与创业相关的思考与计划上。尽管如此,他还不是一位创业者,因为他还没有行动。是否成为一位真正的创业者的唯一衡量标准是他有无行动。

举例来看,"老干妈"陶华碧从来没有想过自己会成为一名创业者,但她在日常生活中所做的所有家务以及获得的生活经验都成为她日后创业应具备的素质和能力基础,做凉皮和辣酱的本事也成了她创业的技术支撑。创业准备不完全是停下其他工作专门做的事情,多数情况下,是不经意进行的。

专门进行创业准备的重要标志是研究和撰写创业计划书。这是一份具有归纳性的文件,其意义在于将思路以文字的方式加以记载,形成正式文件,便于个人和团队统一思想,也便于在整合外部资源时方便沟通。为了撰写这份文件,需要完成与创业相关的所有工作,包括创业机会的确认、团队的磨合和资源的筹划。

一个没有准备的创业者,失败的概率是非常高的。学习创业原理在很大程度上是提高对创业准备的认识,把握创业准备的规律,发现创业准备中的问题,挖掘已经完成的创业准备的潜力。完全准备好创业的人基本是不存在的,不论是否放弃其他工作,创业都会存在风险。有的人为了机会敢于冒险,有的人则一再拖延,错失机会。这意味着,创业准备因人而异,没有绝对的"准备充分"的标准。倘若把不怕失败作为标准,那么大概只能是充足的创业资本可以为"创业准备充分"提供资金保障。

(4) 创新创业

在创业行为中,有一种行为是为了创新而去创业,其原因多是既有的组织,不能理解和接受创新,使有创业意愿的人不能借助于现有组织实现创新,不得不另起炉灶,独立创业,以实现创新之梦。

在现代社会中,有三种力量推动创新、创业,并且成为创业的主要趋势。一是机会与梦想,这是精英的行为,也是社会教育的结果。一个提倡创新的社会,会让人们的行为打上"创新"的标记,会对探索、求新、冒险给予认可、赞同和宽容,会为创新行为提供便利,特别是会建立有助于创新的教育体系,形成教育支撑。二是资本的推动,当资本参与创新创业时,因其逐利性会寻找可以让价格高企的股票进行投资,从而获得溢价,而能够产生溢价的基本原因是未来价值获得高估,其根据是成长性,而决定成长性的是创新。为了高溢价,资本一定会寻找甚至去培育创新、创业项目。三是政策的引导和诱惑,世界多数国家不仅建立了有利于知识产权创建的制度,也制定了促进企业利用知识产权创业的政策,这多出自国家利益,因为创新可以提升一个国家的经济实力。传统意义下的创业目标主要是带动就业,但现在已经被推动创新所代替。大部分国家都处于劳动力短缺、人工成本上升阶段,就业压力逐渐被创新动力所缓解,创新、创业成为国家政策的基本趋势。

(5) 创业成功率

人们很关注创业成功率,一个重要原因是创业失败不仅对投资人是个打击,对创业者和曾经支持他创业的人也有较大的打击。提升创业成功率,可以帮助投资人回收资本,提高投资回报率,进而可以通过良性循环优化创业环境,也可以让创业者获得成功,树立创业榜样。

然而,创业不可能全部成功,特别是在创新、创业的环境下,创业的失败率会更高,其原因是创新、创业风险更大。为此,市场进化出一种风险投资机制,它容忍失败,允许创业投资的失败率高于其他投资,它的利润来自那些成功并且有着高回报的项目,以弥补由于投资失败带来的亏损。那些能够做好创业管理,控制和降低创业失败率的团队,获得了快速发展,也稳定了这一行业。

一个提倡创新、创业的社会,不能接受高的创业失败率,也不能接受低的创业失败率。是高的创业成功率,意味着创业的风险过小,必然起因于低创新。所以,适当的失败率有助于创新、创业。

但是,过高的创业失败率可能还有许多主观原因:团队创业准备不足,项目存在商业障碍,执行力弱、缺少执行的创意。因此,创业教育的重要职责是指导创业者正确认识和理解创业规律,提升创业能力,提高创业成功率。

2. 创业理论

创业理论构建的目的是解释创业行为,包括动因、行为类型、影响因素及影响过程,以规律性的认知与利用提高创业成功率。

(1) 以机会为中心的创业理论

创业理论可以追溯到18世纪学者们(主要是康替龙为代表)对财富来源的争论,形成了冒险创业理论。他们从创业者开始,认为寻找机遇,积极承担风险的角色是企业家。后来他们对企业家概念不断深化,认为企业家不仅主动寻找机会,积极承担风险,还参与组织要素、策划、引导和管理;熊彼特以后,开始注意创新的作用,把创新定义为"技术的首次商业运用",此后一批新的经济学和管理学分支形成,在创业理论的路径上,引发了对"创业机会敏感性"(柯兹纳的观点)的关注,形成了创业机会识别概念,直到20世纪80年代,形成了针对创业活动一系列的理论。创新与创业、企业管理的若干理论独立,形成了一个单独的学科分支。

蒂蒙斯在他的《新企业的创立》一书中总结了30多年以来的创业模型,如图1-2所示。

该模型阐述了新企业得以成功创建的内在因素,将对人的研究转向对影响因素的研究,主要含义和观点如下。

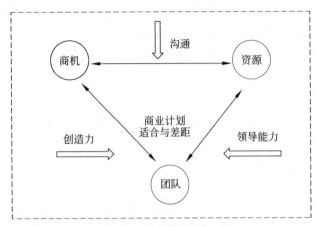

图 1-2 蒂蒙斯创业模型

第一,创业过程的起始点是商机。在企业刚创建时期,大多数情况下,真正的商机比团队的智慧、才能或可获取的资源更重要。

第二,创业者和创业团队是新创企业的关键组织要素,其作用是将这些关键要素整合到一个动态变化的环境中。成功的创业团队往往凝聚在一个精英式的领导人物周围,恪守"回报成功,支持探索性失败,与帮助你创造财富的人一起分享财富"的哲学,并为业绩和行为制定很高的标准。对风险投资家来说,帮助优秀的创业团队成就事业才可以成就自己,他们才是最有价值的稀缺资源。

第三,资源是创业过程的必要支撑,但资源的多寡是相对的。当一个强有力的管理团队构思出一个有发展前景的商机,并推动商机实现时,资金自然而然就跟着来了。成功的创业企业应着眼于设计创意精巧、用资谨慎的战略,最小化使用资源并控制资源,而不是贪图完全拥有资源。

第四,成功的创业必须能对机会、团队和资源三者做出最适当的搭配,并且能够随着事业的发展做出动态的调整。随着创业在时空上的变迁,机会、团队和资源三个要素会由于相对重要性发生变化而出现失衡现象。良好的创业管理必须能够根据创业重心的变化及时做出调整,以使创业过程保持平衡。

蒂蒙斯模型把机会置于创业的核心地位,并且通过他的努力推动,形成了创业理论的重要流派。他们关注机会的创造和机会的识别。他们关心创业机会和利用机会主体,也关心机会形成与利用的环境。

盖特纳认为创业就是新组织的创建过程,也就是将各个相互独立的行为要素组成合理的序列并产生理想的结果,形成了四个维度的创业模型:一是创立新企业的创业者个人,创业者个人需要具有获取成就的渴望、善于冒险以及有丰富的经历等特质;二是所创建的新企业的组织类型,该维度包括了内部机构以及组织战略的选择等多项变量;三是新企业所面临的环境,主要是指对创业活动产生影响的外部因素,包括技术因素、供应商因素、政府因素、教育因素、交通因素、人口因素等;四是新企业创立的过程,主要包括商业机会的发现、集聚资源、开始产品的生产、创业者建立组织以及对政府和社会做出回应

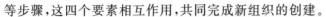
第一章 创业理论与创业环境

等步骤,这四个要素相互作用,共同完成新组织的创建。

威克姆提出了基于学习过程的创业概念。他认为,创业包括创业者、机会、组织和资源四个要素,这四个要素互相联系,创业者是创业活动的中心,其在创业中的职能体现在与其他三个要素的关系上,即识别和确认创业机会、管理资源、领导组织,同时通过创业者来有效处理机会、资源和组织之间的关系,实现要素间的动态协调和匹配。

萨尔曼认为,在创业过程中,为了更好地开发商业机会和创建新企业,创业者必须把握人、机会、外部环境和其自身的交易行为四个关键要素。萨尔曼的核心思想是要素之间的适应性,即人、机会、交易行为与外部环境能否协调配合,相互促进。环境处于创业的中心位置,影响着其他三个创业要素,同时其他三个创业要素也会反过来影响环境。该模型注意到了交易行为要素和社会关系对创业的重要性。

这几个理论共同影响着创业理论,但都以机会为研究的重点,把创业当作机会的利用过程。

(2)以资源为中心的创业理论

与机会研究不同,资源依赖理论强调组织的生存需要从周围环境中吸纳资源,需要与周围环境相互依存、相互作用才能达到目的。组织与周围环境处于相互依存之中,除服从环境之外,组织还可以通过其他选择,调整对环境的依赖程度。但是没有一位创业者可以完全充分利用创业环境的,创业者对环境的认识通常需要一个过程。

创业者是在构建组织,而组织最关心的是生存。为了生存,组织需要资源,而组织自己通常不拥有这些资源,需要借助环境,要与环境进行交换。创业最需要的现金资源是通过股权进行交换的,而股权的形成又恰好是以创业者的创业构想为前提的。只有创业构想,缺少周围的资源环境,股权无法出售,创业者也不能获得急需的现金资源。

在组织内部,能够提供资源的组织成员显然比其他成员更加重要,从而会形成一个相应的内部权利结构,它决定了创业后组织的性质。创业者与自由人的最大区别在于,组织不再是为需要去适应环境的行动者,而要让环境来适应自身。或者说他们会对环境产生重要的影响,这也是为什么人们会选择创业的原因,创业是从一个弱者变为强者的重要的途径。那些越来越强的组织,也就是创业成功者多会充分利用自己对资源的控制能力去影响环境,以提供更有益的资源,甚至改变对创业者的态度并形成一些有利发展的文化。

当环境不确定或缺少足够的资源时,组织可能会追求更多的资源,控制这些资源,以保障自己的生存,且减少和避免环境变化带来的冲击。因为环境的资源有限,不足以供所有人和组织消耗,所以那些能够获得较多资源的组织便可以有较大的自主性,并形成天然的竞争优势和发展能力。

显然,拥有资源比不拥有资源更具有权利优势,也更容易获得环境的认同,也更容易通过资源获利。然而,有效地识别资源是利用资源的前提,与机会识别类似,资源的识别也是一件十分困难的事情。比如已经成熟的企业,比新创立企业拥有的资源条件要好,但这样的企业经常不愿意把资源投入创新之中。至于一些拥有特殊资源的个人,也经常看不到自己的资源优势,看到的都是显性资源,而看不到潜在的隐性资源。资源能够发挥作用是需要条件相当。不能识别资源的时候,资源通常不能发挥作用,从而会失去资源存在的意义。用资源依存理论指导创业的一个重要原理是构建资源识别与判断能力,将资源、目标及环境整合起来。

资源依存理论解释了富二代和创二代创业的优势,也解释了内创业的优势。

（3）创业过程理论

越来越多的观点认为,创业是一个由个人、组织、环境和过程相互作用的长期过程。一方面,资本、人力、技术等资源要集中于机会利用上,并且要考虑资源的成本和风险;资源的集合形成组织框架,包括组织的资本结构、组织结构、程序和制度以及组织文化,这些形成一个有机的整体,来适应所开发的机会,为此组织需要根据机会的变化而不断调整。另一方面,创业的过程是一个不断学习的过程,而创业型组织一定是一个学习型组织。创业组织不仅要对机会和挑战做出及时反应,还要根据情势变化及时总结、积累、调整,通过"干中学",使组织的规则、结构、文化和资源等不断改进,在不断的成功与失败中学习和锤炼,从而实现组织的完善、发展和创业要素间的动态平衡（威克尔的观点）,如图1-3所示。

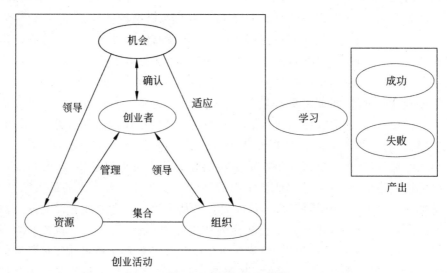

图1-3 威克尔创业模型

克里斯蒂安则主要强调创业者与新企业的互动关系,并将如何创立新企业、创业流程管理和影响创业活动的外部环境三个问题看作创业管理的核心问题。此模型认为,在个人与新企业的互动下,随着时间的变迁,创业企业根据一定的流程演进而发展。在企业发展的整个过程中,外部环境不断对企业产生影响,使创业者个人与新事业之间的关系不断复杂化,因此创业流程管理也会日趋复杂,并在一定程度上成为创业者与新事业、时间和环境的函数,如图1-4所示。

这一理论也重视创业者的作用,把创业者视为创业活动的灵魂和推手,强调发展创业者的创业能力是创业管理工作的一大重点。虽然有人认为创业者敢于冒险、勇于开拓的个性属于先天的人格特质,后天很难培养,但该模型所强调的"创业者与新事业互动的

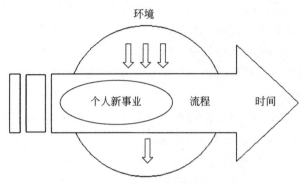

图 1-4　克里斯蒂安创业过程模型

能力"以及创业者随环境变化而动态调整创业模式的能力,都与人格特质没有很大的关系,这说明创业者的能力确实可以通过系统的创业管理教育和创业实践来培养,并且与文化有较大的关系。

(4) 精益创业理论

精益创业是指将创业者或新产品的创意用最简洁的方式提出,是服务于需求变化的创业思维方法,是针对互联网时代速度比质量更重要,客户需求快速变化等特征提出的创业理论。该理论是以硅谷优秀创业案例为研究对象,不追求一次性满足客户的需求,而是通过一次又一次的迭代不断让产品的功能丰富,如图 1-5 所示。其要点如下。

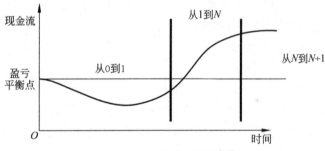

图 1-5　精益创业三阶段

第一,快速与简洁。在精益创业模式下,所有的创业行为和想法都必须在最短的时间被呈现出来,放弃一切暂不重要的其他功能,把极简的功能展现给客户,无论成功或失败,都能够以最快的速度知道结果。

第二,成本控制。过往"十年磨一剑"式的长期研发,其最终成果推出后,有可能发现花费了大量人力、物力和时间所开发出的产品,并不是客户所需要的。这种无效投入除会给创业者、企业带来很大的经济损失之外,还对团队的士气形成巨大打击,不少团队成员会纷纷退出。而精益创业所采用的"频繁验证并修改"的策略,确保不会在客户认可之前投入过高的成本。

第三,追求高成功率。虽然创业充满风险,成功概率低,但也不是没有成功规律可循。按照精益创业模式,从"最小可用品"出发,产品的每一次迭代都可以请客户进行试用,了解客户对产品的看法,寻找产品的不足和客户希望增加乃至修改的功能点。当持续遵循客户的意见进行开发后,项目组不断纠偏的成果就是产品越来越符合客户想要的效果,而不是开发团队闭门想象的样子。通过持续的"测试与调整"以及快速迭代,创业的成功率能够大大提升。

互联网使人们沟通成本大幅度下降,并使交易成本下降,沟通形成扁平化。任何一个小众产品都可能成为互联网上的大众产品,任何一个新产品都容易成为其他人的模仿对象。而先入为主的互联网时代特征更加明显,需要的是率先推出基本功能,获得用户的信任后,再通过不断迭代更新产品或服务。

从0到1是我们通常所说的创业阶段,但精益创业更加强调后续从1到N以及从N到N+1的过程,这意味着创业被看成是具有持续性而非一次性的活动,这在创业思想上有了一个巨大的变化。

(5)持续创业决胜红海

尽管精益创业是持续创新,不断寻找和创造蓝海,然而,真实的世界则往往不存在持久的蓝海,大多数创业者都处于红海之中。处于红海是绝对的,发现蓝海是偶然的,也是高风险的。创业者如何从红海中获得成就,成为许多成功创业者的基本追求,也是他们能够成为富翁的原因。

这一原理又被称为暨创1——好顾客管理,它从创业企业首先建立意见簿系统开始,通过激励顾客提出改进建议和发现企业存在的问题,评估这些意见。通过改进问题不断让自己更加贴近顾客的需求,并把这些顾客定义为自己的好顾客,使用营销方法对这样的顾客进行宣传,以表达企业愿意接受意见和建议的态度,借助外部顾客的力量推动企业持续改进,找到有针对性的改进方向。

激励了好顾客,就等于让企业成为一个好企业,从而创业活动便不是一个以项目策划为主的活动,而是一个不断改进自己的管理活动,也是一个长期过程。它需要一个合适的项目起点,这个项目可以处在红海之中,其技术和商业模式可能来自现有的企业,创业者不存在模仿竞争对手,关键是需要不断吸收顾客建议和意见。

二、创业环境与外生创业动力

在江面的一艘船上聚集了许多人,场面很热闹,船上的人说他们在主办一场创业大赛,现在是决赛。这个决赛竟然可以办到船上去,这种做法很新颖,因为船上的参会者除参加会议以外,没有别的选择,与租用会场相比,这种办会的方法也比较节省。许多人对这个主办人的创新、创业能力有较高的评价,同时,也意识到,主办人的行动应该与主题配合,在理论上应该形成一个新认识。也就是说,如果是双创活动,形式应该具有双创精神,由此一以贯之。当然,所有进程都应该是真实的,而不应该是一场表演,不要为比赛而比赛。把它作为要素获取手段,是一个资本选择团队、也是团队选择资本的活动。

思考题：
(1) 为何会聚集这么多人来此船上？
(2) 你把创业大赛当作了什么？试给出两个以上的答案。

1. 创业家创业

在这里，创业家被定义为是那些能够帮助别人创业，从而提高创业成功率的专业管理团队。他们主动去寻找有想法、有干劲的团队，把自己的管理资源与创业者组合，在适当时机退出创业。再寻找其他创业者与之组合。这样的专业创业团队，不断寻找创业者，不断退出创业，与不同创业者进行合作，他们也是在创业，只不过他们是利用自己的资源和专业知识创业，是创业家创业。创业家创业有三个特点。

第一，帮助别人成就创业梦想，激励创业者。因为他们的存在，创业者可以拥有相对比较充裕的实收资本，也可以对自己的创业设想进行估值，从而解决了初创时期的资本短缺难题，这就是对创业者的激励。

第二，谋求创业利润，而不只是成就业务上的创业梦想。创业家的事业在于创立一个具有高投资成功率的事业，而不是所投资的具体业务本身，他们以创业利润的高低来衡量自己的事业是否成功。

第三，需要退出机制配合，这些机制构成了重要的创业环境。

广义地说，双创社会可以有多重推动机制。来自市场的机制有两个：一是创业投资机制；二是创业孵化机制。更广义地说，政府的创新政策和创客空间也是双创的推动机制，只不过它们更具公益性。

（1）资本退出机制及作用

创业企业将自己的投资变成股票，在退出投资时股票能够成倍增长，成倍增长的价值减去初始投资就是创业者的利润（溢价）。创业企业质量越高，人们购买股票时接受的价格也越高，溢价的机会也越大。决定创业质量的主要因素就是创业企业的创新水平。

股票溢价是一种拉动力，它让参与创业的各类创业投资者寻找、扶持和培育创新源，帮助有创业想法和干劲的创业者获得急需的资金，为其提供管理和成长动力，帮助其协调外部关系。这些创业投资者多是运作风险投资或天使投资基金的，他们通过入股的方式参与，并通过出售股权的方式退出，这需要能够体现股票价格供求的专门场所以及产权交易机构。公开的股票交易可以通过中小板、创业板、科创板以及新三板实现价格确认，并完成退出，但也经常通过各种形式的股权交易完成股权退出。

只要有退出制度，就可以完成退出机制，从而可以让资本成为创业的推动力。

- 双创是利益拉动机制，是通过溢价拉动出商业创意、科研成果和创业者的勇气，在投资人的配合下，以期获得巨大收益的活动。
- 双创是培育机制，是通过创业投资这种专业化的创业管理能力和资本要素的进入，让创新、创业的种子得到孵化，提升创业质量，提高创新、创业的成功率。
- 双创是发现机制，是通过参与巨额利益的分配，让创业投资基金去寻找可能的科

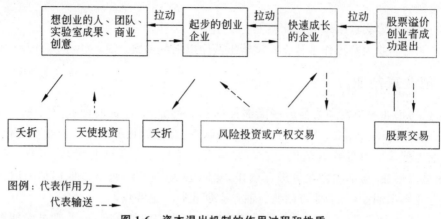

图 1-6　资本退出机制的作用过程和性质

研成果和那些具有创业素质的个人和团队。
- 双创是配置机制,是通过各种产权市场,在创业投资的参与下,为创业企业提供合理的要素结构,从而提升创业企业质量。

（2）孵化机制及作用

孵化是一种介于政府和市场之间的创业推动机制。在发展中越来越多的私人企业参与其中,孵化又变成了市场机制。孵化机制是利用公共投入方式帮助新创企业减少初创期财务压力,从而激励社会的创业精神和创业行为。新型的孵化器不只是分摊企业成本,还为创业企业提供服务,帮助企业寻找创业要素,打造上下游产业链,提高创业成功率。孵化器原意是孵化企业,当企业已经初步见到业绩时,需要退出孵化,通常以时间来衡量,理由是孵化器是公共产品,不可以由私人过度占用。私人孵化器也有类似的机制,其理由是如果在规定时间内不能产生业绩,就意味着创业失败,促进其退出以待重新寻找机会创业。而成功的创业企业也要毕业。对私人孵化器而言,面对可能毕业的创业企业流失所造成的损失,所以私人孵化器多采取与加速器融合起来,地方政府之所以对税源的挽留也是希望如此,形成了虽然毕业,却可通过加速器直接变成永远不毕业的企业。

以把东西做出来为目标的公共设施项目,也有孵化器的性质,它们是创客空间,它类似公共实验室。所不同的是,实验室产出的是科技原理,而创客空间则形成新的产品,它们属于广义的孵化器。

（3）政策机制

创新、创业政策包括公共政策和产业政策。公共政策主要是指针对创业带动就业的政策,包括就业创业的失业救济政策、扶持创业的补贴、入孵培训补贴、小额信贷贴息。总体上,这类政策一旦进入,便不会退出市场,它实际上是把失业救济金与创业支持结合起来作为宏观政策,有时也作为发展政策。作为宏观政策,其政策机制主要表现为与宏观经济运行逆向调节。经济形势越差,失业的可能性越大,政策力度就应该越大。而经济运行越景气,失业越少,越要减少政策力度。作为发展政策,它是利用人口红利转变为创业行为的重要政策工具,将富余的劳动力变成自我雇佣的一种方法,地区经济越落后,越需要这样的政策,并且需要长期执行。对政府来说,这并不是一件吃亏的事情,因为这些政策可以带来社会稳定,可以为未来培养税源。而政府对经济社会转型本应投入,这几乎是刚性成本,只不过根据实际情况考虑以失业救济的方式,还是以自主创业自我雇佣的方式来投入。

针对创新的产业政策是短期的政策机制。为了推动产业快速形成,实现国家整体目标,国家利用产业政策,结合新的产业规划制定的目标,对某些产业进行政策支持。这样的政策代表了国家的意图,其基础设施投入、领先投入,可以人为创造创业机会。国家可以动员社会,特别是针对全部市场需求开展整体教育,这是创业者最在意的成本。但是,当市场对国家的认可度较高的时候,可以对未来需求产业认同,从而主动改变自己的采购方向。任何新的产业都需要基础设施的配合,只不过有多有少。当需要较高的基础设施投入时,就可能会阻止私人创业者进入,而国家参与新产业推动,会承担这种责任,从而消除私人创业者的进入障碍。领先投入是克服一些早期科技投入障碍,让科技更加应用化,降低科技转化的市场风险。产业政策可推动产业从0到1的国家整体活动,当市场需求稳定,产业体系完整时,国家政策要及时退出,否则会造成产业能力的弱化。中国在风电、太阳能等新能源领域出现的产业内竞争过度,产能过剩,对产业政策的市场信任度下降的现象,都是产业政策持续时间过长、退出不及时造成的。在政策出台的时候,就应该公开退出时刻表。

最合适的政策机制是,在借助政策推进新型产业形成,培育具有国际竞争力的企业的同时,形成国家的新兴产业发展能力。

(4) 有利于创新、创业的公共设施

创业型社会需要建设大量的新型机制和新型的基础设施,目的是让不断涌现的创新创业行为更方便。以低社会成本来鼓励创新、创业行为,这些新的机制包括创业板、创业投资基金、孵化器、创客空间、创业大赛、路演、创业型大学建设。这些新的基础设施没有退出机制,而是通过公共财政进行投入,通过文化、教育、培训、咨询等推动的创业服务支持,是营造创业氛围,表达国家建设创新体系的投入与决心,也将成为国家创新体系的重要组成部分。

2. 外生创业动力

(1) 平台创业

所谓平台创业是指为创业者提供一种或几种创业支持,让参与者共享平台功能,也为平台生存与发展提供支持。在互联网时代,信息沟通成本更低、交易成本大幅下降,平台的创建与利用更加方便自如,因此平台创业十分踊跃,类型层出不穷。在互联网出现之前,一些商业的卖场也属于平台,这些平台有的仍然在发挥作用,有的已经被互联网平台所取代。

平台创业借助商业手段为他人提供商业支持,通过共享、分摊公共成本,降低创业者初入市场的成本,形成双赢的局面。因此,平台创业有两个定义:一是创建平台为他人服务,实现自己的创业梦想;二是借助于他人的平台创业,节约创业成本,完成创业。从严格意义上说,孵化器、菜市场以及各种展会也是创业平台,但是从它们的原义理解,它们更像是政府提供的公共品,是公益型创业,而不是追求盈利的创业平台。

传统平台创业以国美电器为代表,它们把不同类别、不同厂商的电器集中在一个卖场之中,出售者可以是生产企业,也可以是电器经销企业。而经营这个卖场的企业为进入卖场的企业提供服务,打造商业品牌。它为创业者提供服务,自己也是一个创业者。

新型平台主要是以淘宝为代表。在阿里巴巴为国际贸易创业者提供了服务平台并获得成功以后,阿里巴巴建立了为小微企业服务的淘宝,那些想从事电商的企业接受淘宝的要求,遵守淘宝规定运行。对终端消费者来说,淘宝提供了一个便捷的搜寻平台。

类似淘宝的各种新型服务,如滴滴、e代驾、美团,都是电商平台,它们自己用平台创业,为从事这一领域服务的企业提供集中服务。

平台创业的边际递增性,让平台企业一旦进入良性循环,就会形成爆发性增长。而创业企业会深度依赖平台,这种边际递增性在互联网时代表现得更加明显。在电器超市中,人们一次性购买带来的便利会随着商品类别增加而越来越大。但如果超出一定范围,则会因为流行时间和空间拥挤等问题增加购买的成本,使边际递增受限。但在网络上不同,网络没有时空限制,在选择商品时顺便感受其他商品,这种"招徕"让顾客大幅度节约购买的时间成本,还可以增加购买知识,平台会因为不断有新的卖家进入而不断增加对顾客的便利。这样,凡参加了平台的创业者都会得到这个好处,而更加受益的则是那些平台的创立者,他们不仅可以获得持续的利润,还可能成为某一个细分行业的垄断者。

(2)制度创业

制度创业是指通过制度变革,为创业者创造和开发新的盈利机会,其关键是建立新的场域和改变创业者的社会地位。在场域方面,社会变革、技术进步和规制改变等都可能打破社会的平衡,引发新思想的出现,从而产生对创业行为的影响。而创业者在场域中的社会地位影响着创业者的场域感知和资源获取能力,影响创业动力。优化制度,其根本是通过场域影响创业者。

制度的制定者追求高创业成功率。因制度的严肃性,制定者可能是国家,也可能是民间组织。国家改变制度,是因为国家对创业成功率的追求,高创业成功率可以促进经济和就业,获得社会和谐和进步,增加税源,而民间组织制定的制度则更有利于企业创造价值、增加利润。大量的制度应该由民间、特别是具有创造力的正式背景下的制度完成,国家如果制定了市场制度,就意味着允许民间组织创造新的制度,从而更有利于创业行动。

制度创业的过程充满挑战,一个重要原因是创业者会向行业管理者发起挑战。为了推动创业,增加经济运行的转型升级动力,更需要正式制度的制定者制定有效的制度。创建市场制度的主体可能会从"第三方"出现,比如金融。某个金融实体产业会因自身发展呼吁改变金融制度,而金融制度的变革在很大程度上又是为了促进这些有未来利益潜力的创业者出现。

创业者需要看到各种制度变化对创业行为的影响,比如基础设施管制的放松与利用,可能会带来一波巨大的创业机会。

只要正式制度允许,就有可能刺激创业者创造新的机制,发现全新的创业机会。戴尔发明的直销,各种众筹平台、电商平台上的评价制度,以及共享经济中的制度创建都是典型的企业制度变革探索需求、寻找资源的创业行动。这些行动从制度构建开始,吸引盟友的变革愿景,动员盟友支持其创业、寻找资源话语策略,调动各种资源,运用相关权力和社会资本,目的都是创造与发现创业机会。

制度创业通常是一波创业浪潮的前提,也是新的制度形成的结果,对创业企业来说,新制度引入的最终结果具有修正和改进企业商业行为的作用,同时,也会影响其他企业的创业行为。

3. 创新、创业的环境动力

创业环境是许多学者最关注的,但是创业环境究竟有何意义?到底是为了创业方便,节约创业的成本和获得创业资源,还是为了提高创业动力?

萨尔曼认为,在创业过程中,为了更好地开发商业机会和创建新企业,创业者必须把握人、机会、外部环境和其自身的交易行为四个关键要素。

人是指为创业提供服务或者资源的人,包括经理、雇员、律师、会计师、资金提供者、零部件供应商以及与新创企业直接或间接相关的其他人。

机会是指那些需要投入资源的活动,不但包括亟待企业开发的技术、市场,还包括创业过程中所有需要创业者投入资源的事务。

外部环境是指无法通过管理来直接控制的因素,如资本市场利率水平、相关的政策法规、宏观经济形势以及行业内形成的威胁等。

创业者的交易行为是指创业者与资源供应者之间进行的直接或间接的活动。

这一创业模型的核心思想是要素之间需要相互适应,模型所定义的创业要素包括人、机会、交易行为与外部环境,它们之间能否协调整合、相互促进,决定了创业成功率的高低。环境处于模型中心,影响着其他三个创业要素,同时其他三个创业要素也会反过来影响环境;成功创业是基于配置良好的人力资源,管理团队拥有所需要的知识和技能,拥有良好盈利前景的商业模式,容易获得利润又能防止被模仿,市场环境良好,交易方式能够给所有利益相关者以充分的激励等。这个模型以环境为中心,环境不仅是提供要素、形成想法、开展竞争的条件,更是提供激励、获得启发,进而形成创业动力的条件。

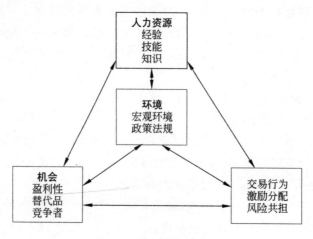

图 1-7　萨尔曼创业模型

三、创业文化与内生创业动力

他们创业了

20 世纪 90 年代初,有四个毕业于知名医科大学中医专业的年轻人,上学期间他们同宿舍,毕业后又都做了中医。工作了一年,四个人均感自己的专业所学未能尽其所用,且正值创业年代。1992 年,他们相约辞职下海,去了海南。

到了海南,起初无事可做。他们考察了当地养殖业,决定做针对养鱼户的预防兽药研发,用于防治鱼类流行病,防止疾病传染。做这种预防类兽药,对四个年轻人来说并不困难,运用的知识是他们上学时学习过的药理病理学。

产品研发出来后需要进行市场推广,四个年轻人派其中一个去了江苏,找到一家养鱼户,说:我自费在你家吃住,你就当我们这种预防药的销售代理。养鱼户一听,既不花钱,还能挣钱,这种好事自然不能推脱,欣然同意。试验的结果当然很不错,周围的养鱼户都看到了,纷纷前来购买他们生产的这种药。他们就用这种办法,把企业做了起来。

十几年过去了,这四位同学分别在国内不同的销售中心工作,每年聚会一次,既是公司大会,也是同学聚会。

思考题:

(1) 为什么四位同学不约而同辞职,他们是怎么做的?为什么他们选择了预防兽药这个行业?

(2) 他们使用的这种推销方法有何可以汲取的经验?从推广效果、推广机制、推广费用等角度讨论。

(3) 你注意过身边人的故事吗?试举一例。

第一章 创业理论与创业环境

1. 中国的"双创"环境

（1）中国的三次创业浪潮及"双创"时代

第一波创业浪潮是民间自发的，如果不创业就没活路。于是，"生存创业"就有着鲜明的谋生特征。最早的生存创业发生在农村，那时，农村极端贫困，安徽省小岗村农民秘密签订协议，实行土地承包。经过不到两年的时间，这种承包土地的生产模式以改革的名义推广到全国。此时的中国，人们的物质需求深受供给体制约束，到处处于资源短缺状态，农村在灵活的制度、相对自由的资源和巨大的商业机会刺激之下，形成了第一波以乡镇企业为代表的自主创业浪潮。

第二波创业浪潮从1992年开始。邓小平南方谈话之后，市场经济被中国主流接受，几乎所有中国人都意识到，通过市场经济可以致富，也可以消除双轨制带来的矛盾和冲突。制度随之出现了根本性的转变，以前私有经济被认为是公有制的补充，1992年私有经济的合法性得到认可。在这样的背景下，很多知识分子、政府官员、国有企业老总和管理人员纷纷下海创业。人们的思想认识发生了变化，原来创业经商是一个关乎民族振兴、个人致富与事业成就，创业可以让国强民富。

第三波创业浪潮是从中国实施"双创"开始的，由国家政策强力推动，借助于世界科技浪潮，形成了用创业推动创新的大潮。

（2）中国的"双创"大潮

所谓"双创"，是指"大众创业，万众创新"，它不是一句一般的号召，而是新的国家战略。这一战略的基本目标是推动中国经济社会转型，是通过新创业企业的进入来推动在位企业转型，进而带动社会转型。

转型是时代的基本要求。中国经过40多年的改革开放，形成了巨大的经济体量，但是也不断积累着矛盾，最大的矛盾来自快速的物质生产增长与资源环境的矛盾。中国的所有工业品生产量均居世界前列，不仅解决了中国人的温饱问题和进入了小康社会，也成了"世界工厂"。但是，相对如此巨大的产能，中国的资源匮乏，环境污染严重，水和空气的质量都遭到了严重的破坏，人们生存的环境受到了严重的威胁。在中国快速增长中创办的企业，依赖于数量增长，产品式样单一，质量低下，工艺落后，污染严重。一个重要原因是它们深度依赖落后的产业模式，把成本和价格竞争作为主要手段，在当地政府政策扶持下，用透支员工体力、当地环境和能源消耗等来维持GDP增长，造成了一种国家希望转型，但企业不愿转型的僵局。

"双创"启动以后，把经济社会创新的主力军从现有企业转移到新创企业，以高质量的新创业企业推动在位企业转型。"大众创业，万众创新"这一国家战略，是以创新为目标，以全民为最主要资源，以企业作为最重要的创新主体，充分地利用市场机制，让市场经济更加自由灵活产生创新行动和示范。在成功效应的影响下，新型创业者不断涌现。未来的企业更是创新主体，因为它们包袱更轻，对未来的预期更大。

"大众创业，万众创新"是一种社会转型机制，是通过创业推动创新的国家战略。把创业作为创新的推动力，把企业作为创新的主体，把创新主体从在位企业转移到新创企业,再用新创企业影响和推动在位企业转型。在"双创"之前的国家创业战略,是用创业带动就业,创业只是为了解决生存问题,是为了让人们能够找到工作而实施的一种经济政策。这一战略定位和政策在中国执行了将近20年,让中国创业质量迟迟得不到提升,同时,也造成了人们对创业的误解,以为创业就是为了个人挣钱、社会增加就业。在国家创新战略中,企业被视为创新的主体,这是强调国家不可能代替企业,因为创新在本质上是商业活动。然而,多年来的各种创新战略都没有达到理想的效果,一个重要原因是创新被看成是研发活动,脱开了创新是市场的突破这一本质。没有从市场角度开拓需求,整体资源就不可能有真正的创新。

配合"双创"战略,国家还收缩了政府权力,规范了权力,与腐败治理相结合,让市场更自由,权利更充分,配置更有效率;还出台或优化了创业者培训、创业失败者救济、创业者补贴等政策,形成了创新、创业政策激励与市场拉动共同作用的政策体系。

2. 创业文化、创业行为与创业精神

一些发达国家和地区没有国家推动,为何会有强劲的创新、创业动力?除市场机制发挥作用外,更重要的是对当地民众来说,他们不能接受不创新、创业的日子。这就是文化的力量。

文化对创业行为有着多方面影响:第一,它影响了人们的世界观,进而影响到了人们的行为;第二,它影响了环境,再通过环境影响人们的行为以及创业者的态度;第三,它影响了制度、政策以及其他相关社会要素,比如教育中的专业设置、为创业服务的各种产业。这三个方面的影响最后都会归结为对人们行为的影响,表现在对创业的热情、创业的目标、创业失败的个人、社会与制度的反应。把文化作为环境,存在着两个方面的问题:一是文化直接影响着行为,也可以说行为本身是文化的内容,只有当行为体现某种社会特征的时候,我们才说,那是一种什么样的文化;二是文化这种环境影响是长期的,它不像政策或者技术的影响那么直接,也是潜移默化、逐渐影响的,任何势力都无法在一天之内改变文化。显然,文化有着极强的独立性和渗透性,与环境因素有着很大的不同,如图1-8所示。

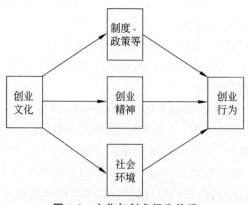

图1-8 文化与创业行为关系

第一章 创业理论与创业环境

不同文化引导不同的行为。如果不允许人们有自由,就不能产生创业行为,原因是创业本身具有创新性和自主性,成功与失败都要自己负责,没有自由选择,人们便无法对自己负责。在基本自由的制度框架下,可以产生有助于创业的文化,进而可以优化制度和政策,再通过这些制度和政策,促进创业行为。制度、文化与行为之间存在高度的互动性。从广义的角度来看,允许人们有自由的基本制度是构成创业文化的前提。计划经济下企业没有自主决策权,所以,不可能有真正意义上的创业,中国改革开放获得的发展动力,起点是从给予农村进而给予城市以自由开始的。制度还起着对创业成果的保护作用,如果不能保护创业成果,创业者无法预期未来,也不能形成创业行为。自由与利益的承认与保护是创业文化形成的重要前提。在这样的文化下,制度的相对宽松,有助于以创新为导向的创业行为。如果制度只允许做制度内的事情,所有行为都被规定好,创业只能是数量性的,但如果制度只阻止不应该做的,就有可能出现针对新需求的创业行为,甚至可能形成新的产业。

社会环境也是创业文化发挥作用的重要环节,也可以把它看作是文化的组成部分,这些环境包括价值判断、道德、宗教、团体以及媒体和舆论。所有人都生活在社会环境中,人们的行为在很大程度上受社会环境的左右,这是因为人们有着精神需求,当社会对某种行为允许或者拒绝时,人们的行为会随社会主体价值观发生变化。用自主负责的态度追求收益,也承担风险,与避免贪功求险是两种不同的社会价值观导向,进而造成了两种不同的行为模式。前者很容易演变成创业行为,即使失败也不会受到责难、讥讽、嘲笑、不信任。而后者则会拖后腿,甚至出现矛盾冲突。有利于创业的社会环境应该是宽容失败、鼓励进取、崇尚创新,以追求事业者为榜样,以为人类负责继而为自己和家庭负责为楷模。

创业精神把创业的追求内化为信念、道德和心理的力量,使创业者个人在任何环境下都能保持旺盛的斗志、乐观的情绪、坚定的信念、顽强的意志,在任何环境下都没有忘记自己确定的目标、方向和责任。他们以商业的方法和手段,为世界创造美好的未来,能自觉遵守法律法规、市场规则、公序良俗,保持诚信、坚守信念,不伤害社会。有助于创业成功的创业精神是不会把失败的原因归于别人的,只会从自身去找原因。他们不会因为失败而放弃追求,而会从失败中走出来,真正地把失败当作成功之母,从而不再失败。他们不会不承认失败,但不会放大失败的后果,而是重新振作,寻找机会东山再起。这是一种个人的、自觉的、内在的力量,这种力量可以鞭策个人,也可以影响周围的人,由此可以建立团队,并放大自己的资源,成为克服困难的力量。

因此,不同国家和地区的文化差异会导致人们在创业精神的体现方面有很大不同。美国硅谷鼓励创新、容忍失败;日本人崇尚合作、勤奋工作、追求极致;温州人吃苦耐劳,具有大市场观念和品牌意识;广东人则灵活守信,和气生财。与此相反,经济欠发达地区,人们往往小农意识严重,甘于清贫,小富即安,求稳怕变,不思进取,把创业失败归因于政府、社会。这意味着,即使同样拥有创业精神,却有着不同创业行为。美国的创业文化导向于创新;日本创业文化导向于追求极致和持续改进;我国江浙一带的创业文化导向于以小看大、滚动发展;广东的创业文化则导向于顾客是上帝。

暨南大学创业学院把"爱、信、商、赢"作为创业精神的核心内容,以爱为起点,信为基础,商为手段,赢为目标,强调创业精神是创业行动的决定性因素,是一种隐藏在教育内在的力量,比形成创业项目更有意义。

3. 内创业及其动力

创业文化不仅影响到人们白手起家的创业,也影响到现有企业的行为,将创业思维转换成企业新的发展战略思维。在公司内部创业,实现公司业务转型,也正在成为"双创"大潮中的一个重要现象。"双创"大潮的存在,必定涉及现有企业,这些企业面临着外部"双创"大潮带来的感染力和压力,不可能不转换思维,于是主动引入创业文化进入企业,并使用创业理论指导企业的转型发展。在很大程度上,企业的内创业不是自愿和主动的,而是被迫和被动的。然而,一旦在位企业也开展内创业,则意味着在位企业也加入"双创"大潮之中,说明企业转型开始了。

内创业,又称内部创业,是由一些有创业意向的企业员工发起,在企业的激励和具体支持下承担企业内部某些业务内容或工作项目,进行创业并与企业分享成果的创业活动的总称。这种激励与支持方式不仅可以满足员工的创业欲望,同时也能激发企业内部活力,改善内部分配机制,是一种员工和企业双赢的经营机制。

从创业的本意来看,就是创立事业,证明自己可以做出成绩,这是根本的动力。内创业最鲜明的特点是相对独立运作一项新的事业,以明晰的边界表明事业的成长、壮大,由此证明曾经的创业设想的正确和创业团队成员的努力和贡献,也可能会承担有限责任,而不会伤害企业本体。也就是说,如果一家企业愿意支持自己的员工独立从事一项新的事业,就意味着准备让员工去证明自己,而企业只是这些员工的后盾。

内创业不仅仅是企业为了让员工证明自己,同时也是因为企业需要通过增加事业来改善自身结构,培育新的业绩增长点,更为重要的是实现业务转型。换言之,是通过调动部分员工的创业热情,实现企业多元扩张或培养新事业。这样做,企业的风险会减少,同时,也保持了积极进取的态度,也增强了企业的发展后劲。

企业事业的多元过程可以是内创业过程,是在创业理论指导下开展的项目创设、资源组合、事业起步成长到稳定的过程。企业可以将事业多元化看成是战略活动,也可以将其看成是内部创业的活动,工作性质似乎没有什么变化,只是使用了不同的理论加以指导。但实质上,还是存在企业的出发点、利益分配、管理方式等方面的区别。

那些有新事业梦想的员工没有选择自主创业,多是因为可以利用母体企业的资金、设备、人才等各方面资源。所以,内创业者在创业时一般不存在资金、管理和营销网络等方面的困扰,可以集中精力于新市场领域的开发与拓展。如果创业失败,创业员工自己的损失较小,在企业中转岗也容易,所以内创业对员工来说有着较高的吸引力。显然,企业与创业员工在利益分配上和失败的责任承担上如果更有利于员工,员工会有更大的热情投入内创业。

如果母体企业已经陷入经营困境,资金状况恶化、信誉下降,母体企业的支持就不容易兑现。也就是说,母体企业提供的内创业环境往往是企业经营状况较好,母体企业对未来有较大的期望时,创业才会奏效。而外部创业环境过于宽松,或者企业内创业的利益分配过于苛刻,也会诱使员工拉出来单干。

第一章
创业理论与创业环境

在很大程度上,内创业是企业行为,他们希望通过内创业改变企业业务结构,实现企业转型,也是为了吸引员工成为新事业的发起者,激励员工创造性发现问题与提出新的解决问题的方案。需要指出的是,员工发现的问题多是在服务客户过程中发现的,通过内创业解决这些问题,为现有客户提供深度服务,还可以节约销售费用。

根据企业与新创项目(或企业)的关系,内创业分为投资型、合作型和新事业型三种。按创业理论指导,投资型是指针对员工提出的创业方案给予投资,可以成立全资子公司,也可以是持股公司,公司与员工按合同各持一定比例,公司的财务部门相当于投资部,负责出资管理;合作型是指由企业提供环境,也负责开展项目指导,企业相当于是孵化器,在项目成熟到一定程度以后,企业负责收购股权;新事业型是指把企业无形资产作为投入,比如公司专利、商标等作为新事业部的投入,使其有相当大的独立性和自主性。那些把企业实验室里获得的成果用于创业并成立新的事业机构,也属于内创业。

内创业的一个重要特点,是原来的企业与新发起成立的管理机构存在较大的区别,后者有极强的管理自主权,并由此决定了企业必须按创业理论指导。所不同的是,后者可以向母体企业寻求支持和帮助,借助母体企业的资源获得发展动力。

内创业涉及下列原则。

(1)遵循公司远景目标。内部创业者从事创新活动时应与公司的经营策略相结合,保持目标一致。如果需要通过多元化加强公司业务,则应在新业务与主业上相互加强。如果公司目标是业务转型,也应该明确新业务与公司目标的关系。企业在政策上支持与鼓励的创新行为,应向员工明确传达。只要符合企业的发展目标,有助于实现企业的远景目标,由员工主动发起的创新活动将被容许,并且可获得资源上的支持。3M 公司是一家内创业企业,公司规定,员工可以运用百分之十五的工作时间与资源,从事与创新有关的活动,且不必事先获得主管的同意。这类积极支持内部创业的公司认为,追求创新成功要重于执行制度规章,因此主管多半能够挺身支持创新,并愿意承担失败的风险。

(2)发掘企业内部具有创业潜力的人才,并加以鼓励支持,员工通过内创业实现成长。企业将可能的竞争对手变成企业业绩增长的重要支撑,是对员工能力的承认,也是培育企业家的好方法。这些企业内部的创业者追求的不只是报酬,还包括成就感、地位、实现理想的机会、拥有自主性以及自由使用资源的权利。一般来说,内部创业者都具有远见,是一群具有行动导向的人,他们有奉献精神,能为追求成功而不计眼前的利益,这种精神决定了他们未来有可能成为企业家。

(3)建立内部创业团队并获得高层的支持。这是与创业有着根本区别的一项活动。企业内部关系复杂,创业者多还没有建立起组织内的权威,但内创业却和所有新创事业一样面临着对周围资源的高需求,如果没有来自高层的支持,新事业开创过程会面临比自主创业更多的困难。因此,通常需要一位具有影响力的高层真诚对创业者提供保护,协助创业团队获得所需资源,并排除创业过程中的企业内部阻力,使创业团队能够安然度过最艰辛的创业初始期。

(4)赋予创业团队行动自由,但同时也要求其承担成果责任。企业对于内部创业团队的创新与创业活动,应给予一定程度的行动自主权,比如在约定范围内,创业团队可拥有自由支配资源的权力等。但同时也要设定查核点对成果进行管理,在取得成果以前,创业团队需要放弃其他的利益追求。

(5) 采用红利分配与内部股权的双重奖励机制,激励内部创业行为,并允许试错。内创业活动与企业内规范业务活动的最大区别在于内创业者愿意承担风险,并在承担风险的过程中获得事业上的进展。因此,企业需要建立激励和保护这种行为的机制。一般员工对于企业奖惩的认知是,冒险创新成功的报酬太低,而失败时的惩罚太重,因此宁愿忍受现有的内部考核机制。激励机制对于企业创新活动有至关重要的影响,重视内部创业的企业大都能够容忍创新时的犯错。对于创业成功的奖励,除给予升迁外,还可以分享成果红利,并给予自由支配的内部资本等权利。这样的制度会形成文化,会促进企业员工为企业未来着想。

四、案例精读

晋商精神与中华文化

晋商,即山西的商人。明清时期晋商抓住商机,不畏创业艰辛,诚信经营,居商帮之首。"凡是有麻雀的地方就有山西商人"的说法足见晋商汇通天下的辉煌业绩。而晋商的发展离不开内涵丰富的晋商文化的支撑。

晋商精神是晋商文化的重要组成部分。晋商精神首先表现在儒、贾二者的关系上。晋商在经济贸易活动过程中贯通二者,懂得用儒家的伦理思想来规范自己的经商理念和营商行为。晋商精神还和晋商的经商谋略、管理组织、心智素养等多个方面有联系,推进了晋商德行素质的提升和经济贸易的发展,营造了一种良好的社会氛围。晋商伦理作为晋商经济贸易中的灵魂,对于晋商的成功起着不可或缺的作用。

晋商之所以取得巨大的成功,这与他们在经营过程中运用了适当的经营谋略、正确的经营战术是密不可分的。明清时期的晋商经营谋略得当,使得他们成绩斐然。他们吸取历代商人的经商经验与教训,去陈革新,勇于创新。晋商很好地做到了慎待相与,在合作之前会对经纪业务来往的商号进行认真考察,合作关系一旦确立便会善始善终。经营作风是在长期经营活动中形成的,晋商认为良好的经营作风是商业取得成功的一大关键,晋商在经营活动中形成的经营作风包括珍惜诚信和俭约自律。

经理负责制是晋商在经营过程中形成的管理模式,就是由财东来聘请票号的经理,经理在聘用之前要经过一系列严格的考察,确认其能力后便全权委托。财东和经理之间的合约关系是建立在信任基础上的,二者的挑选机制也是十分严格。晋商在经商的过程中创造性地让商号的员工参与到年终的分红当中,这也展现出晋商以人为本的理念。晋商创设的顶股制对员工有激励的作用,商号员工为了能有更多的股份便会更加认真地做事,从而商号也能得到更好的发展。

在明清时期,晋商独具特色地进行了茶叶的种植,除此之外还把采摘的茶叶进行加工和销售,对于我国茶叶文化的发扬具有积极的作用。除此之外,晋商还把培育制造的红茶远销海外,供应国外人民饮用,使国外的喝茶风气与日俱增,从而使中国茶文化在海外名气远播。

案例思考题：

1. 请从本章的案例中，提炼出五条以上的创业感悟。
2. 自己查阅资料，思考晋商、徽商等传统商帮所蕴含的中国优秀传统文化。

五、课后思考题

1. 为什么说中国过去的发展依靠创业精神，中国未来的转型仍然依靠创业精神？
2. 创业如何受到中华文化的影响？创业如何影响中华文化的传播？

第二章 华人创业特点与中华文化下的创业追求

本章导读

本章分析和概括了华人创业行为特征,为建立以中华文化为基础的创业原理提供依据。内容包括华人创业行为特点、中华文化在创业中的优势、中华文化与追求百年老店的创业、外部对中华文化的影响与追求创新下的中华文化等内容,高度概括了中华文化下的创新、创业行为。

关键词:中华文化;百年老店;创新、创业

王永庆的创业故事

王永庆早年因家贫读不起书,只好去做买卖。16岁的王永庆从老家来到嘉义开一家米店,仅有200元创业资金的王永庆,只能在一条偏僻的巷子里承租一个很小的铺面。他的米店开办最晚,规模最小,生意冷冷清清。刚开始,王永庆背着米挨家挨户去推销,没有什么效果。后来,王永庆注意到人们在做饭之前,都要淘好几次米,很不方便。他和两个弟弟一齐动手,一点一点地将夹杂在米里的秕糠、沙石之类的杂物拣出来,然后再卖。买米的顾客以老年人居多,王永庆注意到这一细节,又主动送米上门。王永庆送米,并非单单是把米送到顾客家门口了事,他还坚持要将米倒进米缸里。如果米缸里还有旧米,他就将旧米倒出来,把米缸擦干净,再把新米倒进去,然后将旧米放到上层。经过一年多的资金积累和客户积累,王永庆自己办了个碾米厂,在最繁华热闹的临街处租了一间比原来大好几倍的房子,临街做铺面,里间做碾米厂。就这样,王永庆从小小的米店生意开始了他后来问鼎台湾首富的事业。

抗日战争胜利后,台湾经济开始发展,建筑业势头最劲,王永庆抓住时机经营木材生意。经营木材的商家越来越多,竞争也越来越激烈。王永庆看到这一点,毅然决定退出木材行业。20世纪50年代初,台湾的化学工业中有地位有影响的企业家到国外考察后,认为台湾的塑胶产品无论如何也竞争不过日本的产品,不愿在台湾投资塑胶工业。而这时还是名不见经传的普通商人王永庆,却主动表示愿意投资塑胶业。他向许多专家、学者去请教,拜访了不少有名的实业家,对市场情况做了深入细致的调查,私下去日本考察。他认为,烧碱生产地遍布台湾,每年有70%的氯气可以回收利用来制造PVC塑胶粉,这是发展塑胶工业的一个大好条件。于是,他创办了台湾岛上第一家塑胶公司。同时,他不断扩大生产规模,降低成本和价格,塑胶粉的产量持续上升。最终,王永庆的公

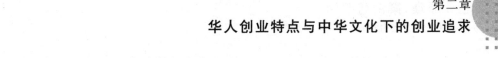

第二章 华人创业特点与中华文化下的创业追求

司成为了世界上最大的PVC塑胶粉粒生产企业。

思考题：请概括王永庆的创业特点。

一、华人创业行为特点

不论是今天，还是过去，华人都对创业有极高的热情。如果不让他们创业，他们就会跑到可以创业的地方。许多华人就是因为要寻找创业机会而走出家门和国门的，当他们到达目的地以后，华人的本色便在创业行动中体现出来。

1. 以勤为德

在华人的词语里，对勤的赞扬有各种表达，业精于勤、民生在勤、天道酬勤、勤以立身等；也用勤来表达方法，以勤补拙、勤学苦练、勤学好问。华人以勤为自己的信仰，以懒惰为耻辱。创业之人或者准备创业的人，多会比打工的人更勤劳，更辛苦。它不是被迫的，而是自觉的，是用一种伦理约束建立的行为准则。华人这种行为不仅表现在中国本土各类众多小创业者身上，也表现在移居世界各地的华人身上：在其他人都休息的时候，他们仍然在工作，没有假期，每天起早贪黑，几乎所有时间都在工作。这意味着，他们会有更多的机会服务顾客，也有更多的机会获得利润。

2. 克俭容人

华人克勤克俭，不仅勤勉，还乐于节俭。这种节俭是渗入每一位华人骨髓的，而创业者更是他们之中的极端者。王永庆直到去世都不愿意让部属浪费打印纸，因为在华人的观念中，只有节俭，才有可能致富。由此可知，华人创业资金相对充裕，往往是因为资金准备充裕才创业。创业者对自己克制，对顾客和合作伙伴会相对比较宽容，甚至比较大方，对关键的员工也会出手大方，而对非关键的环节和人员比较苛刻。把顾客当作上帝，是华人主流社会的基本共识，特别是以浙闽粤为主的华人，这一特征更加明显，不论顾客说什么，做什么都是对的。严于律己，宽以待客，是华人世界创业者的基本信条。

3. 皆可商量

商的本质是商量，两个有各自利益的双方，通过"讨价还价"达成协议。如果一切都能商量，买卖、合作契约总可以达成。华人对达成交易锲而不舍，认真、诚恳地商讨，多会让交易成功。华人还倡导"买卖不成仁义在"的原则，如果一次买卖无法成功，客客气气礼送没有达成交易的顾客，为后续生意做铺垫。因为这可以让顾客有所选择，允许他们多方比较，比较以后有可能返回。其实，华人这样的行为是本着真正让顾客成为上帝的原则经营的。毕竟顾客是来消费的，为何让他们心怀不满地离开呢？这样的结果肯定不会对商家产生好感，没有好感，将来的生意应该没有基础。一切皆可以商量是尊重，也是意愿的表达，更是与对方一起"发现"。能够站在顾客角度，真正让顾客感受到真诚，让交易达成的同时，也能够和谐共处。

4. 以情为先

全世界对华人的主要认知是,华人是一个圈子社会,存在内外有别的差序格局,对人的关系有亲有疏,有厚有薄,因此产生着不同的信任感,也形成了关系差异和信任差异。中华文化倡导以情为先,而不是以利为先。如果相反,人们就会说"见利忘义"。"义"字的含义较多,但是基本内容是情,因为人们之间的关系产生于情,人们之间的信任基于情。所有人都有"五缘":血缘——同宗;姻缘;地缘——同乡;学缘——同学、室友;业缘——同事、战友。然而,华人会把"五缘"当作靠山和资源,创业行为中存在用集体力量办大事的情感基础,那些依靠关系进行融资的行为是信用融资的典型做法。在创业过程中,优先"五缘"建立团队和合伙企业,是因缘而建,而不是因才而建,在华人社会十分普遍。华人对老顾客有着格外的关照,可以用"日久生情"来解释。在企业看来,顾客已经成了业缘,他们是自己的事业合伙人。

5. 用钱挣钱

华人创业者在准备创业以及创业初期一定会拼命攒钱,目的是用钱挣钱。毕竟用体力挣钱无法充分展现自己的能力,用钱和体力挣钱,是"双手"挣钱,既能把自己的智慧注入生意,也能够用资本放大自己的智慧。用钱挣钱,本质是基于资本滚动、不断扩大经营规模的创业规律。在经营中,如果不断将利润投回生产经营中,就会形成复利,即使只有1%的增长,持续循环1 000次,也可以达到2万多倍。如果用体力挣钱,无论如何也做不到。这被称为"暨创3中的第一创富定律"。它要求创业之初,不要轻易抽调企业资金用于改善生活,而要把利润用于扩大再生产,如扩大生产和经营规模。这是一种极其可靠的致富方法。通过初期规模扩张积累资金和经验、建立信用,也是华人创业者能够很快做大的原因。这一原理要求以节俭为前提,但也需要有扩大经营规模的意识,并将节俭运用于投入扩大生产中。另外,也得有足够高的利润率,那需要较高的商业智慧。华人传统上不善于使用过高的财务杠杆赚钱,即使利用别人的钱赚钱,一般也都遵守诚信为先,合理分配红利的原则。

6. 商业智慧

华人的商业智慧主要体现在生意与服务上,较少体现在科技成果运用和新产业的建立上。王永庆的商业智慧不是用在对付竞争对手上,而是花在如何满足顾客的需要,把自己的主要精力和资源奉献给顾客。一切为顾客着想,是成功中国商人的智慧理念,这主要表现为更好地让客户满意,而不是针对竞争对手。几乎每一位成功创业者都可以讲出这样的故事。牛根生从伊利出来以后,带领着一起出来的十几位没有多少文化的同事、哥们儿,在房租最低的回民区租下了一间小房。现在他们自己创业,没有投资,必须得将能用小投入做成大品牌的产品放在创业目标的第一位,其他产品等待机会再去开发。他做的第一个产品是雪糕,定位的市场却是远在500多公里以外的北京,他们的雪糕比北京人做得好吃,只是没有人使用冷冻车运送到北京,但牛根生做到了。蒙牛的雪糕卖到北京一炮而红,不仅赚了钱,还赚了名声,成了品牌,也成为能够获得融资的诱因。

第二章
华人创业特点与中华文化下的创业追求

吉利汽车的李书福创业前是一名农村的照相师。他高中毕业后,没有像他哥哥们那样去学习打铁,而是利用自己专长——照相技术,买了一部照相机,为那些不能全家翻山越岭走到城里照相的村民照相,洗好照片后,隔段时间再送去。他的第一桶金既是靠辛苦挣来的,也是靠智慧挣来的。因为农民全家进城实在太不容易,而他去到农村,可以为村民节省去城里的时间和路费,村民节省的路费就够他赚的了。他们的故事中,没有科技创新,只是有为他人着想的初衷和自己的智慧,这成为许多华人创业的行为特征。

7. 低调忍让

与其他民族相比,中国传统上商人地位低下,通常会比较低调。这是因为,长期以来在等级社会的传统中国,士农工商中,商人排在最后一位。商人如此被轻视,让商人一直比较低调,形成了不同于其他民族的行为特征。即使在当今的中国,也存在着大量的隐形冠军,部分地证明了低调商人文化仍然在发挥作用。在国外,即使有很强经济地位的东南亚华商,也一直保持低调,不愿意参政,既使参与社会公益也经常隐姓埋名。他们的低调并非是为了减少纳税,而是出于文化传统,不愿出头,害怕出头。他们不仅低调,而且还能忍让。面对商业纠纷,多以庭外和解了结。他们遵守法律而不去主动利用法律,即使吃亏,也是"忍为高,和为贵",以情动人。低调忍让的文化是全社会性的,在今天的中国,忍让是造成环境破坏甚至伤害到村民生命的重要原因。虽然这些行为随着市场化有所改变,但华人的骨子里仍然如此。华人在创业初期更是低调忍让。同时,华商也经常利用这一文化特征来降低用工成本,包括自己的成本。因此,华人创业成功率相对较高。

8. 经营面子

经营面子,不是经营品牌。品牌的核心是商标,是字号,是法律保护下的无形资产。而面子则是场面,是人气,在一定程度上也是口碑。面子可以用热闹来烘托,如果能够热热闹闹,就挣得了面子,否则就会受到人们的议论。这与低调的做法似乎矛盾。的确在华商中有部分人用铺张来求得面子,但当遇到危难时,他仍会回归低调。华商的面子主要是给自己人看的,这些自己人主要是同宗、同族,加上可能的合作者。这样可以得到一些荣誉和信任。这些都不针对顾客和政府,因为那样会造成"为富不仁"的判断,引来麻烦。给同族人看,创业者追求光宗耀祖,这是华人创业的重要动力,而荣归故里则是创业者表现体面的内心追求。

9. 回避风险

汉语中有一句"不怕一万,就怕万一"的俗语,经常被作为决策时的理论依据,其积极意义是风险意识强,但消极作用也十分明显。如果对万分之一的风险都不能承担,等于在放弃一个巨大的机会,只看到危险。从总体上看,华人创业多不会冒险,他们会识别机会,利用机会,但是如果机会风险较大,他们会放弃,他们宁可去抓住那些其他人不愿意抓住的机会,也不会去冒险。这在很大程度上解释了为什么华人创业只是模仿和在缝隙中寻找机会,而多不会主动创造机会。

10. 重权轻技

这一特点与重物轻人比较接近。华人对物带来的财富更加看重,而对由人带来的财富比较轻看。物,包括资财、土地、矿产,这些都需要有权力的保护,派生的权力保护一般是官家提供的。华人创业者普遍认为这些都可以转化为财富,技术是可以轻易拿来的,只有权力才不能随意地获得,在骨子里不认可技术、知识是财富。这种财富观念在物资匮乏的年代比较流行,对解决低层次的物质需求比较有吸引力。今天,如果我们再否定知识对财富创造的意义和价值,仍然崇尚权力对物质财富的决定作用,不仅不可能创造真正的财富,还会造成创业行为的扭曲,与社会趋势相悖。所以,它是华人世界需要抛弃的一个特征。

二、中华文化在创业中的优势

曾宪梓的创业故事

曾宪梓1934年出生于广东梅县,12岁曾辍学打工,后来依靠助学金念完了中学和大学。从中山大学毕业以后,在商场闯荡多年,凭6 000元港币起家,靠生产和销售领带创立了领带帝国。内地改革开放以后,曾宪梓开始设立基金捐助国家教育、航天、体育、科技、医疗与社会公益事业。2019年逝世时,累计捐赠金额超过12亿港元,成为最具传奇经历的商界人物。

曾宪梓4岁那年,父亲就去世了。母亲含辛茹苦将孩子抚养长大。母亲带着一家人苦苦打拼,妈妈有句名言,成为曾宪梓一生享用的哲学,"不缝好伤口,伤口会越来越大,越来越痛,现在的痛,忍一忍就过去了!"每当遇到痛苦、困难,曾宪梓都会用这句话来激励自己。

1968年,曾宪梓从泰国来到香港定居,开始做领带生意。万事开头难,唯有努力四处上门推销自己生产的领带。曾宪梓走进一家洋服店,向老板推销自己的领带,遭到了拒绝。可没想到,第二天,曾宪梓又出现在这家洋服店。这一回,曾宪梓经过精心的打扮,手上也没有带产品。老板看见昨天被自己轰走的这个人满是诧异。曾宪梓说:"我是特地来向你赔礼道歉的。"说完话,他把老板请到隔壁的咖啡店,为老板点了一杯咖啡,并为自己的鲁莽而道歉。这位老板问曾宪梓:"你为什么要来道歉?"曾宪梓回答:"我就是想知道,你昨天为什么拒绝我?"这位老板被曾宪梓的勇气、执着与坦诚所感动,两人相谈甚欢,后来他们成了生意上的好伙伴,生活中的好朋友。

曾宪梓有一个信念:"不怕吃亏;信誉是真正的财富。"有一年,香港有一家很大的百货公司,跟曾宪梓口头订了50打泰式的领带,价格也说好了。后来,曾宪梓去泰国时发现,泰国丝因为需求增加突然涨了不少钱。如果以这个价格进货生产领带出售,曾宪梓要亏不少钱。有人劝曾宪梓:"你跟百货公司只是口头约定,没有合同,可以反悔。"曾宪梓回答:"口头约定也要算数。"后来,曾宪梓跟那家百货公司的老板说:"这批领带是按照原来说好的价格给你,原料后来涨了,我是亏本的。"这个百货公司的老板很感动,后来

第二章
华人创业特点与中华文化下的创业追求

成为金利来最好的宣传员。

每一个成功者的背后都有令人感动的故事和优秀的品质,成功不是偶然的。

思考题:你能从曾宪梓这些故事上看到中华文化的优越之处吗?

1. 中华文化优秀在哪里

自甲午战争以来,中国人因为落后而反思,几乎全面否定了中华文化,把中华文化说成是落后亡国的原因。从"进步"的角度,的确中华文化缺少推动科技进步的动力。然而,人类是否一定要追求"进步"?是否只追求"进步"?以及用什么方法追求"进步"?且不说推动科技进步的重要动因之一——战争,给人类带来的伤害,就是在和平年代日新月异的科技进步、推陈出新的产品,造成巨大的社会资源浪费和学习成本不断上升,就不能完全认同"进步"是人类唯一追求。如果不计算这些浪费,还把处理这些浪费的产业活动也算作GDP,这已经脱离了人类的追求。

唯进步而进步,是西方文化带来的一个重要结果,也成了一种生存方式和社会运行机制。在这个机制中,进步要淘汰落后,落后者为了生存不得不奋起进步,按部就班的自然进步无法生存,所有参与者都得进步,形成了"进步"的社会。其中战争又主要是通过科技进步获得优势的,战争一直是产生民族存亡危机的重要来源,为了民族,也不得不接受科技进步。人类被"进步"所绑架,变成了"不得不进步"的社会,进步也成为人类的重要道德观,似乎进步才是唯一的追求。

西方的进步和给世界以及中华民族带来的压力曾经令中国人羡慕不已,向西方学习,自我革命,追求进步成为民族生死存亡的选择。但是,人们越来越明显地看到,进步带来的资源浪费在增大,对新生事物应接不暇。但是,应该适当地反思"唯进步"的追求。

中华文化延续五千年没有中断,其强大的生命力表明这一文化中存在自我生存的能力。中华文化讲"和而不同、社会大同",先和而后不同,追求社会大同。"和"文化是和谐的文化,是以和谐的内涵为理论基础的文化体系,是创建和谐社会的前提条件。和谐文化中的全部思想理念,如真理、价值、发展、审美、道德、理想等,都是以和谐为前提,建立在和谐内涵的基础之上。和而不同,有容乃大,相融共生,取长补短。这蕴含了中国的朴实价值观"和"——平等共事,和谐共处,多样共存,合作共赢。中国历来有和气致祥、和衷共济、和颜悦色、和蔼可亲、家和万事兴、国和百业旺等富含哲理的成语。"和"的文化渗入社会方方面面,是中华文化的核心。

和而不同,兼容并包,表明中华文化希望多样化,承认进步的意义。中华文化中的进步是自然而然地进步,不是推动的进步,是在"和"的前提下的进步。而不是在竞争下的进步。中华以秩序为主要追求目标的文化优势,会让人们在没有压力的环境下从容进步。从这个意义上讲,中华文化的优秀在于不急不躁的进取精神,是"以慢求快,以稳求进"的态度。

允许别人进步,允许别人超越,自己也可以超越别人,而不是替代别人。每个人都可以创新和进步,却不会伤害别人,这种境界的结果是和谐的、大同的,这正是未来世界需要的文化。相比之下,过度地强调竞争,用竞争来鞭策进步,加剧社会的压力和矛盾,是以社会的精神损耗推动的进步,极端情况下,会导致战争和强权,造成"有我没你"的生存争夺,这不应该是人类的追求。

今天的中国经济已经取得了长足发展,面临着跨过中等收入陷阱、步入高收入阶段的任务。几十年前,一句"落后就要挨打"判断下的国际环境也正在消退,提升经济发展质量,建设以秩序优化为先的进步正成为中华民族的基本要求。同时,也需要把这样的文化推向世界,推动全球走向"秩序为先",让优秀的中华文化传播到世界,让人类都能够感受到优秀文化的和谐的力量。

在中国,国天下、孝文化在"和"的文化中占有重要地位。以孝为先,这不只是习俗,或者是用来做商业推广的噱头,而是更具有中华文化精神之本色,是产生秩序的重要来源。中国的春运被称是人类每年最大规模的人口迁移,人们回家过年,不论多么艰辛,也一定要赶到除夕晚上团聚;每当清明时节,人们会大规模出行,仅次于春节的人口迁徙,目的是祭祖;每当中秋节,都会有各种家人聚会,分享喜悦。他们此时不计较花钱,不在乎时间,愿意为此牺牲和奉献。这一切都表明,中华民族对家的热爱,对祖先的敬仰,这种精神需求超过了物质和利益的追求。这意味着,人们追求事业的动力来自光宗耀祖,来自一种对家族荣誉的维护。这样的文化有助于创业者追求百年老店,也有助于家族传承,还有助于商业品牌的塑造。中国曾经有众多的老字号,在很大程度上,体现了这种文化,人们把企业的成功作为成就的体现,以实现为祖宗和长辈争光。

这种文化可以带来许多有益的社会影响,因为社会需要和谐的商业环境,需要百年老店、打造精品的社会,而不是争夺财富第一的世界,那就需要对这种文化进行培育和建设,社会舆论的赞扬与支持将变得十分重要。因为在这样的环境下,创业将以满足顾客、造福一方为道德标准,而不是财富最大化。这不仅会体现创业者的社会责任,让社会更加和谐,更会让顾客得到持久的满足。

孝作为中华优秀文化的重要方面,有着独特的民族意义,是民族的文化标识符,也是民族凝聚力的重要体现,是人们深刻的行为约束。孝形成秩序,也可以形成进步的动力,如果给祖宗争光是一种追求的话,就会形成一种文化约束力,起到行为底线的作用,也会形成激励,促进人们做成大事业。

我们需要从世界各种文明和文化中寻找未来和谐发展的动力。在"进步"的压迫下,和的文化似乎没有招架之力,但从世界发展进程看,并非仅仅依靠物质就能够体现人类追求,人类需要和而不同。用和而不同的思想精髓去理解,世界应该给中华文化一个生存的地位,中华民族更应该维护和传承这一文化,我们将在这一文化下,推进世界的和谐进步,以证明中华文化的优秀。

2. 中华文化在创业中的优势

在传统主流文化影响之下,经商行为受到很大抑制,中国的创业实践并不十分踊跃。晚清以后,先是徽商,再是晋商纷纷崛起;进入民国以后,特别是 20 世纪 20 年代,中国商业获得了一些发展机会;直到改革开放以后,中国大陆才形成了日益宽松的创业环境。而走出国门的华侨在海外创业,以及在中国香港、中国澳门、中国台湾地区一直保持着较高的创业热情,也不乏世界级的商业领袖。这表明,中华文化在创业中存在优势,有利于创业成功。

第二章
华人创业特点与中华文化下的创业追求

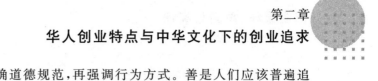

中华文化提倡上善若水,先明确道德规范,再强调行为方式。善是人们应该普遍追求的,也是有利于社会的,它应该是最高的道德,是公共的道德标准。关于如何实现？中华文化提倡如水一样,给人们以行为准则。这样,善就不再空洞而有了标准。更为重要的是"上善"意味着可以有其他的"善"的表达方式,而最高的善应该如水一样,从而为人们提供学习榜样,希望人们像水一样。对水的理解,应该有许多层面。水无形,因而可以贴近任何东西,在创业中,这意味着创业者像水一样去贴近顾客,对顾客的需求要无微不至地观察和满足。由无形的追求,推广至主动求变,内含有创新的追求。上善若水,不可以刚烈,也不可以不主动改变自己,而是把自己置于市场之中,主动改变以适应市场需求,这在创业中有着重要优势。因为创业就是一个从假设到现实的"弄假成真"过程,也是一个为了让市场接受而不断改变自己的过程。这种主动迎合顾客,是一种重要的创业理念,有助于创业成功;上善若水还表现为顾客总是对的,而企业只能着眼于改变自己,服务好顾客。水是向下流的,在市场中,众多的顾客居于下端,关爱平常百姓成为中华文化在创业中的一个重要特点。在创业中,越是走大众路线,市场规模越大,可让更多的顾客获得的满足机会越多,这就是善,而且是最高的善。在商业设计时,从平民百姓日常生活出发,发现他们生活中的不满,也就是发现各种痛点,即成为创业的重点。与此相反的,关爱高端顾客,走上层路线,以制造痒点(奢侈品)为主的模式,并不是中华文化在创业行为最有优势的方面。随着时间的推移,人们的收入在逐渐提高,那些平民百姓也有精神需求,也有兴奋点,追求上善的创业者会为他们提供相应的精神享受。中华文化倡导"好雨知时节","润物细无声",所以,创业者会低调满足市场的需求,及时为市场提供服务。从一般原理上讲,水具有高渗透性,文化也有这样的特征。如水一样,渗到各种可能的创业产业、创业环节和创业要素之中,能够主动将中华文化与创业活动进行结合,这也体现了上善若水的理念。

人通过遵守自己制定的各种规章制度和道德规范控制其与生俱来的与自然不协调的欲望,从而达到一种自觉地履行道德原则的境界,将人性解放出来,重新回归自然。创业是为改变世界,为世界增加新的内容,但这种增加需要借助自然力为人类服务。向自然索取也一定要维持自然的平衡,不能为了某些欲望而没有收敛。通过创业来实现人类社会的和谐进步,不仅是人与人之间的和谐,还有人与自然的和谐。不唯利是图,也不做奸商,而是遵从规律,顺应自然,以人自己的积极行动,为人类谋福祉。

如果已经知道创业是为社会提供福祉的活动,那就要付之于行动,没有行动的"知"是没有意义的,先"知"而后动,是对创业者的要求,但更重要的要求是知行合一。扩大知识面,确认知识的意义,明确知识的运用方式,让"知"成为行动的根据。因此,创业者需要学习。众所周知,成功人士的重要特点是利用好了业余时间。每天1 440分钟,吃饭、睡觉、工作等必要的时间占去1 200分钟,剩余240分钟的利用成为成功与失败的分水岭。那些至少每天学习30分钟的人,会不断有所进步,因为他们不断扩展知识、深化知识,从而能够最大限度地利用知识。知识的学习在于运用,在今天的世界,最简捷运用知识的途径是创业,创业也是知识创造的根本目的和最终的归宿。知识只是实现创业的条件,创业才是推动社会发展、改进社会的根本。

中华文化核心理念有一些其他概括,比如天人之学,道法自然,居安思危,自强不息,诚实守信,厚德载物,以民为本,仁者爱人,尊师重道,和而不同,日新月异,天下大同。从创业角度,中华文化可以分为面对顾客与社会的商业伦理,和面向企业内部员工与文化的社会伦理,并在这两个方面都具有传统优势。

3. 中华文化与追求百年老店的创业

"老干妈"的创业故事

陶华碧,"老干妈"品牌创始人,到目前为止,她创办的企业从不向银行贷款,也不靠股票市场的融资。当年,她是一个地质队员的遗孀,老公去世以后,她带着两个孩子。她没有选择让孩子接班,也没有靠抚恤金过活。陶华碧有很多本事,她会做凉粉。开始比较赚钱,后来别人也来模仿,利润很快下降了。怎么办?她把家里做的辣酱拿出来赠送。有一天来了一位街坊,说:"干妈,我们家今天不想吃凉粉,只想吃你的辣酱,你能不能送我一点?"事后陶华碧觉得,这可能是一个机会,于是她向贵阳的饭店赠送辣酱,人家都说好,陶华碧决定不做凉粉,改做辣酱。她向街道申请租一个地方,街道负责人说,你要想租这个地方,你就把13位下岗人员一起用。她把那13位工人全都雇用了下来,办了一个辣酱厂,她生产的辣酱远销到全国。后面也有人来模仿"老干妈",于是"四川老干妈""芙蓉老干妈"一起出现,她毫不退让,赢得了官司。现在的"老干妈"已经成了可以出国销售的"奢侈品"。陶华碧,这个农村出来的家庭主妇,打造了一个坐拥70亿元资产的知名企业。

思考题:你能够从"老干妈"陶华碧身上学习到哪些优秀文化?

创业的本意是为了创建一个事业,百年老店可以承载创业者的寄托,是事业的重要表达,中华文化对建设百年老店有着重要意义。

在社会分工不断细化的今天,创业管理与企业管理,甚至创业与创业管理都有着很大的不同。一些理论认为,能够创业的人,不一定能够做好企业管理。以此为前提,有些创业者应该将已经完成创业的企业交给企业管理者,退出企业。如果创业者创立一家企业,又创立了另一家企业,反复进行创业,他就变成了创业家。如果一个人或者一个组织专门帮助别人创业并取得成功,那么他们也是创业家,而实际上他们进行的是创业管理。但创业者往往会把自己创立的企业当作孩子,当作自己事业的追求。有谁把自己生的孩子让别人来抚养呢?

在有资本推动的创业背景下,一些创业者不是立志成为创业家,而是被投资者所绑架,被推着上市,利用股权退出机会,套现获利。换言之,创业资本在推动公司上市,创业者则会借此退出企业,在获得创业利润的同时将企业交由企业管理者来管理。然而,大量数据证明,一旦公司上市,便出现公司业绩持续下滑。这意味着创业者视公司上市为目标,把上市作为完成创业任务的节点,公司一旦上市便停止了发展的努力。显然,这样的行为对社会发展十分不利,甚至会给社会带来金融风险。这样的行为在很大程度上是

第二章
华人创业特点与中华文化下的创业追求

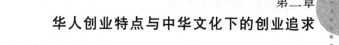

由文化观决定的,越是短视的文化观,越容易出现投机。

从世界范围看,那些寿命长、规模大的公司,并非以公司上市作为先决条件。华为没有上市,却成为世界著名的通信设备供应商。同时,公司上市的目的是为了融资,而不是为了退出股权套利。当公司现金收入和现金流管理足够好的时候,企业并不需要上市。因为上市也存在各种成本,要承担公开披露信息、保证股东权益、履行上市公司的义务等责任,上市公司在某种程度上也会让企业自由程度下降。基于这些原因,许多世界知名公司并不会追求上市,也没有因为不上市而停止发展的脚步,因为它们的共同追求是把企业做成百年老店。

在中华文化背景下的创业行为,应该有着正确的发展观,这既是弘扬中华文化的需要,体现中华民族性格,也是打造百年老店的商业追求。中华文化倡导十年树木、百年树人,倡导坚守一言既出,驷马难追的企业操守,把企业培育成参天大树作为创业者的理想,这样的文化已经渗入到人们的性格之中。在中华大地上,曾经的老字号度过战乱和变革,只要没有被完全取缔,便会设法生存、发展、壮大,它们是把做企业当作事业,所以存在长达500年的老店,也存在一代又一代传承的家族企业。

到底是创业—上市—套利好,还是打造并小心经营一个百年老店好?多数人会选择后者,而这恰恰是中华文化可以影响的行为。

首先,在中华文化中,立德树人是极具风尚的追求,是人们的楷模。一个企业的经营时间不够,意味着树人的时间不够,还不足以立德,因为还没有经过市场检验。那些百年老店严格遵守自己的道德、商业信仰,形成了自己的坚守,实现了成为社会道德楷模的理想,而有足够的经营时间是成为楷模的前提条件。

其次,在中华文化中,口碑是一种重要的资产,只有长期经营,才能维护好自己的口碑资产。这可以总结出一个规律,越是百年老店,越会严格要求自己,处处小心谨慎,唯恐失去信誉资产。而越是这样的行为,越会增强信誉资产,形成口碑资产的自我加强。即使是百年老店的追求者,他们也会精心经营企业,力争在未来成为拥有口碑的企业。一旦拥有口碑,他们离实现百年老店的梦想就不远了。

再次,在中华文化中,"从顾客中来,到顾客中去"是一种不断提升企业自身竞争力的良好途径。要想留住顾客,就要不仅满足其现实需求,还要从顾客的角度,主动为顾客考虑问题,从发展的眼光出发满足顾客,与时俱进。通过与顾客"打成一片",可以最大限度地听到顾客的感受和建议,这不仅可以解决企业存在的问题,也能获得更大的市场,并根据顾客变化及时改变发展方向。

最后,在中华文化中,为子孙留下财富,也是创办百年老店的动力。企业是传承家族资产的重要方式,百年老店为后人提供物质资产,也为后人提供文化和做人之道,树立丰碑。后人能够敬仰,对先辈尊敬,秉承孝道,与这些物质、文化以及管理风尚的传承有密切关系。孝之有内容,而不只是孝的表面化和形式化。

拥有中华文化的创业者会把创建的企业当作事业,用事业证明自己的追求。当管理能力不足时,他们会吸收外部资源,不论是引进人才,还是借助外脑,都不会将权力全部转让,而会全力以赴地经营企业。在中华文化下,创业者多是企业的管理者,他们珍视自己的事业,通过不断学习、不断整合各种资源,发展企业,用行动争取实现百年老店之梦。

三、外部对中华文化的影响与追求创新下的中华文化

王安的创业故事

王安1940年毕业于交通大学电机工程专业(现上海交通大学电气工程学院),1945年赴美留学,1948年在哈佛大学获应用物理学博士学位。1951年,王安以仅有的600美元,创办了名为王安实验室的电脑公司。1956年,他将磁芯存储器的专利权卖给IBM,获利50万美元。对事业执着追求的王安将这50万美元全部用于科研工作。1964年,他推出最新的用晶体管制造的台式电脑,并由此开始了王安电脑公司的创业历程。此后20年,因为不断有新的创造和推陈出新之举,事业蒸蒸日上。1972年,王安电脑公司研制成功半导体的文字处理机,两年后,又推出了第二代,成为当时美国办公室的必备设备。对科研工作的大量投入,使公司产品日新月异,迅速占领了市场。这时的王安电脑公司,在生产对数电脑、小型商用电脑、文字处理机以及其他办公自动化设备上走在时代的前列。被称为"电脑大王"的王安,1986年成为美国第五大富豪;1986年荣获美国总统自由奖章;1988年荣登美国发明家名人堂。王安电脑公司的快速发展令电脑行业霸主IBM公司不安,决心与其一争雌雄。20世纪80年代,王安电脑公司在个人电脑市场标准战上失利,王安电脑公司倒闭。

思考题:王安创业采用的是什么模式?

1. 外部对中华文化下的创业行为影响

(1) 工业化思维的影响

传统华人创业主要集中在传统服务业。但是,随着工业化的不断深入,华人集中的地方工业也成为创业的主要选择。更为重要的工业生产思维对华人的影响更为深刻,甚至成为转换华人小作坊式生产的最重要替代物。工业化思维是指专业化和由此而形成的规模化生产的思维,通过专业化和规模化获得成本递减的优势。工业化思维产生于大工业时代,而促进大工业的是市场经济,是市场经济制度本身具有的演化能力推动的,分工不断细化的过程可以看成是不断产生新物种的过程。在这过程中,竞争、协同、创新交织,面向对手的竞争与面向顾客的服务交叉。以西方式思维的竞争推动为主,结合东方式思维在商业活动中对顾客发自内心的关爱体贴形成了合力,在获得顾客承认的同时,又不得不提防竞争对手的蚕食。西方文化的强势,让华人的东方文化处于被动地位,使其越来越趋于西方,甚至因为可能存在着竞争就率先发动了攻击,以成本优势策略为主的竞争方式经常占据上风,这恰好符合了华人能够忍让的传统文化;把竞争与抓住机会作为率先的目标,节约研发成本的模仿也经常成为华人创业者的首选。与传统服务类似,凡有华人创业的行业,都会引发成本大战。有人认为,这是传统华人文化在创业中的表现。但实际上,华人这样的行为是受到扭曲的竞争文化影响以后出现的简单模仿,而其本质则仍然在获得足够能力以后,还会逐渐走向为顾客着想,华为应该是这种企业的典型代表。

(2) 科技的影响

科技成为创业活动的主要支撑是在"二战"以后。华人商业领袖在美国创造过奇迹，王安是他们中的典型代表。他利用自己读博士学位期间的研究成果，成立最有科技含量的商用电脑公司。然而，王安是美籍华人，却因为是华人而受到了以 IBM 为首的美国企业的围攻，最后王安公司和王安本人都"死于"竞争。然而，王安在美国精彩的创业经历却极大地带动了华人科技创业，在中国台湾地区形成与此相应的管理体制。在大陆的改革开放，特别是进入 20 世纪 90 年代以来，越来越明确地导向于推动以科技创新为核心的创业。今天，中国内地、中国香港、中国台湾乃至全球，华人都已经与世界同步认识到科技进步对国家进步的作用，对创业行为的影响。

(3) 现代企业制度的影响

华人创业传统上多以合伙制为主要形式。但是近年来，华人创业也逐渐转向采用现代企业制度，即使是家族企业，也在创业稳定以后转向现代企业制度。譬如香港的长江实业，大陆的方太集团曾经都是典型的家族企业，但是，在完成创业以后，均转向了现代企业制度。而近年来，现代企业制度形态与传统合伙制的结合又开始形成新合伙制。传统合伙制是以资源、资产、关系、资金甚至权力变现为股权的合伙制，而新合伙制更强调智慧性投入的权益，科技成果和科技思想、商业智慧都可以通过谈判变成公司的股份，从而推动了新思想的商业转化。

(4) 新思维的影响

互联网的出现，深刻地影响了人们的思维方式，在满足社会需求方面，互联网表现出独特的优势。一些传统行为转移到了互联网上，出现了全新的需求，特别是社交方面，人们使用自媒体表达各种具有隐私性的活动，市场则按照法规给予接纳。互联网技术来自发达国家，但中国人对互联网的理解和利用的迅速深化，应该与华人创业者有关。中国借助互联网带来的世界产业革命，推进了中国经济实现弯道超车，也成就了华人创业者，马云和马化腾是他们中的典型代表。

新的互联网思维包括商业模式创新、劳资和谐、共同分享、自然和谐等，都很容易为华人所接纳和利用，是新时代华人创业行为的重要体现。

(5) 社会责任的影响

社会责任一词产生于对企业理论的批判。传统企业理论认为，企业是人们追求效率的产物，是实现社会进步与财富增长的工具。但是后来发现，企业经常会将负面的外部性遗留在社会，当企业不主动承担社会责任时，社会成本将大于企业成本，从而造成了企业为患于社会。此外，我们又注意到，企业并非都是为利润而生，只要对其形成制度约束，或者社会对其进行引导，就可以提升企业家的社会责任感。这在传统中华文化中可以找到根据。"以造福天下为己任"一直是中国文化的追求，港澳富商对大陆的捐赠，和他们创业不能为害一方的自律，证明了中华文化与企业社会责任的兼容性。如果不树立这样的文化，认为创业者们只认得钱，为富不仁，有可能把他们推到不承担社会责任那一面，从而加大社会治理的难度。

受市场经济的影响,一些创业者正在变得自私自利,不愿意接受社会约束和承担社会责任,但这不代表中华文化的消失,因为它是一个螺旋上升,自我完善的过程。中华文化的包容性在于接受外来文化的同时,渗出中华文化善良的一面。华人在创业中追求进步,并不断调整和改造自己,只要有制度约束,再加上一定的文化环境,他们就会逐渐增强社会责任,并且以积极承担社会责任作为创业者的使命。

2. 中华文化下的创新、创业

创新已经成为中国内地的热点,"创新"一词也成为人们普遍使用的重要词汇。传统中华文化对创新、创业有所表达,"和而不同""求同存异""日新月异""推陈出新"等都是对创新的认同。虽然总体上创新并不是创业的重要目标,创业的重要目标是满足顾客的需要,但中华文化中仍然保留着长期积累的创新基因。

传统上,创业只是经商,而不是创造新的需求。这是因为中国长期存在数量性的短缺,满足基本物质需求是创业的基本任务,在产品创新方面市场需求没有那么强烈。西方世界的发展引导了中国企业的创新,让中国一直以来以填补空白的方式创新,在一定程度上,也是在满足数量需求。因为是填补空白,有明确的学习对象,在技术差别过大的情况下,模仿可以免费,因为限制模仿的技术专利多已经超期。还可以通过引进设备学习技术,这培养了模仿创新的文化,创新生存的土壤受到很大限制。

创新是推动世界发展的基本动力,也是其他文化推进社会进步的基本方法。现代社会需要把创新作为重要目标,如果不能促进创新,这一文化将会被世界的创新进步所淘汰。作为中华文化,需要在和谐社会建立的背景下推动创新、创业。

(1) 多维度探索创新、创业

创业已经成为创新的重要推进方法,因为创业是更直接的商业化行动,而创新的本质是商业化,具有创新特征的创业行为的商业化更容易获得社会承认。创新有多种方式,产品创新只是创新的一种,工艺流程创新、原料创新以及管理方式创新都是重要的创新。互联网出现以来,商业模式创新成为创新的重点,新一代富豪多产生于互联网领域。商业模式创新的本质是突破商业中存在的障碍,把现有产品借助新的技术通过新的商业逻辑加以再开发,创造新的创业机会。扎克伯格等西方国家的年轻富豪为全世界树立了榜样,引导人们关注商业模式创新。对华人而言,商业模式创新能力优于技术创新能力,创新商业模式,可以较好地发挥华人社群人数众多、需求层次多样、对服务需求强烈等优势。

(2) 基于生活改善的创新

创业的根本目的是改善生活、完善和丰富社会,是真正的以人为本。只有贴近生活,才能够更好地观察生活,发现生活中存在的各种问题,提炼痛点、创造痒点,有针对性地改善生活。换句话说,创业者要挖掘创业资源,获得资源的整合,放大资源的作用,将创业构想转化为产业,都需要走向生活。从这个意义上说,生活是创业之源。中国市场巨大,消费层次多样,需要不同的商业模式加以满足。因此,通过创业改善人们生活的重点不只是产品创新,更重要的是克服商业障碍和挖掘资源潜力的商业模式创新。

第二章 华人创业特点与中华文化下的创业追求

（3）挖掘中华文化的创新

以人为本、天人合一、开放包容，都是中华文化的重要内涵。长期以来，这些内涵为华人社会所接受，为华人所传承，成为炎黄子孙的行为准则。不仅是因为这一文化的博大精深，还因为中华文化的各种外显的文化形式，提供了深刻影响人们生活方式的产品。坚守自己的价值核心、与时俱进的表现方式和对内涵的充实与完善，是中华文化能够得以发扬光大的根本所在。在今天的全球创新、创业大潮中，华人有责任把中华文化以新的面貌展现给世界，以中华文化思想精髓指导创新、创业实践，挖掘中华文化的思想内核来理解和阐释。基于今天的世界，规划和预见明天的世界，让和谐的文明成为世界的重要组成部分。

四、案例精读

段永平：从小霸王到步步高，从企业家到投资家，一个人成就了一部令人亢奋的创业史

40岁之前做企业，先后把名不见经传的小企业做成年销售额过10亿元的大品牌，跟着他创业的员工也成了亿万富翁。40岁以后做投资，短短2年就暴赚100倍，更是花62万美元拍下与巴菲特的一顿午餐。

1. 靠胆量淘到第一桶金

段永平是幸运的。

1977年我国恢复高考后，16岁的他一举从570万名考生中脱颖而出，考入浙江大学无线电工程学系，成为"文革"后的第一批大学生。日后，又进入中国人民大学计量经济学系学习，获得经济学硕士学位。

然而，他又很不幸。因为北京国有企业居多，人家不认学历，讲究的是论资排辈，讲究的是出身门第，"是大院子弟还是胡同长大的""是谁的儿子"。

段永平是谁？江西的农家子弟，"谁的儿子也不是"，所以，他只能去了广东。

没有想到，广东那边的老板很"识货"，看到段永平的学历，立马奉为座上宾。段永平最后没怎么费周折就被聘为中山日华电子厂的厂长，也就是"小霸王"的前身。

一个刚刚毕业的大学生，就直接聘为厂长？是的！当然，广东老板会算账，"死马当作活马医，弄不好也没有什么损失。"说是电子厂，其实就是一个年亏损200万元的烂摊子。

不过，段永平却挺上心，"奖金向一线工人倾斜。""违反规章制度的直接开除。""能者上、平者降、庸者下。"这成为他当时做厂长的管理规定。当然，他心里清楚，最主要的还是要尽快找到盈利点。

很快，游戏机进入了段永平的视野，"这是一个巨大的市场！"

1983年，日本任天堂开发的"Family Computer"红白机横空出世。此后，凭着《魂斗罗》《超级玛丽》横扫全球，"红白机"销量突破6 000万部，任天堂一跃成为游戏业界全球

知名品牌,市值高达到 400 亿美元。

但是,一款红白机动辄 2 000 多元,一般人根本消费不起。所以一大批厂家开始仿造红白机。

段永平是仿得最快的那个。那个时候,他那点无线电底子发挥了作用,短短 2 个月就生产出了样机,"产品性能与红白机一样,但价格只有其四分之一。"

而且,段永平深谙国内家长们的消费心理,认为"光玩游戏是走不远的"。于是,1993 年他创造性地加入了键盘,这也就是后来家喻户晓的小霸王学习机、复读机。

此后,成龙的"同是天下父母心,望子成龙小霸王"的广告词让小霸王学习机、复读机火遍大江南北,成为很多城市家庭的标配。

火到什么程度呢?1995 年大年除夕工人还在加班。当时全国各地来拉货的车队就排了 1 000 多米,等四五天提货是常事儿。

到了 1995 年,小霸王的销售收入已经超过 10 亿元。那个时候,段永平给工人们的年底分红都是用报纸包现金,光报纸就用了十几摞。

2. 靠胆识缔造辉煌

然而,快乐是他们的,除工资外,段永平什么都没有得到。因为段永平只是个职业经理人,没有股份。虽然段永平也数次想要对小霸王进行股份制改造,但每次都被母公司无情否决掉了。

是可忍孰不可忍!段永平一气之下选择了离开。

他当然不是一个人离开,跟着他一起辞职的还有 6 个人,包括陈明永、沈炜和金志江。这几位老兄的辞职理由也很简单,"船长不在船上了,水手们不知道船会开到哪里去,所以要求下船。"

毫无意外,失去段永平后的小霸王迅速陷入深渊。不仅产品很快失去竞争力,很多经销商也纷纷倒戈。两年后,小霸王游戏机便黯然地退出了历史舞台。

小霸王停下了脚步,但段永平仍在前行。继小霸王之后,段永平很快又制造了一系列的营销经典。

他首先请来李连杰作代言,并重金打造出"世界自有公道,付出总有回报,说到不如做到,要做就做最好。步步高!"的歌曲。

然后就是炮制出一个洗脑广告语,"So easy 妈妈再也不用担心我的学习了!"

当然,最大的手笔是在央视打广告。1996 年,初出茅庐的段永平就以 8 012.345 6 万元的价格小试牛刀,1999 年和 2000 年,更是以 8 000 万元拿下《新闻联播》5 秒播放时间,连续两年成为央视《天气预报》前的"标王"。

当时一份"国人最熟悉的电脑品牌调查"中,位列榜首的既不是戴尔也不是联想,而是段永平的步步高。只要段永平随便喊两声,立马会围过来 100 个大学生索要签名。

3. 无心插柳重回巅峰

就在步步高如日中天的时候,段永平突然从大众眼中消失了,这一次,他去了美国。

为什么要出国?因为段永平爱家!他的妻子是在中国人民大学读研究生时认识的

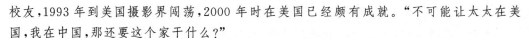

校友,1993年到美国摄影界闯荡,2000年时在美国已经颇有成就。"不可能让太太在美国,我在中国,那还要这个家干什么?"

换上一般人,故事到这里就结束了。在美国,人生地不熟的地方,能干啥?不过,段永平却不这么想,"做不了实业,还可以做投资啊!"

不懂?学!

此后一年中他看了100多本关于投资的书籍,平均3天一本。不过,K线图分析、趋势分析、江恩理论、5个波浪循环,他完全看不懂,直到看到巴菲特的两句话,"买一家公司的股票就等于在买这家公司,买它的一部分或者全部""投资你看得懂的、被市场低估的公司"。

从此,他豁然开朗:"投资任何一家企业就跟我当年投步步高是一样的,不同的是从前做步步高投资的同时自己也在做经营。"

段永平不只是这么说,更是这么做的。此后15年,他开始股市投资的公司,不超过10家,长期持有的公司不超过3家,茅台就是他这个名单上的。

当然,真正让段永平名扬天下的是投资。

2000年网易在美国遇到了互联网泡沫破裂的萧条期,股价从上市时的15.5美元一路下跌,最低跌至0.48美元,市值也从4.7亿美元跌到不足2 000万美元,面临摘牌危险。

这时候,丁磊找到了段永平。其实,丁磊找段永平不是让他买股票,而是请教如何推广网络游戏《大话西游2》的,"段永平做过小霸王游戏机,是过来人"。

但段永平却通过与丁磊的聊天发现了网易的价值,"游戏市场非常大,网易股价被严重低估。"于是2002年,段永平大量吃进网易股票,以不到1美元/股的价格前后购买了205万股,占网易全部股份的6.8%。

此后,仅仅两年时间,网易就凭借游戏业务起死回生,其股价飙升到了70美元,丁磊成为中国的首富。段永平获得了近100倍的投资回报。从此,段永平的财富呈几何级数增长。

2006年,段永平用62万美元拍下了与巴菲特的一次吃饭的机会,他以自己独特的方式向投资老前辈致敬。

4. 一个人富不算富,大伙富才真叫富

话说当年段永平从小霸王出走成立步步高的时候,他就吸取了小霸王的教训,对股份毫不吝啬,"稀释给所有员工和代理商,把公司利益和员工利益绑定在一起"。如此这般,段永平在步步高的股份也从最初的70%一步步稀释为最后的17%。

段永平的人生哲学就是"本分",或者说胸无大志,"大是好大喜功的大,所谓胸无大志,是说要脚踏实地地做自己喜欢的事儿。"但是,就是这么简单朴实的做人、做事哲学,却让很多员工受用,并一路死心塌地追随段永平。

其中,OPPO的陈明永、vivo的沈炜、步步高的金志江,以及拼多多的黄峥是最为突出的4位。陈明永和沈炜一直追随段永平创业,从小霸王到步步高。事实上,OPPO和vivo的前身,也是从步步高拆分出来的。

1999年年初,段永平出手对公司进行改制,成立了教育电子、视听电子以及通信科技

3家独立的公司,"随事走、股权独立、互无从属。"段永平在每家公司的股份只占10%。

他定居美国之前,只留下三句话,"第一,放手去干;第二,干好了分钱;第三,干不好就关门。"但是段永平早成了一面旗帜,尤其是在陈明永的OPPO公司,"那些省分公司老板当年可都是段永平底下的兵,在这个体系段永平就是精神领袖"。

因为关键时候,段永平总会出面搞定。

2012年功能机遇到智能机冲击时,段永平下任务让省代理分摊库存,"很多省包都是几千万几千万的亏损,如果没有那帮人力挺,OPPO就死在了库存上"。

事实上,在很长一段时间内,三家公司共用了步步高的名头和步步高原来80%左右的生意渠道。直到2012年,陈明永才开始逐渐将核心业务转移到通信设备上来,并买断OPPO的品牌使用权,成立了广东欧珀,即OPPO。

沈炜的vivo则是步步高手机业务的后续品牌。再后来,为了品牌的国际化发展,沈炜用vivo取代了步步高的品牌标识。

不论是陈明永,还是沈炜、金志江,三个人的商业套路都与段永平如出一辙,"专注做好一个细分领域的产品,通过狂轰滥炸的广告打开营销商路,然后在线下密集安排自己的网点布局"。

仅2011年,OPPO和vivo的广告费用就超越10亿元,更是将国内的电视节目收视冠军一网打尽,堪称"开着飞机撒钱"的营销狂人。

结果,OPPO和vivo一年就狂卖2 000多亿元,净利润超过200亿元!自2015年很长一段时间,OPPO与vivo加起来的出货量比华为还要大。

如今,这3家公司都为段永平保留着办公室,听说段永平来了,都会恭恭敬敬地叫一声"董事长"。

最传奇的是"四徒弟"黄峥。段永平对黄峥不只是知遇之恩。当年,黄峥听从了段永平的建议,去了谷歌。后来谷歌上市,黄峥就挣到了第一桶金1 000万元。

段永平与巴菲特共进午餐时,他还带了年仅26岁的黄峥。

2007年黄峥决定回国创业,段永平就把步步高的一块电商业务给了黄峥,黄峥成立拼多多的第一笔天使投资也是来自段永平。

有网友问段永平:"为什么看好充斥着假货和次品的拼多多?"段永平的回答是:"给黄峥10年时间,大家会看到他厉害的地方的。"

的确,你可以说拼多多卖的货,没有品牌,甚至是冒牌,质量当然不怎么样,但是,黄峥却巧妙地抓住了9亿多农村人口需要消费的契机,让很多贫困人口买到了以前想都不敢想的消费品。所以,吐槽的背后依旧是用户的好评如潮。

所以,段永平的眼光很"毒"。

5. 洒向人间是大爱

段永平来自江西南昌的一个普通家庭,他能够体谅底层百姓的艰辛。所以,成功以后,他更多地将目光转向了慈善事业,"眼看着钱越来越多,怎么想怎么都觉得是一个祸害,一个麻烦"。

2005年,段永平在美国成立了家庭慈善基金,主要负责教育领域的慈善捐赠。3年

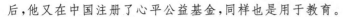

后,他又在中国注册了心平公益基金,同样也是用于教育。

同时,段永平还是累计向国内大学捐赠最多的学子,他向自己的母校浙大和人大共捐赠4.47亿元。

"没觉得做慈善有什么了不起的,就是想解决自己的问题,要说什么伟大的贡献、榜样,纯属胡扯,我从来没想过要给谁做榜样。"

案例来源:https://industry.zbj.com/detail/3063。

案例思考题:

1. 段永平的创业特点有哪些?
2. 你能从本案例中得到哪些启发?

五、创业思维训练

拼图与画画

学生需要理解管理思维和创业思维之间的差异,同时也要理解日益增强的不确定性对创业过程的影响。鉴于商业和创业活动中前所未有的高度不确定性,学生们必须了解如何在日益不确定的环境中成功应对。本练习中,学生首先在一个房间内完成拼图游戏的任务,然后转移到另一个房间,在那里,学生要利用自己选择的彩笔画一幅画。最后的任务:得出"拼图游戏是管理思维,而画画是创业思维"的结论并汇报。

学习目标

(1) 体验管理思维与创业思维之间的差异。

(2) 适应不确定和模糊的状况。

(3) 举例说明创业者如何思考。

材料准备

1. 拼图玩具(每组一套一样的图案,200个碎片),18色彩笔(每组一套)。
2. 两个房间(要有用于拼图和画画的桌子)。

训练步骤

1. 拼图时间

学生分组,5~7人一组,每一组分发一套全新的拼图,然后开始拼图。学生自行确定拼图方案,但每隔几分钟会被抽走一个人,目标是以最快速度拼完整套图片。

2. 随机选人进入画画房间

拼图开始10分钟后,在拼图房间随机挑选学生,每隔3分钟抽走一个人,可以自愿决定走哪一个人,也可以由老师随机选。第一个人进入用来画画的房间后,老师可以任命他为画画的领导者。告诉他任务:你们的目标是画一幅画,每个进来的人都可以从画笔中选3种颜色(每个人只能选择三种颜色,且不能更换)的彩笔,然后开始构思一幅画,目标是尽你所能画一幅最好看的画,当你的其他组员一进门后,你可以马上安排他在画画过程中承担什么角色。在抽人的过程中,拼图房间每一组至少要留一个人,完成最后的拼图。当所有人都走出了拼图房间并进入画画房间时,要求他们在两分钟内完成画画。

任务汇报

1. 任务完成后回到培训室,各小组先讨论两个问题:

(1) 有多少人更喜欢拼图?为什么?

(2) 有多少人更喜欢画画?为什么?

2. 各小组讨论完成后,依次汇报本组的情况:

(1) 画画领导者是如何创作那幅画并安排人员的,画的含义是什么?

(2) 从拼图游戏转移到作画的感觉如何?两种练习分别需要何种类型的思维?

六、课后思考题

1. 如何挖掘中华文化的创新精神?
2. 你有哪些品质符合这些特点?如何利用这些特点创业?
3. 你觉得中华文化中还有哪些精髓对创业成功有意义?请列举出来。
4. 什么样的文化更容易打造百年老店?你可以举例吗?
5. 总结创业思维与管理思维的异同点。

第三章　华人创业者的个人素质

本章导读

本章讲解创业者的定义、创业动机的分类以及创业者使命的重要性，认识创业者必须具备的素质和培养的方法，理解创业素质的4Q组合。本章还重点介绍了逆商和财商的个人素质提升。

关键词：创业者；创业者使命；创业者素质；4Q素质组合

擦鞋匠的创业故事

一般人擦鞋去人多的地方，有一位聪明的擦鞋匠，他却选择去理发店的门口。有一天，理发店里边人在抱怨，说："谁能把我的头发拉直？"擦鞋匠听到了以后，不断问来擦鞋的人。有一天，一位化学老师听完这个问题以后说，回去研究一下。几个星期以后，化学老师回来和那个擦鞋匠说："我把这个配方研究出来了，你要干什么？"擦鞋匠说："我们一起办一个企业吧，你出配方占50%股份，我出资本占50%股份，咱们来搞一个洗发水，让那些想拉直头发的人用我们的产品吧。"这个擦鞋匠后来成为企业家，管理着一个很大的企业。他不是自己去解决问题，他只是提出一个问题，然后明确表示要借助于答案去解决这个问题，是运用了商业原理。一个人的出身只能说明他的现在，不能说明他的未来，他的未来由他的心智模式决定。这个故事告诉我们，人人都可能创新，只是有没有抓住机遇。

思考题：

(1) 擦鞋匠的贡献是什么？

(2) 擦鞋匠虽然很穷，但他的心却长了翅膀。你如何能够像他一样低下身段，发现一些有意义的问题呢？

一、什么人适合创业

1. 创业者的定义

法国经济学家萨伊首次给出了创业者的定义，他将创业者描述为将经济资源从生产率较低的区域转移到生产率较高区域的人，并认为创业者是经济活动过程中的代理人。经济学家熊彼特则认为创业者应为创新者，即创业者应具有发现和引入新的、更好的能赚钱的产品、服务和过程的能力。创业者是将个人、创业团队、资本等资源融合在一起,合理利用机会,创造社会财富。创业者作为创新先锋,要善于打破行业的传统经营模式,创造新的价值(如产品、技术等)、市场和顾客,在创业团队中起到创业领导者的作用。因此,创业者也是创新活动的领导者和主要倡导者。

我们将创业者界定为从事创业活动、创建新企业或者刚刚创建了新企业的创业领导人。创业者分狭义创业者和广义创业者。

狭义的创业者是指参与创业活动的核心人员,包括创业领头人及其管理团队。创业者具有敢于冒险的创业精神,能发掘机会,整合资源,是提供市场新价值的事业催生者与创造者。狭义创业者的特点如下:首先,创业者必须是市场机会的发现者,创业者凭借信息优势、知识积累和特殊因素,发现新的市场需求,通过生产产品或提供服务满足这些需求;其次,通过开创企业或利用现有组织的人财物等要素资源,开发市场机会获得企业收益;最后,创业者要为机会价值判断的成败承担风险责任。

企业中负责经营和决策的领导者以及参与创业活动的全部人员,是广义的创业者。广义创业者是指创业活动的推动者,或者是活跃在企业创立和新创企业成长阶段的企业经营者。创业者只是企业经营者,而不直接等同于企业家,因为多数创业者在创业初期并不完全具备优秀企业家所必备的能力,他们往往只拥有其中的一部分。随着新创企业的成长,创业者会逐渐转变为企业家。在这个转变中,创业者应坚持创新精神,不断使企业保持活力,赢得竞争。

2. 创业的动机与使命

(1) 正确的创业动机是创业的力量源泉

为什么创业?创业动机是什么?这是想创业的人在创业伊始必须想清楚、必须回答的问题。调查发现,不少创业者是因为没有实现就业愿望,或者工作岗位不理想而被动选择创业的,这是比较危险的,也是很容易失败的。抱着试试看的态度,或者赌一把的态度,这是创业者的大忌。因为这样的态度会导致不断给自己留下后路,创业会变得不那么认真,不会破釜沉舟,遇到困难不会百折不挠,也不会追求精益求精,而会得过且过。

对"90后"大学生创业者的一份调查报告显示,50.3%的"90后"创业者的创业动机是希望发家致富;仅有 6.7%的"90后"表示,创业是为了积累实际经验,即使创业失败,也是一种难得的经历。发家致富的创业动机很原始,也不容易走得很远。因为创业并不意味一定成功,不成功的创业,还有可能把以前赚的钱赔了进去。更为重要的是,如果挣钱挣到自己满足的时候,就没有了创业动力。如果创业仅仅是为了赚钱,让自己的生活过得更好些,这样的创业可能经受不住严峻的考验,也可能不会持久。一旦创业者有了钱,或者一旦赚不到钱,可能就会任意为之,缺少坚守,会在关键的时候败下阵来,功亏一篑。有赚钱的动力只是希望通过创业改变自己,比这个目标更积极的,则是把赚钱当作实现那个目标的客观结果,而不是去主动追求。

创业就是做成一个事业,这个事业可以证明自己是一个"有益于人民的人",在有益于人民的过程中,获得人们的承认,顺便实现财富自由。为了事业,而没有赚钱的目标,是广义的创业。任何事业只要做成,都可以称其为创业,它也需要遵从创业原理。但是,

第三章
华人创业者的个人素质

这里的创业还主要是指借助市场机制和企业制度实现个人的事业理想,让自己在市场的充分检验下体现个人与团队的价值。

创业非常艰辛,在这个过程中遭遇失败是必然的,获得成功并不一定是必然的。为了实现创业理想,创业者必须坚持忍耐,不断修正自己的前进方向,直至成功。单纯为赚钱而创业最容易失败。在美国硅谷,100万个创业想法,只有6个能成功。不少人选择创业,可能是一时冲动,或者只想赚钱改善生活。但最后的成功者,都属于非常热爱自己的事业,一心想把事业做大的人。

做大事业又有何用?中华文化中的"天下胸怀"可以解释这一现象。创业之路长达五年、十年,漫长而又艰苦,如果没有事业心,创业者很难坚持,也难以感染团队。如果创业者只想着赚钱,团队也只是短期考虑,想赚一票就走,那或者是做生意,或者是做投机。在极端状态时,他们甚至可能连游戏规则也不遵守,只是为了赚钱。

(2)创业者的使命

所谓使命,就是宁可牺牲也要成功。没有使命感的创业者,绝对不会把身家性命投入进去。虽然我们并不提倡这样的拼命精神,但是,那些忘记吃饭、忘记睡觉的年轻人的所为难道不是一种舍命创业的行为吗?能说他们没有使命吗?但实际上,这并不是由使命所驱使,也许是因为他们年轻不懂得在乎生命,而不是他们已经懂得了使命是什么并为使命而拼命。在不知道自己的使命到底是什么的情况下,盲目地拼命并不是使命驱使的行为。因此,这样的创业者不容易成功。创业必须明白自己的使命。

创业者的使命必须足够高远。如果说动机是使命的具体化,那么动机追求的是具体的事业目标。比如把厨房温度降低下来,使命就应该更大,更抽象,即让做饭的人不再汗流浃背,让做饭更加容易、休闲、惬意。使命越抽象,创业者走得就会越远,境界也会越宽,其原因是使命需要有足够的动机容量,各种相近的动机与行动都是为了保证实现使命。动机是使命的保障,如果动机与使命脱节,不能变成行动,创业就只能是吹牛,变成说是说、做是做,不可能让自己前进有方向。

有高远的使命,还得有落地的行动。不断强化使命是为让自己提升动机,不断扩充使命的内容,创造和寻找新的机会。一旦出现"机会",企业应该毫不犹豫地行动,原因是这个机会就是自己的机会,是符合自己使命的机会。同时,如果创业者又有了较好的资源准备和行动方案,那么实现动机就顺理成章了。

最高远的使命是为人类服务,其次是为民族贡献、为地方服务、为社区服务等。目标逐渐缩小,因为人的能力有大小,那些凭现有能力无法实现的,就不能成为使命。不论多大范围的使命,都要以市场需求为内核,是那个区域,或者那个年龄,那个某种特征人群的共同和相近的需求。胸怀大的世界,寻找大的需求人群,这样的使命应该成为创业者的追求。

利用好资源,提升创业者的社会责任,改进和完善社会,也可以成为创业者的使命。这些资源包括科技、文化等,这是从供给和企业外部性角度建立企业使命。企业承担提高资源使用效率的责任,这是市场运行的要求。企业需要通过提高资源配置增强自己的生存、发展能力。但是,也经常会出现市场无法推动企业提高效率的情况,比如大的转型

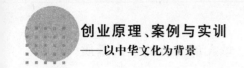

升级,企业会陷入整体无动力状态,或因缺少强对手,企业在整体上陷入低水平竞争。这时,转型的企业就是在承担巨大的社会责任,它是利用创业理论指导企业转型,创业知识便成为企业的资源。更多的资源是科技知识、文化传统,它们可以改变人们的生活方式。把这些当作使命,可以让社会运行效率更高,文化更丰富。对那些已经给社会带来危害的污染物的利用,可以消除伤害,恢复生态,也可以增加人类拥有的资源。

二、创业素质的4Q组合

女孩卖书的故事

有一天,一个卖书女孩来到了一座写字楼,她正打算敲老板办公室的门,却听到老板在里面打电话,声音很大。

她就推开门,老板质问:"你是干什么的?"

"我是卖……"

"你给我滚出去!"老板一句话把她骂出去了。

差不多半个小时以后,这个女孩就又回来了。然后她再敲老板的门,听到里面已经没有老板打电话的声音。

她一推门,老板看见她很诧异:"怎么又是你?"

她说:"是的,我滚,我又滚回来了,老板,我刚才看到你后边的书架上没有好书,好像不是空着,就是没什么用,我主要是来帮你丰富你的书架的。"

一般情况下,老板座位后边那个书柜中的书主要是用来当充门面的,有一些工具书,通常都会很贵。老板那天买了两万块钱的书,他列了一个长长的书单,而那女孩这一单就挣了18 000元。

思考题:

(1) 故事中的女孩为什么能成功地将书卖出?

(2) 故事对我们创业者有何启示?

1. 创业者素质的4Q组合

创业素质主要由天生的品质决定,但后天的训练也有着很大的影响。长期向周围的人和事学习,不断地进行自我训练,都可以提升创业者的素质。相反,如果一个有创业天分的人,不注意自我训练和学习,这种素质也可能变得平庸,形成不了创业行动。有人总结认为,成功之路上存在IQ、EQ、AQ,并称3Q组合,它们成为人们获取成功必备的不二法门。他们断言,100%的成功=IQ(20%)+EQ 和 AQ(总共占80%)。

在创业者素质中,有四种素质影响最大,即逆商、情商、智商、财商。这四种素质搭配,组合出不同特征的创业者行为特征,称其为创业者素质的4Q组合。"4Q组合"可以用公式表达:AQ+EQ+FQ+IQ,式中,AQ(Adversity Quotient)指的是逆商;EQ(Emotional Quotient)指的是情商;FQ(Financial Quotient)指的是财商;IQ(Intelligence Quotient)指的是智商。公式的含义是,创业者素质由四种品质构成,相互配合补充,共同影响着创业者。

（1）逆商（AQ）

逆商是指抗压的能力或者抗压的素质。它是创业者在面对挫折、面对困难时，超越困难、缓解挫折的能力，是在逆境中的应对。逆商体现创业者的定力、坚守力，是创业者在困境当中必备的一种品质。

（2）情商（EQ）

情商是指理解他人及与他人相处的能力。情商研究者戈尔曼认为，情商主要由自我意识、控制情绪、自我激励、认知他人情绪和处理相互关系五个方面构成。

故事中女孩跟老板的对话，哪一部分体现出情商呢？

老板骂她："你给我滚出去！"

她怎么应对的呢？——"我滚""我又滚回来了"。

后来出去之后的半个小时，是很重要的。通常人的发火情绪，半个小时后会出现缓解，半个小时之后她回来，回来之后用什么办法进来呢？

刚才我不是滚出去了吗？现在我又滚回来了。当中有情商，主要是控制情绪，包括控制自己，还要控制对方。

假如那女孩当时质问，你凭什么骂我，两个人对骂起来，这件事情就没有后来的结果了。

这是控制自己，同时也是控制对方，另外还要舒缓对方的情绪，这些都属于情商范畴，称为人际沟通。这种能力或者是说话的能力，也可称为情绪控制能力。

（3）财商（FQ）

财商是指一个人认识金钱和驾驭金钱的能力，也就是算账的能力。它包括了两方面：一是正确认识金钱及财务规律的能力；二是正确运用金钱及财务规律的能力。

（4）智商（IQ）

智商体现一个人智力水平的高低，指的是人们利用规律性的东西，特别是用知识来解决实际问题的能力。比如说观察力、记忆力、想象力、判断力、逻辑思维能力、应变能力，这些都是智商。

故事中老板与女孩的对话还有另外一层含义，这不仅仅是体现情商，还有智商在起作用，就是夸大成本。

一个人骂了另外一个人都有负疚感，这种负疚感变成了：你看你亏欠了我，那你不买书不行。后来老板口气的缓解，是跟她强化这句话："我又滚回来了"，那可是你骂过我的，是有关系的。故事中这个女孩几乎把4Q组合，即AQ、EQ、FQ、IQ都用得很好。

（5）4Q 组合的次序

4Q组合中第一位是逆商，即人要有定力。第二位是情商，有了定力，加上能控制情绪这就成功了一大半。第三位是财商，就是要有快速计算的能力，能够对当下的状况进行初步判断的能力。第四位是智商，就是把观察力、想象力、记忆力整合在一起的能力，这是创业素质的次序。如果是具体到社会角色，可能有另外的排列次序，比如科学家，智商的次序可能要向前,甚至可能是第一位的,而情商可能排在最后一位。

创业者素质的这个排序是因创业活动的特殊性所致。创业活动中创业者经常面对着失败,如果没有抗拒失败的素质,经常摇摆不定,轻言失败,多数不可能从失败走向成功。逆商多是最重要的素质,抗压素质让创业者不怕失败,不怕困难,坚持到底。创业活动也是自己与周围的人打交道的活动,最重要的活动是面对客户,每个人都会受到情绪的影响,这个影响来自周围,也会影响周围。控制自己,也控制他人,才有可能营造出有利于成功的氛围。华人经商成功率较高,与中华文化中有大量的控制情绪的理念有关,强调喜怒不形于色,倡导温文尔雅,赞扬平心静气。作为创业者,财商也非常重要,因为创业的活动是挖掘市场资源潜力的活动,没有财务的创造力,只能是分蛋糕,而不会是做蛋糕。看到资源的价值,还要利用一些原理将其实现,这需要有较高的智商。

(6) 4Q 组合

4Q 组合的含义是指四种不可缺少的品质,也指它们之间的相互替代和相互转换。逆商低的人,其他方面的素质高一些,也可弥补其缺陷。比如比较聪明,有较高的智商,可以想出办法,解决困难,排解忧愁。智商不太高,情商却很高的创业者,他们选择关系影响较重的行业,特别是服务业,成功的概率较大。而财商较高的可以从事金融相关的行业,也可以在解决问题过程中,放大拥有的资源。

2. 逆商训练

大量资料显示,在竞争日趋激烈的 21 世纪,创业成功与否,不仅取决于其是否有强烈的创业意识、娴熟的专业技能和优秀的管理才华,在更大程度上还取决于其面对挫折、摆脱困境和超越困难的能力。把逆商培养作为着力点,积极进行逆商培养,使其在逆境面前,形成良好的思维反应方式,增强意志力和摆脱困境的能力,从而提高创业的成功率,这对创业者来说是关键的一步。

人们对待逆境并不陌生,我们的生活总是在不断地遭遇和克服无穷无尽的逆境中度过的。应该充分地认识到,许多人的成功和进步,并不是因为他们经历的逆境少,而恰恰相反,实际上许多成功者正是在逆境、困难的磨炼中成长起来的。成功者懂得,逆境是生活的一部分,逃避逆境等于逃避生活。

没有什么比半途而废的放弃和丧失希望对未来威胁更大的了,放弃和丧失希望不仅不能解决现实存在的问题,而且还会让我们在未来陷入更大的困境之中。美国的《成功》杂志每年都会报道当年最伟大的东山再起者和创业者,他们的传奇经历中有一个相同的特点,那就是他们在遇到强大的困难和逆境时始终保持乐观的态度,从不轻言放弃。中华儿女的这一特征也非常明显,华人社会大量的成功案例表明,高逆商对成功有着重要意义,对创业者的作用更是不言而喻。

在有关逆商的测验中,一般考查以下四个关键因素,即控制、归属、延伸和忍耐。控制是指对逆境有多大的控制能力;归属是指逆境发生的原因和愿意承担责任、改善后果的情况;延伸是指对问题影响工作生活其他方面的评估;忍耐是指认识到问题的持久性以及它对个人的影响会持续多久。

第三章
华人创业者的个人素质

控制感是指人们对周围环境的信念控制能力。面对逆境或挫折时,控制感弱的人只会逆来顺受,听天由命;而控制感强的人则会凭借一己之力能动地改变所处环境,相信人定胜天。在中华文化影响下,许多人似乎很像前者,但实际上骨子里仍然保持着强控制,特别是那些能够成为社会精英的人。在语言上,他们经常会说:"虽然很难,但这不算什么,一定有办法。""办法总比问题多。""没有过不去的火焰山。"如果经常使用这样的语言,人们的控制感会上升,创业者也可以通过这样的语言来观察合作者。

影响范围也是一个因素,高逆商者,往往能够将在某一范围内陷入逆境所带来的负面影响仅限于这一范围,并能够将其负面影响程度降至最小。比如身陷学习的逆境,成绩上不去,考证通不过,但他们能仅限于此,而不会影响自己的工作和家庭生活;与家人吵架,就仅限于此,而不会因此离家出走,或失去家庭;对事争执,就仅限于此,而不致对人也有看法。高逆商者能够将逆境所产生的负面影响限制在一定范围,不致扩大到其他层面。越能够把握逆境的影响范围,就越可以把挫折视为特定事件,越觉得自己有能力处理,不致惊惶失措。这种能力称其为就事论事,不涉及其他。

还有一个因素,叫持续时间。逆境所带来的负面影响既有影响范围问题,又有影响时间问题。逆境将持续多久?造成逆境的起因因素将持续多久?逆商低的人,往往会认为逆境将长时间持续,这就是经常说的"放不下事儿",被失败所折磨。逆商高者则很容易忘记,并重新振作起来。

下列方法有利于培养逆商。

(1) 态度

在追求成功的道路上,许多人缺乏正确面对逆境的态度。他们遇难而退,拒绝一切机会,忽略、掩盖甚至放弃人类追求进步的本能要求。生命蕴藏着巨大的潜能,在逆境中奋然崛起也是其中一项。不能面对逆境的人就是忽视这种潜能的人,是在有意或无意中逃避自己的人。他们会找一些堂而皇之的借口放弃梦想,放弃追求去选择一条自认为较平坦、较轻松的人生道路。但是,随着时间的推移,事实恰恰相反,他们将付出更大的代价,可能会遇到更大的逆境。逃避逆境者遭受的痛苦要比他们直面挑战、勇敢地面对现实而承受的痛苦大得多。只有那些敢于面对逆境的人,才能收获成功。这种人不畏艰难,并将一生定义为"面对逆境的挑战"的过程,面对逆境有充分的、积极的心理准备,保持微笑,其逆商值肯定高。

(2) 语言

逃避逆境者往往想过那种得过且过的生活,他们会说"这就足够了"。在面对挫败的时候,他们会说"都怪外面的原因""都是我的错、我注定要失败",因外因陷入逆境时会说:"全是时机不成熟、事前怎么就没想到会发生这样的情况呢?"而那些敢于面对逆境的人会经常说"让我们试试,大不了就是白干""不要紧,办法总比问题多"。

(3) 行动

低逆商者,纵然是由于自己的疏忽、无能、未尽全力,抑或宿命论,却往往表现为过度自责,意志消沉、自怨自艾、自暴自弃,放大事情的本质;也经常会归咎于外因,把合作伙伴配合不力、时机尚未成熟或者外界不可抗力作为理由。高逆商者,往往能够清楚地认识到使自己陷入逆境的起因,并甘愿承担一切责任,能够及时地采取有效行动,痛定思痛,在跌倒处再次爬起。高逆商者不会停止前行,他们在逆境面前会保持一种生命激情,绝不让年龄、性别、身体缺陷或者任何其他障碍阻挡自己去实现成功愿望的脚步。实际上,见多识广是增加逆商的重要方法,经历了,就不觉得那么可怕,也会积累许多排解困难的方法。

3. 财商的培养

财商的本意即指"金融智商",它是指一个人与金钱(财富)打交道的能力。在现代社会,经济及金钱现象无处不在,人们对金钱的态度、获取和管理金钱的能力,对于人们生活的富足、幸福影响越来越大。财商被越来越多的人认为是实现成功人生的关键。

财商是创业者必备的一个素质。在前面的故事中,老板有一个需求,但他自己可能没有意识到。那女孩告诉他,你是这样的身份,你需要有这样的书,你需要这样的学习,这实际上是在培养需求,这是财商的一部分。

商业活动必须会培养需求,还要能够快速地做一个估计,他需要多少钱,他需要多少钱的书,然后还能够估计出来自己在这个交易中能挣多少钱,这叫财商。通常创业者的第一桶金往往都是财商发挥作用获得的。

财商主要由以下四项主要技能组成。

(1) 财务知识

有人把财务知识能力理解为阅读和理解数字的能力,比如增加100元人工费用,它会让企业利润减少多少,让企业支出的相关社保费用增加多少。但是,财商更多的是指对大概念下的数字含义的判断。比如一个教育投资人需要考虑,中国每年大概有多少应届大学毕业生,每年有多少人需要找工作,有多少人想考上研究生,再根据自己的资源确定项目是否值得做,每年大约有多少收益。再如,你去旅游时,吃到了一款小吃,你觉得它应该成为中国人都喜欢的,然后假设有10%的人每半月会吃一次,一年共有24×14亿$\times10\%=21.4$亿次,每份挣1元,就可以有20多亿元利润(当然这种好事不太容易实现)。能够快速估算,这是财商的重要表现,那些反复计较并不是财商,而是抠门。

(2) 投资战略

投资战略是指对用钱生钱的规律的运用能力。从某种意义讲,钱是不能闲置的,一定要投放出去。但是如何生钱,却有着极大的效果差异。有人把钱存入银行,用钱生利息,还不及通货膨胀快,一生十分节俭,却一直成为银行服务生。那些头脑灵活的,比如购房者,比那些购车者更有机会让钱升值。假设有一个发明人,其专利落地就差一点点钱,如果你愿意把房子卖掉投资他,也许你的未来会十分光明。在古代中国,战国时期的管仲为了获得富人的钱财,用一种不太常见的乌龟做抵押向他们借钱,让他们养好这些乌龟,并承诺将来再高价赎回来,由此可见,古代先哲在投资能力方面并不弱。

第三章 华人创业者的个人素质

(3) 市场知识

掌握供给与需求是市场的本质。辨明市场需求,快速判断供求关系,估算资源价值至关重要。前面说的是一种吃食,但可以换成是资源,你偶尔看到一些环境或活动,可以将其看成是旅游资源或者体育赛事资源。但这不够,还要快速估算这种资源的价值,不然你看不到其意义,也不能作出决定。一些在市场表现出价格持续上涨的商品一定是供不应求的,你如果愿意,可以参与其中。更为重要是发现问题,把人们的痛苦变成问题,一旦有了解决方案,它就可以成为机会。

(4) 法律规章知识

掌握有关会计、法律及税收之类的规定。企业要与外部打交道,分配利益,特别是在税收制度、优惠政策、政府管制等方面,创业者需要了解这些制度和政策,避免落入违法、违规的陷阱。比如逃税,以为占了便宜,一旦被发现,有可能会让企业面临灭顶之灾。

财商的培养需要长期在社会中通过实践完成。在学校里也可以做一些有意义的财商培养训练,比如培养孩子延后享受的理念,对生活在优越环境之中的孩子来说有重要意义。所谓延后享受,是指延期满足自己的欲望,以追求自己未来更大的回报,这几乎是有着较强商业传统的潮汕人和温州人的传统。犹太人是世界最成功的商人群体,他们的教育基本上是以财商为主,他们的理念是:"如果你喜欢玩,就需要去赚取你的自由时间,这需要良好的教育和学业成绩。然后你可以找到很好的工作,赚到很多钱,等赚到钱以后,你可以玩更长的时间,玩更昂贵的玩具。"控制贪欲,把未来作为目标,而不是现时的享受。

对于个人一生的规划的范围、理性程度、资源积累的安排,以幸福作为一生追求的最高目标,财商培养可以归结为三个方面:掌钱能力、赚钱能力、财富知识。把钱给你,让你支配,看是否把钱全部用在现时,还是图谋长远。平衡现时与长远,既照顾到现时的消费和享乐,也照顾到未来幸福,这种能力表现为掌钱能力强的高财商;给你一笔钱,或者只用一些钱,却能够让钱变成更多的钱,这种能力也会增强财商。有一位深圳打工者受骗后,打算回湖南老家,上了火车以后,眼泪流了下来,觉得无法面对家人和乡邻。他走出火车站,发现一些人在焦急地询问是不是他们接的人。他马上发现了商机,如果出售接站牌,一定会有生意。但是他发现自己只有两元,这牌子怎么搞到?他想起车站出售纸烟的小摊,烟的外包装可以做接站牌。他找到这些小摊,用一元钱把外面的纸盒全部买下来,再用一元钱买了一支笔,自己写了一个出售或出租接站牌,一个五元,那天晚上,他有了吃饭的钱。财富知识是人们在不同财富形式上转换方法和技巧,由此来放大财富价值。比如一位乘火车上班的人看到火车总是在某一个地方减速,发现这里地形复杂,外面有一面山坡,他立即想到,这个山坡坡面是否可以变成广告牌。这正是把无用的资源变成有用资源的例子。置换资产,比如利用现有资产做抵押,向银行贷款增大自己的现金支配能力,都是财务能力的利用。

三、创业者素质培养

技术官员的创业史

有一位非常低调的企业家,曾经是上海航空局的副局长,最初从技术起家,他做了一件什么事情呢?他是中国第一代自主研发飞机的主设计师,他发现:"叶片转动效率低下是因为快速旋转会导致叶片中间的空气稀薄、空心、变冷,从而导致叶片结霜变重。"在针对此问题进行技术攻关时,他意外地发现某种方法不仅可以解决叶片效率问题,还可以用于治疗人体的水肿问题。例如可以治疗被世界公认为比较难以治愈的腰间盘突出及由此造成的疼痛问题。用他们企业生产的仪器,只需要一个月、六个疗程就可以治好。他为世界作出了卓越的贡献。疼痛是对所有人的伤害,而这位企业家却将航空发动机技术运用在腰间盘突出、前列腺炎等十三种病的治疗上,他的企业成为世界上最大的非上市医疗设备供应商。这种为全人类解除痛苦的责任驱使他不断寻找人们的痛苦,进而去解除或缓解它们。

思考题:什么是创业者的责任感?

1. 什么是创业者素质

创业素质是一种本能,是有利于创业的一种潜质,这种本能需要借助机会表现出来。每个人都有某些素质,比如音乐天赋、体育天赋,当这种素质与某种应用联系起来的时候,它变成了能力。如果能力遇到机会变成行动和结果,他会成为歌手,甚至是著名歌手。创业者素质也类似,若希望拥有创业能力,则要提升创业者素质,其中也包括挖掘和抓住机会的素质。素质一般是有益于某种能力形成的本能,主要来自天分,但也可以通过长期培养建立。

2. 创业素质培养

(1) 责任心

一个有责任心的人,会有高的境界,有高远的追求。他敢于担当,也能够承担责任,能够坚持到底,克服困难,也会有很多朋友。那些有责任心的人往往可以成为领导者,这正是创业者必备的基本素质。

可以通过下列方式培养责任心:

第一,完成小组作业,缺少责任心的人要受到批评。

第二,从责任心角度,评价商业案例中的成功人士,看他们的商业判断和执行力。

第三,对个人,经常强制地界定责任,检查是否按时、按要求完成任务。

第四,在平时,给自己和集体树立有责任心的榜样。

(2) 视野

有大视野者往往是未来的主宰,虽然现在他是弱者,但将来他是强者。什么是大视野?大视野等同于大格局,而大格局思维被很多人认为是创业者必备的素质。

第一,知道很多的事情,而不是只知道眼前的事情和很少的事情,将这些事情放在自己的思考中,用于判断和决策。这样的人秉承开卷有益的思维去学习,涉猎很广。

第二,以天下为己任,用天下资源,为天下人服务。这是用天下资源,解天下之难事。

第三,大视野是谋求做大事,谋求最大的需要,寻找最根本的机会,解决最根本的问题。

大视野这种素质可以让创业者不太拘泥于眼前,更不会过于现实,而是要找到具有全球意义的市场、机会和资源。有大视野的人,多有资源运筹的能力,把很多资源作为考虑的对象,这不是一件轻松的事。将很多资源整合在一起,为自己设定的目标而组合出最有益的资源结合方式,这是一种运筹能力。有人说,在华容道让关云长放走曹操,是诸葛亮给关云长的一个人情。这种说法是小视野,从诸葛亮三分天下的论述看,保留北方的曹操是为了自己的发展,是在利用曹操使刘备集团得以成长。用火攻打败曹操,使三家形成均势,给自己留下足够的空间和时间来发展,是基于多种资源的充分利用。

有大视野的人,也多是积极的人,因为他们不会被具体事物所羁绊,更不会狭隘而变得消极。这里不行,就到那里,是认为办法总比问题多的人。这样的人,没有什么可以让自己停止,只会前进。因为他们有很多办法,也看到很多资源让自己成长,助事业成功。

如何培养自己的大视野呢?

第一,对所有事物好奇,扩大对事物把握的范围。

第二,寻找所有可能的机会学习,有时间就与人交流,看杂书、文摘一类的东西。

第三,与人讨论,培养自己将知识转化为判断(智慧)的习惯。

第四,跳出眼前的事务看世界,边走边看,观察新的变化,特别是那些凝聚了新变化的展示、路演、研讨会等。

(3) 学习的愿望

这里所说的学习不是指在学校为了提高学习成绩的学习,而是真正的学习和研究问题的过程。这种学习是将学习的愿望变成学习的本能,向所有的人学习,在所有的事中学习,将学习作为自己生活的一个组成部分。

一些没有什么学历的人,创业以后,变得非常虚心,特别愿意找到那些高人讨教问题。对什么事都有兴趣,一个重要原因是他们有了学习动力和愿望,并不是他们现在的企业需要他们学习,而是他们在通过学习谋划长远,通过学习获得更大的进步,或者是居安思危,觉得自己要让企业生存,有很多东西需要掌握,压力提醒和迫使他们学习。也许他们在创业初期尝到了学习的甜头,所以继续要求自己去努力地向别人学习。像这样有学习愿望的人,即使在课堂中,也会学以致用,让学习变得有趣和有针对性。他们会联系自己事业中的问题,一边学习,一边思考,不会在乎考试成绩如何。他们如果没有时间去课堂,或没有机会和资格进课堂,他们也会选择随时随地地学习,因为看书和向周围的人学习已经成为他们最重要的生活内容。他们每一个人,参加一个活动并非仅仅是为了联谊,而是为了获得新的知识、新的判断、新的方法、新的观念。凡是做成大事的人,无不愿意学习。

培养自己的学习习惯可以用下列方法。

第一,找到学习的对象,将其分类并评价。

第二,学会发问,正确地提出问题。

第三,为解决问题而去查资料,问专家。学习不仅仅是被动接受,而是主动研讨、分析,提出新的问题,以推进知识的进展。

第四,及时总结学习的心得,特别是被实践证明的知识的应用。

(4) 诚信

"一诺千金",是中华文化中最重要的表达,其含义是承诺等同于千金价值,诚信无价。这句话的另一个意思是,不要轻易承诺,如果明知承诺不能兑现,就不要承诺,承诺不兑现,损失跟随终身,这种损失无法估量。

在商场上,承诺有着重要意义。因为商业活动都是信用活动,即便是面对顾客,也隐含着契约。既然如此,创业就等于立足于契约社会。商业活动中,契约无处不在,企业被契约约束、订立契约、履行契约都会成为企业日常生活的重要内容。企业与企业的连接、企业与顾客的连接也都是靠契约,而契约的本质就是承诺。创业者遵守契约应该是自然的行为,不遵守契约,企业会蒙受损失。因此,以履行契约为基础的诚信,应该是一种理性思考的结果。但实质上,创业者在这方面的差距却非常之大,人们往往将其作为创业者的一种素质。

培养诚信主要靠下列方法:

第一,认真承诺,不能轻率承诺和过度承诺。

第二,小心承诺。一些企业家小心谨慎,以退为进,他们以自己不被动为前提,不会签订一个对自己不利的合同。

第三,认真履约。一旦承诺,就认真执行。但有时也可能会签订一个不利于对方的合同,然后以契约精神去坚持让对方履约。不要轻易承诺,一旦承诺,就要给予兑现,而不能失信于人。

第四,用认真的履约来证明你的为人,减少再次签约的时间成本。这也可以称之为诚信记录。事实上人们内心都有一本诚信记录,以此来判断与对方合作的可能和风险。只有你自己的行动证明了自己,这个记录才是真实的。

遵守承诺是中华文化的优秀品质。每一位在自己作出承诺前,先问一下自己,是否能够履约?在作出承诺时,请将回答延长到1分钟以后,最好使用"让我想想"之类话语以示郑重承诺,并且给自己留出足够时间想想是否能够履约,如果不能履约,有什么办法补偿。

(5) 合作

会分钱与能挣钱哪个更重要?这个问题对很多人来说,似乎不用回答。因为在他们看来,不挣钱,何谈分钱?但是,如果一个创业者也这样想,可能真的不会有人与你合作了,也就很难挣到钱了。

为什么家族企业往往能够成为快速成长的企业呢?其原因多是因为,家族企业内部没有分钱的问题,而一旦落入分钱的陷阱,这家企业的灾难就来了。这意味着分钱常常会导致纠纷而使企业陷入事务之中,难以集中精力谋求发展。

第三章
华人创业者的个人素质

如果创业者不会分钱,就难以支撑起一个团队。按定义,团队是一个不谋求利益的团体,但是,这太过于理想了。多数人都会追求利益,只是存在着短期利益与长期利益的差别,存在着名声利益与金钱利益的差别,存在着对利益追求限度的差别。一个好的创业者,应该尊重团队成员的利益,否则大家会因为没有利益的期待而失去动力。如何尊重团队成员的利益呢?基本手段就是分钱。如果能够有明确的标准分钱,团队成员就可以明确知道,这是一个什么样的团队,是否应该选择这个团队,也知道这里能够给自己带来多少利益。

会分钱的创业者将给人以期望、以信任、以激励。人们在利益明确的激励下,可以做自己认为应该做的事,就会让企业产生合力,而不会老是犹豫,不知道应该如何做才会得到利益。所以,可以把会分钱作为挣钱的开始。创业者仅凭一己之力是难以做事的,必须会利用别人做事,这就预示着要把钱分好,正确处理利益关系。

没有一位创业者可以独立完成全部工作,必须借助他人的能力实现自己的目标,这需要具备以利益分配为核心的合作素质。

第一,认知他人的能力和素质,与自己的能力和素质整合在一起,以放大自己的能力。

第二,知人善任,重在善任。每个人的潜质的发挥都需要放在一定的环境之中,合适的位置会让他们发挥出对集体的作用,创业者必须能够认知并判断他人,创业者如果做不到知人善任,多会成为个体户。

第三,创业者必须引导团队看重未来利益,用事业来驱动合作者。创业初期,多是没有什么钱,这要求团队成员要有牺牲精神,而不是每每靠钱来驱动。如果一个人有长远打算,想做事业,不太计较个人得失,他多是创业者到处寻找的合作伙伴。

第四,创业者必须有分钱的意识。创业者不能过贪,不能将挣到的钱全部装入自己的腰包,不分给合作者,包括企业内部的员工和团队成员。必须学会将钱拿出来分给大家,而不是贪婪地将钱全部占为己有。要创业、要合作,要先学会舍得。此外,还需要有胆量、耐力等素质。

3. 创业性格培养

性格是素质的外在表现,素质是本能,是内涵,而性格则会深度地影响素质,通过性格可以培育素质。有利于创业的性格很多,但一些最重要的性格是创业的关键,它们包括:

(1) 乐观、进取

创业者多具备一种自我激励的积极性格。他们乐观、进取,不断给自己制定更高的目标,用这个更高的目标激励自己。他们的乐观表现为总能够看到事物积极、有利的一面,这是给自己找到出路,遇到问题想出办法的前提。

培养自己的乐观性格,要善于将悲观的事情反过来看,辩证思维。平时注意观察周围的事物是否出现了危机和负面的现象,培养自己如何从正面看待这些现象和问题,试着提出一些化害为利、兴利除弊的可能方案;结交对生活、工作持乐观态度的朋友,向他们学习,在共同学习生活中,一起讨论问题,解决问题,使之在潜移默化中改变自己。

(2) 冒险

创业肯定需要投入,投入就会有风险。不管程度如何,创业者都愿意冒投入之险。对创业者来说,冒险这种性格可能在很小的时候就会表现出来,比如游泳、爬树、上房顶玩,但也可能会受到教育的约束而将这种性格给软化掉。冒险在本质上是不太计较眼前利益,甚至不计较损失、不怕牺牲的行为。所谓的怕,无非就是怕丢面子、丢财产,多数不至于丢性命。在一定范围内,这些实际上是不会丢的,只是自己假设会丢而惧怕。

培养自己的冒险性格,可以参加一些户外训练。一些自由的野外活动可以锻炼自己的冒险精神,比如一个人出游,一个人走夜路;也可以在课堂上首先发言,评论老师的见解;还可以参加一些理财活动,比如投资股票。

(3) 不服输

很多企业家在访谈时都讲道:"拼搏精神与挑战的魄力,是创业者需要具备的绝对品质。"冒险与不服输是一个问题的两个方面,冒险是开始,而不服输是受挫之后的行动。创业者要准备面对失败,失败以后会如何呢?就是不能服输,继续做,直到做成。这种性格有一定的抗拒性,但如果能够将其与学习力素质培养相结合,多会创业成功。

下列训练可以尝试:找一些倾向于以批评为主的人,看他们对你的指责和批评,你是否能够改进,并在改进以后追求表扬;注意在失败时,提醒自己一下,继续做一次,再做一次;回忆一下你的失败经历,重新总结一下,有机会再重新做一次。

(4) 机敏

机敏是机警的性格基础。机敏的性格可以让人快速作出反应,对发现机会有重要意义。机敏的性格容易从外部获得成长条件,借助外部发展、壮大自己,也可以避免外部冲击对自己造成伤害,这正是创业者最需要具备的性格。

培养自己机敏的性格也需要借助于情景,以提升自己的反应力。可以用速算、目标跟踪、(暗中)插话、抢话等来训练自己。如果能够参加辩论赛,或是普通的激烈讨论也是一种思维机敏的训练。商业上经常去参加谈判,不要轻易放弃你的预先设定的谈判底线,而讨价还价也是一种训练。

(5) 善结交

结交是一种能力。但人之初就有交往行为差异,说明它也是性格的重要组成部分。愿意将自己的设想讲出来,愿意倾听别人的想法,主动帮助别人和主动请别人帮助都会增加一个人的外围支持力。一个孩子,有很多朋友,其原因是很合群。一个天生孤僻的人,难以与人相处,如果创业成功也是因为很优秀。

培养自己善于结交的性格其实比较简单,就是愿意与别人打招呼,尽最大可能替别人着想,但同时也让别人替你着想,以此保持合作的心态;把交朋友变成一种乐趣,与朋友交流心得;经常在节假日向朋友问好,报告你的进步和关注朋友的进步,共同分享快乐。

此外还有冷静和克制力的性格培养。

四、创业者能力发掘

腾讯创始人马化腾的创业

现在人们结交新朋友时,不再问你电话号是多少,而是问你微信号是多少,这个变化几乎影响了整个社会。腾讯的创始人,也就是微信的发明人马化腾毕业于深圳大学计算机系。毕业前夕,他发现深圳有很多人喜欢炒股票,就设计了几个股票系统并推广成功,获利不少。后来马化腾成立了腾讯公司,刚开始选择的创业方向是开发实用性软件。由于不懂市场运作,腾讯的产品经常被拒之门外。随后网络泡沫席卷了整个中国,腾讯进入了最为困难的时期。后来,腾讯通过融资和不断完善自身的盈利模式,将腾讯软件从一个项目的副产品,打造成中国最流行的多元化软件,创造出一个将无变有、将有变强的业界神话。

思考题:
(1) 分析故事中的马化腾有哪些创业素质?
(2) 马化腾的创业素质是如何培养出来的?

1. 创业素质与创业能力的关系

创业素质是一种本能,它是天生的,它是没有目标的。就素质本身,有的是政治素质,有的是音乐天赋,有的是艺术天赋。创业者素质通常处于潜在的状态,它只有在机会成熟的情况下,才暴露出来。如果没有机会,这个能力有可能就发挥不了作用。所以,我们把这个创业能力写成如下公式:

创业能力＝创业素质＋机会

2. 创业能力的挖掘

挖掘就是自我发现,或者被别人发现有价值的事物的过程。比如伯乐是发现人,然后推荐,这个过程就叫挖掘。

创业是完全自由的,不像政治体系里的提拔。有了机会,你的素质通过自我挖掘,主动去行动,就有了成功的可能。因此关键靠自我挖掘:有的是周围的朋友暗示说,你有这样本事,你应该去做这个事情;有的是顾客的暗示,你具备这个条件,你具备这个素质,你要把你自己锻炼出来。

大学生还没有走出校门,老师们怎么去挖掘学生呢?鼓励是挖掘的重要一环,这是说,外部的激励还是会起很大作用的。老师的鼓励,是第一鼓励。同学也需要相互之间的鼓励,因为每个人都是一样的想法,那么这种鼓励可能会让其中一些人的素质迸发,将能力挖掘出来。

为什么说自我挖掘的能力是最重要的?首先,这主要是创业活动的性质所决定的,再大的外部挖掘力量,也不如自己去自我识别、自我甄别。商场如战场,知己知彼,才能抓住时机百战百胜。知己比知彼还要重要,因为对自己的理解,最好积极一点,让我们自己能够多一些正面的暗示。其次,创业本身是要求创业者对错误决策负责。别人可以鼓励你,但最后不能替你负责。所以创业者必须培养提升自己的自主决策能力,正确地认识周围的环境和机会,特别是自己和环境的匹配问题,出现错误、出现失败,自己能够负责任,也能够认清错误和失败可能给自己带来的一些危害,这样是走向正确决策必要的过程。正是因为创业具有这样的一个属性,所以必须以自我挖掘为主。

有什么好的办法,让我们大学生能够更好挖掘自我的能力?自我发掘主要有以下方法。

第一,自我暗示"我行"。许多时候人们的自我暗示对个人能力的形成有关键的作用。那些总是怀疑自己的,基本上没有机会。因为总暗示自己不行,不敢迈出第一步,所以别人也不会为你提供机会。相反,那些有着强烈可以做成事业的暗示,"什么事情我都行"的人,他们敢于闯出天下,是因为他们自己争取到了机会。

第二,多尝试。那些在商场上取得成功的商业领袖,在读书的时候,或者在很小的时候,往往有各种各样的商业经历,这些经历可能是环节性的也可能是项目性的,可能跟现在做的事情有关,也可能无关。但是没有关系,你只要去试一试,就能积累经验,增加信心,不断地积累成果。那些"呆头呆脑"的"愣头青"往往成为强者,一个重要原因是他们有能够进行尝试的行动。

第三,积累人脉,让周围的人帮助你。这个人脉不是要求创业者要混个脸熟,而是要真诚。创业者要把真正对自己将来的追求有所理解的人积累起来,帮助大家提高认识,形成相互扶助的群体。创业者要把创业的经验积累起来,不断进行经验、教训的总结,深入思考,或者与别人交流,反复深化,让它们体现创业者的真诚,在朋友中分享。

3. 创业资源的开发——激发人的活力

资源重在开发,重在为我所用,而不在于为我所有。资源储而不用,不仅浪费了资源,也降低了资源的价值。

人永远是第一位的创业资源,主要是因为人的潜力无限,其成本不变,而创造力则可能无穷。挖掘人的潜能,激发人的活力,是放大创业资源的最重要的途径。

(1) 自信与激情

领导者的自信可以为团队提供前进的动力,可以稳定队伍,形成合力,建立秩序和文化,可以让自己和团队成员看到希望,形成发展的主动力。没有自信,就缺乏生存和发展的基础,因此,自信是创业者自我开发的第一要务。一个连自己都不信的人,如何能够取信于他人?又如何领导团队?在一个人的道德、才能没有变化的情况下,自信便成为重要的自我开发手段。自信是队伍稳定之本,自信也是创建企业活力之源。只有拥有自信,才敢于克服困难,而不被困难所吓倒,这样的精神才能够使大家找到解决问题的办法。通过自信开发创业者个人潜力,才能调动出一切可能的资源。一个自信的人,往往会获得成就,其重要原因是他们很好地开发了自己的潜力。

创业需要激情。激情让不可能变成可能,让梦想成为现实。激情激发了人们的想象力,开拓了人们的视野,强化了人们的自信。不论对创业蓝图的描绘,还是对员工的未来的期许,都要在一定程度上超越现实。中华文化中不乏激情的表达,"大漠孤烟直,长河落日圆""大江东去浪淘尽,千古风流人物",不仅让事业成就了人生,也因为美而放大了人生,没有"大风起兮云飞扬,威加海内兮归故乡,安得猛士兮守四方"的豪情,也许就没有了刘邦的成功。

(2) 用人之道,在于用

自己要用,对团队成员亦然。用进废退,充分地、深度地利用,才能够让人不成为废人,相反可以成为精英。人不是生而知,而是后知,尤其是在创新、创业之中。许多问题并非来自书本上的传统问题,也不是工程上的常规问题,多是一些新问题。新的问题的归纳与明确,需要对知识的运用重新整合,建立新的结构,找到新的方法,探索新的答案,形成新的知识。这个过程是对人的利用,在用的过程中形成了人的能力、思维习惯和工作方法。如果不运用自己的知识,不挖掘自己的能力,不仅不能进一步让知识更加深入和灵活地运用,也会因为别人的进步,让自己失去机会。一个创业者必须明白,企业深入利用人力资源,那不仅是为了企业的利益,更重要的是为了员工的成长,在成长中获得巨大的人力资源回报。

(3) 用文化激发人

所有人都置于人群之中,而人群必然会有文化。向上、自强的文化氛围会激励每个人努力进取。如果这群人又能够彼此团结,主动协同,他们必会无往而不胜。这是建设团队的效果指标。换言之,团队建设的根本是要形成一个利团队成长——形成绩效和每个成员都能够获得成长的文化。这一文化的功效在于每个成员能自觉地自我开发潜能,而无须过多的外部约束与管理。而一旦文化形成,它会不断地同化那些新加入的成员,使之尽快服从这里的"潜规则",知道应该如何工作。有了这样的文化,就挤出了其他文化。开发自我可以成为一种公司内部流行的思维模式,可以通过这一模式教育员工,而不必付出过多的精力去管理。将这一文化导向于创新,主动发现问题,概括并明确问题,用创新方案去解决问题,是这一文化得到利用并获得强化的重要方向。创业企业要保持持续改进,需要不同层次的员工的共同努力。只有动员了所有员工的创造力,不断发现问题并改进问题,才有可能让创业走向成功。

这一鼓励自我开发的文化如何形成呢? 不可能创业第一天就能够建立起来,也不可能由某位员工带来,只能在主要领导者组织下通过日积月累逐渐形成。创业者不仅要率先垂范,刻意地建立这一文化,还要树立典型,制止与此相悖的行为,甚至可以运用辞退的手段加以阻止。企业也可以适当使用经济手段鼓励这样的文化建设,如进行奖励。但最重要的是创业者必须坚持下去,不可半途而废。中华文化整体上有一重要的传统,叫"将在外,君命有所不受",其作为民族文化的重要内容传播得十分广泛,人们普遍接受这一原则,其主要原因是它是一个自我开发的、因势利导、分散决策的工作原则,也成为一种文化。它要求创业企业应该在这一文化的基础上,充分信任和授权;没有这一文化的授权,可能会出现企业失控的危险,同时,充分地信任和授权,并产生成效是建立和强化这一文

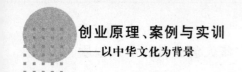

化的手段与方法。创业者需要把握好这一尺度。

五、案例精读

从老师到创业者的转变

1988年，马云在杭州电子工业学院教外语，这是他的第一份工作。当时工资大约每月110元。不甘寂寞的他找了不少兼职，例如利用课余时间为到杭州观光的外国游客担任导游。西湖边的第一个英语角就是马云发起的。

1992年，马云和朋友一起成立了杭州最早的专业翻译社，为到杭州观光的外国游客外出活动承接翻译业务。当时经营挺艰难，一个月的营业额是200多元人民币，可光是房租就要700元。第一年实在不行了，马云就背着麻袋到义乌、广州去进货，卖礼品、包鲜花，用这些钱养了翻译社3年，才开始收支平衡。马云后来说："我一直的理念，就是真正想赚钱的人必须把钱看轻，如果你脑子里老是钱的话，一定不可能赚钱的。"

到1995年，钱没赚多少的马云，却凭超强的活动能力为自己带来了不小的名气。一家和美商合作承包建设项目的中国公司，聘马云为翻译到美国收账。

接下来的一切就像好莱坞影片中的情节一样：美国商人想赖账，掏出一把枪将马云禁闭在房间中长达两天。马云在惊恐不安中被释放，又丢失了随身行李，只得在拉斯维加斯的赌场挣了600美元回国。

第一次接触互联网

回国之前马云去西雅图看了一个朋友，在此马云第一次接触了互联网。西班牙《国家报》生动地描述了马云当时的心情——"我甚至害怕触摸电脑的按键。我当时想：谁知道这玩意儿多少钱呢？我要是把它弄坏了就赔了。"

对马云有触动的是，他搜索引擎上输入单词"啤酒"，结果只找到了美国和德国的品牌。当时他就想应该利用互联网帮助中国的公司为世界所熟悉。

就这样，作为"杭州十大杰出青年教师"之一的马云辞了职，借了2 000美元，1995年4月开办了"中国黄页"，这是中国第一批网络公司之一。1997年年底，马云和他的团队在北京开发了外经贸部官方网站、网上中国商品交易市场等一系列政府网站。不过由于一些原因，马云于1999年年初决定放弃这些在北京的生意，他拒绝了雅虎、新浪的高薪聘请，决定回到杭州创办一家能为全世界中小企业服务的电子商务平台。

案例思考题：

从一名教师到下决心做一名创业者，你觉得马云身上有什么特点值得学习？

六、创业思维训练

创业者价值观识别及表达

　　创业者个人价值观对于正在创立的企业价值观的形成有着决定性的作用。创办企业并成为企业领导者,公司的企业文化一定与领导者的价值观相一致。有很多创业者在初期并不能清楚地阐述自己的价值观,因此对创立企业价值观无法提前布局,这让企业的发展缺少了核心驱动力,因此,清楚表达自己的价值观尤为重要。本训练可以用来让创业者认清和反思自己的领导风格、个人价值观和创办企业的目的。

学习目标

1. 识别个人的核心价值观。
2. 将个人价值观深度融入创业过程和企业管理中。
3. 与团队成员进行交流,听取别人对自己价值观的评价,并决定是否调整。
4. 初步形成创业团队。

训练材料

1. 价值观清单:写有代表个人价值观词语的卡片。
2. 大量彩色图片,或者联网的计算机、手机图片,也可以用手绘画。
3. 18色彩色画笔,画纸若干。

训练步骤

1. 选择核心价值观。每个同学从价值观清单中选择一个最能代表自己对待创业的核心价值观。选择的依据主要有:哪种价值观能最大限度地描述自己应对创业挑战时的素质;哪种价值观是自己最想传达给员工的;哪种价值观是最希望创业伙伴给予评价的。

2. 图像化价值观。每个同学根据自己所选择的价值观,搜寻一张与之匹配的图片,图片可以是某种动物、植物或者某个名人。选好图片后,立即写下选择这张图片的理由,并且简单构思一个故事或者例子,用来解释或者向别人阐述你的价值观。

3. 设计创业者宣言并寻找自己的创业搭档:每个同学撰写一份创业者宣言,宣言应该以简洁、清晰且有逻辑的语言陈述自己的价值观,对创业的理念和行为的思考,并辅以简单的故事,以便别人更容易理解你的想法。可以以自荐的方式在所有同学中寻找自愿担任创业领导者的同学,给他们机会到讲台前向所有同学陈述自己的创业者宣言。其他同学可以向所有陈述者提问,被提问者应该认真做出回答或反馈。学员根据自己的判断选择加入哪一个领导者团队中,成为他的创业伙伴。

4. 反思和调整:没有找到创业伙伴的人或者创业伙伴太少的人,可以听取其他人对自己价值观的评价,选择调整自己的价值观,重新从第一步开始,也可以放弃自己的创业领导者身份,加入其他的创业团队中。

训练提示

1. 创始人要认识到自己的价值观一定是未来公司的企业文化基础。
2. 要能完整表达出来自己的价值观。

3. 利用图片而非文字更有说服力。
4. 不同的人有不同的价值观,对同一句话,不同的人有不同的理解。
5. 员工必须了解所在公司的价值观。
6. 公司和员工之间的价值观差异会导致意想不到的行为和后果。
7. 针对别人的价值观,要有自己的评判或者形成观点。

附:价值观清单

创业欲望、忍耐力、眼界、审时度势、敏锐、人际交往、分享、自我纠错、灵活、独立、责任感、进步、冒险、权威、影响力、自律、创新、平静、智力、激情、服从、成就、团队、友情、地位、和谐、诚信、谦虚、尊重、能力、正直、知识、领导、财富、金钱、关系、人脉、开放、机会……

七、课后思考题

1. 主动与自己身边成功的创业者交朋友,了解他们的创业经历。
2. 尝试挖掘自己具备哪些创业素质。

第四章 创业团队管理

本章介绍创业团队的定义,认识团队合作的重要性,及团队组建、团队治理的方法和经验;理解企业内创业的意义并熟悉内创业人才管理的方法。

关键词:创业团队;团队组建;团队治理;内创业;人才管理

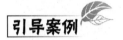

金发科技创业团队的创业史

广州金发科技股份公司是一家从事改性塑料研发、生产和销售的科技型上市公司。1993年11月19日,袁志敏、宋子明、李南京等在广州天河科技东街一间只有20余平方米的简陋房间里,以高性能改性塑料产品的研发与生产为基点,正式拉开了金发科技的创业序幕。该公司目前已经发展成全国最大的改性塑料生产企业,并保持年均120%的增长速度,净资产从创业初的2万元到现在逾亿元,近三年来,累计实现销售收入上亿元,创汇上亿美元,向国家上缴税费上亿元。

1993年,刚出校门不久的袁志敏除了拥有"中国第一位阻燃材料硕士"头衔外,是如假包换的"一穷二白"。他和几个同学一起,借了2万元创立了广州金发科技股份有限公司。公司的全部财产只有一辆摩托车、一部电话、四张办公桌。"当时,真是穷得连吃饭钱都没有。"袁志敏说,"我们每天从广州五山科技东街骑自行车到位于广州大桥附近的化肥厂取原料,均要花上一个半小时左右。夏天天气热,屁股都磨破了,实在骑不动就用手推。"创业一年多,4个合伙人没拿一分钱工资。有一天公司赚了500元,袁志敏高兴得把这事告诉了所有认识的人。

公司初创时,与袁志敏一起创业的其他3位公司灵魂人物是:宋子明、李南京、熊海涛。在公司创立、技术研究和市场推广中,袁志敏功劳最大,应该得到60%以上的绝对控股权。但袁志敏却坚决要求少些股份。"如果我绝对控股了,大家会觉得为我打工。与其说要一个完整的小蛋糕,不如要一个大蛋糕的一小份。"袁志敏对自己的"蛋糕理论"诠释道:"如果我一个人说了算,公司也许能做到10亿元,即使100%拥有也只有10亿元;如果让大家都觉得自己是老板,公司就有可能做到100亿元甚至1 000亿元,即使只有30%,也有30亿元或300亿元。"最后袁志敏拿了37%的股份。

袁志敏不断地拿出自己的股份,送给公司的核心员工。现在袁志敏占公司的股份已经降到24%,跟随他的人也不断地进入百万富翁、千万富翁甚至亿万富翁的行列。"在我的带动下,以自己的付出留住核心员工,换得公司长远的发展,已经成为金发高层认同的一种企业文化!"这不是袁志敏的大话。在一次股权分置改革方案中,公司第二大股东宋子明就承诺以净资产作价向公司118名核心人员转让持有的1 620万股,送出去的"真金白银"超过1亿元。

本案例取自暨南大学创业学院创业人才研究所2018年年会报告,余燕舞整理。

思考题:

(1) 金发科技创业团队的优势是什么?

(2) 金发科技在股权设计上对我们有哪些启发?

一、创业团队及其建立

1. 什么是创业团队

团队由一群具有技能互补、相互信任的人组成,为共同的企业目标和绩效目标而奋斗,并且彼此之间互相负责。一起观看比赛的一群人不构成团队。即使没有签订雇佣合同,但在一起共同完成一项事业的人就可以称为团队。

创业团队是指由两个或更多具有共同的目标,共同创办新企业或参与新创企业管理,持有企业股份并直接参与战略决策的人组成的高管团队;创业团队拥有可共享的资源,按不同角色分工并相互依存地工作,彼此对团队和企业负责;他们不同程度地共同承担创业风险,也不同程度地共享创业收益。

团队是现代企业的基本要求,也是创业的基本要素。管理好团队,可以放大创业资源,这也是中华文化以人为本成事、立业的体现。

2. 为什么需要创业团队

科技发展日新月异,产品和服务不断升级迭代。国家大力推进供给侧结构性改革,实现新旧产能转换,不断调整产业政策。全球不同国家和地区之间的联系和分工协作日益密切,企业之间的竞争明显加剧。创业者面对的内外部创业环境比之前更加复杂和多变。同时,由于技术的创新、产品的创新、商业模式的创新等,企业的经营管理面临越来越多的挑战。在此背景下,创业者依靠个人的单打独斗取得成功的概率降低,创业更需要依靠团队的力量。

不管创业者在某个行业多么优秀,也不可能具备所有的经营管理经验,而借助团队,他可以拥有企业所需要的经验。例如,顾客经验、产品经验和创业经验等。人际关系在创业中被放在一个很重要的位置,人际关系或多或少地帮助创业者,是企业成功的因素之一。通过团队,人际关系可以放得更大,可提高创业成功的概率。大量的研究调查都显示,新企业,尤其是成长导向型新企业,通常都有两个或以上创业者组成的创业团队。就团队创业效果看,团队创业成功率和新创企业业绩表现也都比单独创业的企业要好得多。其作用可以概括如下。

(1) 能力互补,分工合作。

(2) 彼此支持、相互激励。
(3) 放大资源、规模扩大。
(4) 考虑全面、决策优化。
(5) 弹性对外、减少冲突。

3. 创业团队的组建

创业团队不是乌合之众,但有时也不得不通过凑数来完成团队的组建,如同蒙牛老总在成功以后评价自己当初的创业团队:基本上是一群调皮捣蛋分子。但是经过多年创业实践,许多人被改造成了社会精英。尽管如此,创业组织者还是不应以凑数作为团队组建的起点,应该把组建优秀的创业团队作为目标。优秀的创业团队成员必须彼此信赖,能力和经验上优势互补,创业团队必须有能力强的带头人,其具体的要求有如下几点。

(1) 志趣相投、彼此信任,边走边找

每个创业团队成员都有自己的特点和个性,初始创业者和加入者都有自己的考虑。从初始创业者来说,应该邀请哪些人加入团队?是与自己相似的人,还是与自己互补的人?这个团队是否值得加入?对我有什么吸引力?这是在创建过程中双方必须面对的问题。总体上说,建立团队是为了发挥每个人的长处,取长补短。而稳定团队,需要处理好合作中的矛盾和冲突,甚至需要建立团队成员退出的制度。

人们总是愿意与自己志趣相投的人一起交往,对于刚出校门,稚气未脱的大学生创业者来说更是这样。事实上,这样做有一定的道理。因为这些相似者彼此更加了解,而且可以容易、自信地预测合作伙伴的未来发展。大学生会选择那些家族背景、教育经历、社会阅历、工作经验与自己相似的人一起工作,那所谓"志趣相投"。工作中相互配合、相互理解也很重要,它增加了沟通的便利性,有利于形成良好的人际关系。否则,核心成员之间具有明显相反的动机或目标,那么他们之间的冲突就会更多。也就是说,不仅要有理念上的一致性,也要有知识结构方面的相近性。

优秀的创业团队的所有成员都应该相互非常熟悉,知根知底。《孙子兵法》云:"知己知彼,百战不殆"。在创业团队中,团队成员都应非常清醒地认识到自身的优劣势,同时对其他成员的长处和短处也要一清二楚,这样可以很好地避免团队成员之间因为相互不熟悉而造成的各种矛盾、纠纷,进而提高团队的向心力和凝聚力。

优秀创业团队可遇不可求。刘备遇到关、张二人,组建起了一个团队雏形,后来听了水镜先生之言,补齐了团队短板,有了一个好参谋——诸葛亮,形成了一个强大的团队。唐僧西天取经的成功,也是路遇而组建起了好的团队。所以优秀创业团队应该是一边走,一边找,而不是等待把团队组建好了再做事。

(2) 能力互补、不能求全、关键能力必须具备

同质化的创业团队可能存在"冗余"问题:团队成员的知识、技能、性格高度重叠,个人对组织的贡献雷同,很少能从个人处得到新的见解和资源,组织的发展潜力相对较小,这样的团队效率较低。团队领导者应该寻找那些与自己不一样的人,即与自己互补的人。他们可以有效地弥补自己的知识、经历的不足。因为创业团队需要广博的知识、多样化的技能和丰富的经验,而这些远非一人或相同背景的"同质资源"所能为,需要寻找"异质性资源"。当一个团队成员所缺少的东西能由另一个成员补充时,团队的功能也因此被放大,也更能体现"一加一大于二"的整合功能。美国北卡罗来纳的一批研究人员是从成员业务专长、受教育程度以及技能来衡量团队的异质性。从市场情况、企业数量及技术变化衡量环境稳定性,通过对企业绩效的影响进行实证分析,表明创业团队的异质性和环境的稳定性单方面并不利于企业绩效,但二者合在一起,则能够提升企业的绩效。这就说明在不确定的环境下,创业团队的异质性能有效发挥作用。这对于成长环境中的创业企业来说,具有一定的借鉴意义。

台湾出生的陈五福在美国大学毕业后,1986年首次创业,至2000年,他先后创办的十几家公司均以高收益获胜,曾被评为"全球十大创业家"之一,创造了"从无到有"的硅谷创业神话。在回顾自己的创业教训时,陈五福深感自己也陷入了一个普遍的误区:基于自己的技术背景,在考虑问题时只从技术出发,忽视了市场。他后来的每一次创业,都会优先考虑市场情况,牢牢把握市场需求,"搞清楚你要做什么,比怎么做重要得多"。另外在产品定位上,小公司很难仅仅凭借物美价廉就能打入市场,必须具有竞争对手无法取代的差异性,才有机会赢得市场。

虽然研发对科技创新公司很重要,但创业团队成员也不能是清一色的技术流成员。优秀的创业团队成员各有各的长处,大家结合在一起,正好是相互补充,相得益彰。相对来说,一个优秀的创业团队必须包括以下几种人:一种是创新意识非常强的人,这种人可以决定公司未来的发展方向,相当于公司的战略决策者;一种是策划能力极其强的人,这种人能够全面地分析整个公司面临的机遇与风险,考虑成本、投资、收益的来源并预期收益,甚至还包括负责公司管理规章建设、长远规划设计等工作;一种是执行能力较强的人,这种人具体负责公司规划的执行,包括联系客户、接触终端消费者、拓展市场等等。创业团队建立需要考虑如下平衡:在知识、技能和经验方面主要关注互补性,而在个人特征和动机方面则要考虑相似性。才华各异、相得益彰才称得起是优秀创业团队。

(3) 核心人物

创业团队必须有能力强的带头人。由于分工不同,有些人扮演初始创业者的角色,有些人则是核心创业团队的加盟者角色。或者说,在这个团队中,有的人是"领导者",有的人是"跟随者"。

在企业管理中,人们经常谈论领导者的核心竞争力,事实上,在创业团队中,带头人作用更加重要。创业团队中需要有一位可以胜任的领导者,而这种领导者,并不是由资金、技术、专利来决定的,也不是谁出好的点子谁当头。这种带头人是团队成员在多年同窗、共事过程中发自内心认可的人。

好的领导者可以形成凝聚力,是团队的核心,能够解决"凝聚力"的问题:首先是他要能够看到一个有吸引力的未来,要能够说清楚创业目标和商业模型,有明确的理由和严格的商业逻辑,也有较强的新颖性和独创性,有让合作者值得自己为此"玩命"的未来。其次是他有超强的人格魅力,能够与他人友好相处,能够召唤一群有活力、有思想的人,能够发挥作用,能够成就梦想。

一项针对创业者能力的研究报告也指出,组建与管理团队是成功创业者需要具备的主要能力之一。由于组建创业团队的基石在于创业远景与共同信念,因此创业者需要提出一套能够凝聚人心的愿景与经营理念,形成共同目标、语言、文化,作为互信与互利的基础。组建创业团队是一种结合愿景、理念、目标、文化、共同价值观的有机过程,使之成为一个生命与利益共同体的组织。

4. 创业团队组建最常见的陷阱

虽然绝大多数创业团队的核心成员人数都很少,一般是三四人,多也不过十来人。但是,如此规模的"小儿科",却经常为未来埋下失败的陷阱。创业团队成员人数虽少,但是都有自己的想法,有自己的观点,更有一股藏于内心的不服管的信念。更为重要的是,创业初期团队还没有形成真正的内部规则,领导者也没有建立起真正的权威。而创业者为了获取资源,经常会妥协和让步,让成员有了"厥功至伟"的想法,为团队"内战"埋下伏笔。这些陷阱包括:

(1) 股权太过分散、平均。
(2) 团队成员的背景过于接近。
(3) 贸然与不熟悉的人一起创业。
(4) 创业初期就组建一个豪华的团队。
(5) 没有提前制定好游戏规则和退出协定。
(6) 所有成员都是兼职创业。
(7) 引入"中看不中用"的人。
(8) 招来在做人方面有硬伤的人。

5. 中华文化对创业团队组建的启示

中华文化中有许多富于启发和指导意义的哲理,可以在今天成为创业团队组建时应该遵守的原则。

(1) 贵和尚中

中华文化强调"贵和尚中",儒家的处事理念便是"和为贵"。在创业过程中要注重人际的和谐和企业的协调。"先和而后不同",创业是基于团队成员的共同愿景和共同利益,同时也要注重成员之间的个体差异,其最终是要团结协作,群策群力,共同实现目标。组建团队不是完全没有原则的"和平共处",而是在基本目标相近的基础上,不断完善团队结构。

(2) 任人唯贤

创业团队需要贤者,识贤、辨贤、荐贤是优秀团队的基本文化。齐桓公当政前,管仲为鲁国利益射杀过他。鲍叔牙因拥戴齐桓公成为相国,全力举荐管仲,以报仇的名义"引渡"管仲,齐桓公接受推荐,在管仲帮助下,成就了齐国霸业。创业团队领导者不仅要对贤者尊敬、信任,还要建立这样的文化,使团队内部有举荐贤才的普遍风气。那种以私利压制人才的人群集合,与此相对应的就是一群乌合之众,很难有发展。如果只有领导有

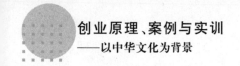

这样的气魄,却缺少让贤才发挥作用的组织功能,也会让贤才伤心,他们有可能成为破坏团队的因素。

(3) 不拘一格使用人才

汉高祖刘邦摆酒洛阳南宫,问大家:"大家讲讲看,我今天能拥有天下,项羽却失去天下,是什么原因?"有两位大臣认为:"陛下使人攻城略地,因以与之,与天下同其利;项羽不然,有功者害之,贤者疑之,此所以失天下也。"刘邦说:"公知其一,未知其二。夫运筹帷幄之中,决胜千里之外,吾不如子房;镇国家,抚百姓,给饷馈,不绝粮道,吾不如萧何;连百万之众,战必胜,攻必取,吾不如韩信。三者皆人杰,吾能用之,此吾所以取天下者也。项羽有一范增而不用,此所以为我所擒也。"大家都认为刘邦说得有理。刘邦取得天下,自己认为主要不是自己的本事大,而是用了可用之人,信任他们,让他们发挥才能。

二、创业团队管理

"卓眼"团队

胡余,温州大学城市学院 2006 届物流专业学生。2007 年,他克服种种困难,开始走上自主创业道路,创办了"卓眼工作社",主要面向大学生开展各类业务,包括手提电脑推销、大学生驾校培训服务、广告代理、信用卡推广、英语资料推销等。特别是大学生驾校培训代理业务,由于其优质的后期服务,深受大学生的好评。创业之初,胡余到处寻找业务渠道,积极建立人脉关系,牺牲了许多与朋友相聚娱乐的时光。在胡余的苦心经营下,工作社渐渐上了正轨。可是没多久就遇到了事业发展的瓶颈,内部成员的意见出现分歧。胡余后来总结道:"创业初期是很艰辛的,由于成员相处时间不长,磨合不够,逐渐出现了分化。一些成员熬不住辛苦,渐渐失去了当初的工作热情,产生了懒散消极的情绪,这大大影响了整个团队的士气。为了改变这种状况,我作出决定:让这些对工作社失去兴趣的合作伙伴另谋出路。同时,我又在两个星期内迅速招收了一批新成员。为了使新成员能尽快地进入角色,我们对其进行了前期培训。一个团队,凝聚力是很重要的,为此我作了很大的努力,经常和新成员进行交流沟通。经过一段时期的磨合和历练,现在我们团队的成员工作都很勤奋,大家在这个团队中工作、生活得很愉快,团队也渐渐形成了自己的创业理念和团队文化。我相信'卓眼'会越做越好的。"

思考题:
(1)"卓眼"团队的矛盾根源何在?
(2)如何认识大学生创业中的矛盾?

一般来说,团队管理涉及四个比较重要的问题。

1. 印象管理

一旦团队成员确定,接下来的问题便是如何高效合作,但这也是很棘手的问题。俗话说,"知人知面不知心"。不论是初始创业者选定的人员,还是亲朋好友推荐的人员,都需要经过长时间的"磨合"才能更深地了解。因为每个人都试图让别人对自己产生良好的第一印象，为此，他们努力提高自己对别人的吸引力，这也叫作"自我强化"，或者努力通过不同的方式让对方产生好感，也叫作"他人强化"。

自我强化，可以通过服装、打扮或其他"道具"来改变自己的外在形象，或者展示自己熟练的技能，或者正面描述自己，总之，通过多种方式，努力让人产生良好的第一印象。至于他人强化，则主要通过赞扬他人、肯定别人的长处、对别人的工作保持兴趣、主动征求别人的意见或者善解人意、乐于助人等方式，这些均有助于他人对你产生好的印象。但是如果过度包装自己，有意掩盖自己的缺点，使他人产生错误认识的话，通常会带来负面的效果。如果一个人无原则地附和他人，当好好先生，甚至逢迎上级而鄙视同事或下级，就会遭到同事的冷落。大家会认为这种人不值得合作，这样就会给团队带来负面效果。

更为恶劣的是，有时会出现合作者欺骗，即有意地隐藏重要信息或提供错误的信息来主动误导他人，这实际上已经上升到做人的道德层面。特别是对于刚走上社会的大学生来说，他们缺乏社会经验，但创业热情很高，有一些人趁机钻大学生单纯的空子，甚至通过虚假的代为注册、声称提高公司资信、提供过量的担保或贷款等，引诱大学生上当受骗。其实应对这些骗局也并不难，只要相信"天上不会掉馅饼"，人们吃不到"免费的午餐"，就容易识别他们的把戏。凡事要多问几个为什么，对于一些拿不准的问题，要多多咨询专业机构或者家人和朋友。

建立信任、防止欺诈是团队印象管理的核心目标，不论是长期合作，还是偶尔交易都应该以这样的目标进行管理，才可以提高团队效率。

2. 团队寿命周期管理

创建团队也是一个动态的过程，其间要经过磨合，有的人加入，有的人离开。因此团队的组建不一定也不可能一步到位，只能是边创立、边适应、边调整。事实上，像企业发展周期一样，创业团队也有一个周期。大致经历"萌芽—成长—成熟—衰老—死亡"这样一个过程。团队形成之初，由于各方面的不确定性，需要保持对外部的敏感性和警觉性，使团队努力适应外部环境，努力使自己生存下去，这是团队的萌芽期。随着团队成员彼此熟悉，加深了解，配合逐渐协调，团队步入成长期。这两个时期非常重要，它几乎决定着创业能否成功。

随着各方面磨合的结束，团队成员彼此了解熟悉了，以至于一个细小的动作和眼神，也能使其他成员心领神会，由此团队进入成熟期。其主要标志是管理规范，快速稳定地成长。然而，当一切都按部就班时，团队也渐渐失去活力，甚至产生惰性，这时团队就处于衰老期，此时需要不断地注入新的活力，否则最后将避免不了死亡的命运。

有一些企业保持着青春活力，似乎永久没有死亡，一个重要原因是它们对团队衰老保持着高度警觉，用创业精神指导团队建设，不断为团队注入新的活力。

3. 提高团队的效率

为了高效地利用好团队，必须提高团队效率。一般可从以下几个方面着手进行。一是追求共同的创业价值取向。作为个体,每个创业团队成员都有成就一番事业的雄心,然而由于个体人生观价值观不同,创业价值取向也未必一致。而作为团队。特别是新创企业的团队,则需要追求共同的价值观,形成共同的愿景,否则无法在思想上形成合力。二是要有整体的行动规则。行动规则是团队成员相互配合的行为规范,它是一系列规则或约束,用以规范成员行动。它们或者被明确地书写出来,或者在团队成员彼此之间心照不宣。作为一种行动指南,它引导团队成员心往一处想,劲往一处使,凝心聚力,形成合力。三是要有合理的绩效评估。团队是集体工作,集体工作可能出现"公共的悲剧"。尽管创业团队成员有很强的自主工作动力,但由于多种原因个体业绩也不一致,加上个别成员创业后期可能出现"搭便车"等道德选择问题,故而有必要评估个体绩效,在此基础上核定薪酬福利等。在评估过程中应本着实事求是的原则,以业绩为依据,力戒吹毛求疵。四是适时调整人员和结构。创业团队形成后,一般会相对稳定一段时间。但随着事业的展开,其间可能出现不协调、不适应。这时,应果断采取措施,调整团队组织结构,必要时重新安排团队成员以发挥团队的最大效率。

4. 冲突处理

创业团队基于共同的追求,为一个共同的目标聚到一起。创业之初,大家意气风发,斗志昂扬,但由于教育经历、成长背景、性格禀赋等差异,他们对问题的看法难免会不一致,处理事情的风格也不一样。随着创业过程的展开,不可避免会出现这样或那样的问题,这些问题如果不能及时有效解决,就会产生分歧、摩擦甚至矛盾。大学生血气方刚,固执于自己的想法极易形成冲突。尽管适当的冲突对管理也不是坏事,但必须加以有效地管理,化冲突为团队的活力和动力。

一般来说,创业过程中的冲突一般由以下问题引起。

一是决策权之争。创业企业的成功需要有强势的领导者,这个领导者是团队的核心。他多为初始创业者,因为正是他创立了公司,特别在公司前景不明朗,或者在创业之初遇到巨大困难的情况下,是他团结带领大家打拼,使公司一步一步发展壮大,他也逐渐树立了自己的威信。但如果在公司发展过程中,其管理能力有所不及的话,他的权威就会遇到挑战。如果其他核心成员能有效地领导公司发展,而初始创业者的能力、处事方式不能使大家信服的话,其权威也会受到挑战。如苹果创始人乔布斯初期在公司的管理中独断专行,遭到大家的挤兑,后来被迫出局。决策权之争可以从两方面处理。对于团队的决策者方面来说,他需要更宽广的胸怀,更强的处理问题的能力。特别是对于初始创业者来说,有创意有想法并不意味着其能很好地管理,要主动听取团队成员的意见,必要时主动让贤,其目的是为事业发展,让公司壮大。对于其他团队成员来说,要主动为领导者当好参谋,积极提出合理的建议,即使自己的意见没有得到重视也要从自身分析,看是否是自己的意见不合理,是否是提出的时机不合适等,换位思考,将心比心,这样才能使团队保持凝聚力。苹果公司的乔布斯后来被请回来,则是基于其独特的技术洞察力和市场开发能力,其领导方式也相应做了很大的改变。

二是认识分歧。无论是在创业前的筹备阶段,还是在创业后的初期管理中,新创企业千头万绪,总会遇到大量的问题需要处理。由于团队成员的个体差异,他们往往对同一件事情的认识也不同,如果不能很好地沟通,就可能产生严重的分歧,而这对公司极为不利。一般来说,认识分歧的产生大体上有以下原因:其一,专业知识导致的认识差异。俗话说,术业有专攻,隔行如隔山。每个专业领域都有自己的问题,相对于技术来说,管理往往容易被轻视,但事实并不是这样。要真正做好管理工作,里面也大有学问,即使是学习管理的成员也需要在随后的工作实践中去体会和实践。其二,成长背景的差异。这突出反映在创业团队核心成员的学习背景、家庭背景、生活经历,甚至生长地对其文化与习俗的影响等。不同地区、不同家庭背景的人,由于性格不同,对问题的认识也大不一样。那是因为他或她熟悉并接受了其生长地的文化,而对于团队中其他人来说则难以接受。其三,性格差异。性格也因人而异,且这种性格难以改变,这也是他们多年养成的结果。有的人坚毅,有的人懦弱,有的人敢冒险,有的人图安稳。这些差异也一定程度上影响了人的行为差异。消除认识分歧的唯一办法就是沟通。反复沟通,开诚布公,把意见都讲出来,才有可能达成统一认识。

附:打造创业团队要做的10件事

在斯坦福商学院创业研究中心第二届创业校友会活动中,同学们热烈讨论创业世界里各种有关雇佣、解聘和提升的话题。以下是讨论后,包括创业研究中心联合主任在内的创业师生们的智慧结晶。

(1) 遵循做老板的黄金法则:"如果你做得不好,我会告诉你的。"

(2) 在解雇员工之前和他们并肩作战。

(3) 解雇员工时支付足够多的费用以获得员工的签名。

(4) 不要忽视背景调查。

(5) 问价值 64 000 美元的问题,但要巧妙地提问(不要问候选人的推荐者关于候选人弱点的问题,试着这样提问:"如果我想做这个人的主管,你对我有什么建议?")。

(6) 为一流的人才支付更高的薪水。

(7) 假定员工都彼此知道各自的薪水,在这个假定条件下支付薪水。

(8) 从业绩总结中学习。

(9) 雇用有工作经验的人。

(10) 利用猎头,但要了解潜规则。

三、企业成长与团队管理

万通六君子

1991年9月13日,海南农业高技术联合开发投资公司(以下简称"农高投")在海南成立了,创始人为冯仑、王功权、刘军、王启富、易代昌(易小迪)和李宏(黎源)。为创办公司,6个人一共凑了3万多块钱。公司步入正轨以后,内部出现了分歧。

首先是资源分配的问题,同样做房地产,有的人说深圳好,有的人说西安好,有的人说北京好。开常务董事会时,大家会互相认为对方的项目不好,由于实行的是一票否决制,大家很难达成统一。当时潘石屹在北京担任万通实业总经理,北京的资源配置最多,慢慢地,各地开始绕过常务董事会,直接向潘石屹借钱,导致万通集团公司几乎成为一个虚拟的总部,主要的业务和个人都在外地,谁拿到各地的具体项目,谁就是老板。另外,6个人对公司的发展战略也产生了分歧:有的人主张进行多元化,有的人认为应该做好核心业务;有的人不愿意做金融,有的人不愿意做商业。有的项目在某几个人强力主导下,会做,做得顺利还好,一旦不顺利就会导致怨言。例如1994年收购东北华联,6个人的意见并不统一,在冯仑和王功权的主导下,万通用7 000万元收购了,但之后的整合一直不顺利,成了一个费时、费力、费钱的烂摊子,最后赔了4 000万元,冯仑和王功权的权威受到了挑战。

和其他民营企业不同的是,6个人并不是在金钱上产生了矛盾,而是在公司战略和企业管理上发生了不可调和的冲突。当初6个人拥有共同的价值观,因为共同理想走到一起,又经历了重重考验,彼此间有着深厚的感情,谁都不想分开,但在企业进入成长阶段,最终还是分手了。

思考题:企业成长时会有什么样的矛盾?如何处理?

创业团队不仅要负责企业建立,还要负责企业发展,创业团队在企业成长中一直要发挥核心作用。在企业成长期,需要解决两个问题,一是基于企业成长的主管什么样?二是能够长期保持高效率的团队应该是什么样的?

1. 在企业成长期创业团队需要什么样的主管

创业团队,有不同于成熟团队的地方。创业团队人员精干,以一当十,没有过多的上级跟下级,强调的是为了共同目标共同奋斗的阶级战友;创业团队的每位成员需要能多思,解决问题,独当一面,对员工有极强引导力和说服力,并时刻以身作则,带领员工疯狂工作,他们必须是激进的,必须辛苦的,必须是具有精神影响力和个人魅力的……

创业团队需要的主管,是非凡的主管,具备这样能力的主管,可以在其所属的领域,带领团队完成任务。他们的行为应该在创业和成长两个阶段表现出一致性。

(1) 身先士卒,冲在最前面

无论什么事情,都要身先士卒,自己抢在前面,起好表率作用。这里有两个主管:一个主管在会上说,销售任务,给你们定1万元,我给自己定2万元,团队任务,完不成,先从我这里开始罚,结果这个团队的所有员工都很努力,很拼命,结果每次都超额完成任务;另一个主管,认为每个人应该有自己的自觉性,不能什么事情都是主管做了以后,他们才做,主管工作越来越多,而这个团队执行力越来越低。主管主动工作是为营造企业文化,发现新问题,摸索新规律并推而广之,而不是代替员工工作。

(2) 勇于承担责任,善于总结自身问题

创业团队的主管,要比任何团队的主管都更勇于承担责任。这里的责任,不是指出现问题要负责任,而是需要肩负起一定的职责,要率先承担责任,有事自己扛,要为员工担责任。出了问题,首先要从自身总结原因,是不是我没有跟大家讲清楚,没沟通好?是不是我的思路有问题?而不是把问题都归结到员工身上。

(3) 对问题,要敢于面对和解决

创业很多时候是无迹可寻,没有可以学习的对象,很多路是新的,没有人走过,不管是荆棘还是沼泽,都要自己去闯,逢山开路,遇水架桥。不论是业务的问题,还是管理的问题,是人的问题,还是事的问题,都要勇敢去面对,万万不可把问题埋着。拖延解决和隐藏问题,不但会使问题进一步蔓延,还会生根发芽,后果往往很可怕。

(4) 面对拔高的过程,要营造通过自身努力来填补的制度和文化

进入成长期的创业团队,内部提拔的概率比较高,而且空降的也不多,这对个人的成长可以说是一种帮助,也会产生期待。但过快的拔高过程会造成很多问题,比如短期内对个人或是团队可能起到很好的激励作用,但长期下来,如果这个人的能力不能通过自身的努力来提高,那么还是会将一些能力上的欠缺暴露出来。这时,主管要有意识地营造能上能下和努力学习、提高的环境,不能树立"功臣"的概念,要把创始人贡献与成长的需求区分开来,要强调创始与成长管理的差异,在认可大家过去贡献的背景下持续提升团队能力。

(5) 更要有进取心,更要有使命感和一颗坚韧的心

创业团队主管,要比一般主管和员工有更强烈的进取心、使命感,要顽强坚持,认同和强化自己选择的事业,并帮助员工认同,做到"不到黄河不死心"。主管的逆商要高于其他创业团队成员,更要高于员工。

(6) 面对成长的机会要近乎疯狂地促进企业发展

成长期是可遇不可求的机会,许多创业企业在进入成长期就死掉了,进入成长期的企业是少数,如果还是按部就班地发展,就一定会痛失机会。面对已经确认的成长机会,创业团队必须"多拉快跑",要比别人投入得更多、完成得更好。这注定了创业团队要求个人的适应能力要强,特别是主管要有紧迫意识,也要让大家懂得,机会不抓就会前功尽弃。

2. 成长期的高效能团队

有人从大企业管理岗位被猎头挖到创业企业中,管理一个数十人的团队,却觉得比以前管理数百人还麻烦。其中的原因之一,是创业团队人员素质参差不齐,团队中的人际关系复杂,风气不好。这样导致的结果就是团队的绩效很不尽如人意,既无法向他的领导交代,也不能令团队员工信服,也使他个人对自己的许多做法感到很不满意,更无法自我原谅,所以倍感苦闷、困惑和挫败。

再一是创业团队成员的工作绩效不能得到正确评价,导致出现"团队惰性",当个人的工作与别人结合在一起时,干起来就没有那么起劲。创业团队刚刚组建,管理者的精力和管理经验不足,社会不良习气在企业里有所表现,团队容易风气不正,缺乏必要的凝聚力与合理的激励机制,就很容易导致团队的绩效不及个人绩效,团队的整体目标不明

确,呈现出松散的状态,结果是不言而喻的低效能。

低效能的管理不可能让企业得到成长,企业往往只成为开拓者,在进入成长阶段后死去,这是从创业到成长的瓶颈。遇到团队管理上的"瓶颈",管理者往往对自己以往所采取的方式方法产生怀疑,哪怕是一些正确的做法,也导致管理团队的错觉。于是,团队的管理越来越被动,最后几乎是到了"邯郸学步"、照搬照抄,效果大打折扣。如此,从创业团队转向企业管理团队,引入正确的机制和合理的管理方法显得至关重要,创业者需要从成长角度认识维持高效能管理的重要意义,并不断探索和改进管理方法。

探讨有关团队的管理与高效能的相关内容,最终的目的就是能够实现团队整体绩效的持续提升,主要包括以下几个方面。

(1) 构建和弘扬团队统一的价值观

要想发挥团队的核心力量作用,打造一个高效能的团队,必须在团队中建立统一的价值观,它是企业文化的核心,也是主要领导者的基本功,没有企业文化,企业制度的建立就没有根据和氛围。领导者要树立在实践中提炼并凝结团队精神的理念,通过沟通和强调,实现价值共守、精神共通、情感共流、命运共担。

(2) 明确基于心目中的目标

高效能团队的目标往往是"目标存于高远"。团队的目标要使众人瞩目,它是成长企业自己的价值主张。目标既要令人振奋,也能够经得起检验。名副其实的目标可以让人奋进,而不会浪得虚名。在实现团队目标的过程中,不要忽略团队中个人业绩目标和个人人生目标,两者兼容,才会形成对个人行动的激励。

(3) 勇于和真诚地兑现承诺

高效能的团队要坚持兑现承诺,兑现承诺就是促进企业成长。所谓承诺,包括团队对公司的承诺,个人对团队的承诺,公司对团队和个人的承诺,个人对自己的承诺。这些承诺是相互作用的,是不能随便割裂的。兑现承诺是组织成长的动力。无论是团队还是个人,承诺不兑现,都会使团队成员失去创业积极性。

(4) 知识与技能的后天"充电"

企业成长的过程也是环境变化的过程,更是企业转变的过程。不断地给予自己充电学习,弥补知识与技能上的不足,才能够让企业从创业期顺利步入成长期。一个重要原则是不断细化企业管理内容,从细节优化入手提升顾客对企业的认同感。比如营销管理,不但要深入了解公司产品、竞争者产品及相关产品专业知识,而且还要通过培训学习与充电来提升客户拜访、销售、客户服务、谈判、沟通、处理客户投诉、写作、演讲、业务成交等方面的知识与技能。团队主管要不断督促大家学习,总结工作,交流心得。

(5) 积极参与、加深信任

高效能团队要求每一位成员对团队的每一项活动都表现出积极参与的态度,团队成员间相互交往、信息共享是一种义务。只有持续有效地将这种参与所带来的深入交往和信息共享及时传递,才能够说组织获得了成长。参与有助于加深信任,为自己也为别人而工作,积极表现出你的才能,在团队中你是一个说到做到的人。不做决策的旁观者,也不去推诿责任,而是积极正面地评价团队和他人的工作,帮团队制定更精准的目标,更合理科学地分解任务,更恰当地提出问题,更有效率地提出解决办法。

(6) 激励团队士气

促进团队成员独立高效地完成工作任务,加强团队的凝聚力,激励团队的士气是一种最有效的手段。只使用利益手段是不够的,应该一方面不断强化外部压力,用负向激励推动团队成员努力工作;另一方面表扬那些有干劲、有成效的个人与团队,推广他们的经验和做法,帮助那些业绩不好的个人找到问题,提高他们的个人能力,从个人成长角度去关怀他们。总之,创业者应注重挖掘团队中每位成员的潜力,鼓励他们超常发挥,并建立起这样的激励文化,使企业成长与团队的高效能保持一致。

四、内创业人才与团队管理

珠江数码员工创新、创业大赛

1993年,广州市有线电视网络工程有限公司成立。2003年,第一次更名为广州市广播电视网络有限公司。2008年,第二次更名为广州珠江数码集团有限公司。2016年,公司完成股份制改革,正式更名为广州珠江数码集团股份有限公司(以下简称"珠江数码")。2017年,珠江数码成功在全国中小企业股份转让系统(新三板)实现挂牌。经过十多年的发展,珠江数码集团已成为华南地区最大规模的广播电视网络运营商之一,为广大市民提供有线数字电视、互联网接入(珠江宽频)、高清互动电视(甜果时光)、移动数字电视、CMMB手机电视、信息内容集成等多样化、跨平台的信息服务。

随着云计算、大数据、人工智能、超高清、宽带互联网和智能电视终端等新一代信息技术的发展,珠江数码面临网络宽带化、系统智能化和媒体融合化的重大挑战,同时也处于前所未有的重大发展机遇期。

苟日新,日日新,又日新。在"大众创业,万众创新"的时代背景下,2018年5月至8月,珠江数码集团领导高瞻远瞩,锐意进取,以组织举办首届"雄鹰计划"珠江数码员工创新、创业大赛为切入点,在集团内部推动内创业。"雄鹰计划"珠江数码员工创新、创业大赛设有工作办公室。工作办公室主任由一名副总裁兼任。办公室设在企业发展部,成员由企业发展部、人力资源部相关人员组成。一方面,公司为解决员工的后顾之忧,出台了相关的配套制度,例如,员工创业满两年后,可以选择继续创业或者回集团公司工作;员工可以联合外部创业团队共同参加比赛。另一方面,公司出台了一系列鼓励员工创业的措施,包括为参赛人员提供赛前培训和辅导,为大赛获奖者提供奖金,为创业孵化项目提供启动资金和办公场地,以及经营管理体制、机制上的保障等。比赛分为初赛和决赛两场活动。初赛活动共计吸引了30支队伍参赛,在集团公司内部形成了追求卓越,锐意进取的工作氛围。经过筛选,决赛活动共计有19个创业项目参赛,评选出一批以"私人订视"为代表的优质创业项目。

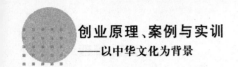

"私人订视"是为个人和家庭量身定制的个性化视频解决方案,通过甜果电视和APP平台上传和点播微视频,分享美好生活。实现用户"上电视"的愿望,达到让用户"看电视"的目的,提高电视用户黏性,同时发展周边亲子、节日产品,整合各方资源,打造"全媒体整合平台"。

珠江数码通过内创业在集团内部掀起求新求变、锐意进取的思潮,为集团下一步的发展提供探索和实践经验,培养和储备了一批"未来之星"。通过内部员工与外部创业团队联合创业的模式,为集团业务的发展注入新鲜的血液,并诞生了"私人订视"等一批优质的创新、创业项目。

资料来源:本案例取自暨南大学创业学院创业人才研究所2018年年会报告。

思考题:

(1) 珠江数码内创业体现了中华文化哪些智慧?

(2) 珠江数码内创业人才管理对我们有哪些启发?

1. 企业内创业人才

在第一章中介绍了内创业概念,它是在企业内部的创业,但它不是企业持续的创业,而是借助于企业内部资源,为公司增加业务内容的创业活动。它不完全是企业的投资活动,相对兼并新的业务,而是以企业内部员工为主的创业活动。它可以与创新相结合,但更多的则是用创业的思维与管理方法去开展新的业务。能够完成这种创业工作的人称为内创业人才。

内创业人才有下列特征。

(1) 他们是执行力强的员工,做事动作快速有效,表达意思清晰明了。

(2) 他们善于分析,在做任何事之前总是喜欢问为什么?根源是什么?动机是什么?有创业思维的人都有一个共同的特征:善于挑战问题与积极解决问题,没有抱怨,时刻保持工作的激情,善于分析深度的问题与总结成败原因,积极投身工作。

(3) 他们是成长型的员工,做事总是喜欢挑战、突破、高标准,做事不会计较太多,注重成就与责任,同时更注重资源的整合与团队建设。

(4) 他们忠诚于企业,最重要的是他们会将自己的业绩作为企业的业绩,不愿意离开企业,有忠诚于企业的情怀。

这些创业型的员工在创业以后,会有如下表现:愿意付出,常常做一些超出自己工作范围的事,从中得到更多的知识与经验;更加积极调动自己的资源来完成工作,也会借助企业的资源实现他们自己的目标。有一些创业团队过于独断专行,对自己太过高估,也有的把成熟的企业那套办法转移到创业企业,他们的母体面临着新的管理问题。

2. 内创业人才管理

企业人力资源管理包括选人、用人、留人及育人。

第四章
创业团队管理

企业留人:薪资还是文化?

2008年以来,某箱包生产企业A面对激烈的竞争,公司业绩一路下滑。2009年第四季度,公司财务出现巨亏,营业收入较上年同期下降35%。为扭转发展颓势,公司领导决定从节约人工成本入手,将本就低于同行业水平的员工收入再降20%,由此引发员工强烈不满。公司本来就管理不善,缺乏激励,即使业绩突出的员工也很难晋升到更高职位;部门及员工权责不分,有事互相推诿。员工积极性遭受严重打击,不断有员工特别是公司核心骨干陆续离职,2010年年底,公司员工离职率更是高达50%。

思考问题:
(1) 公司为什么会流失如此多的员工?
(2) 公司应当采取什么策略来应对人才流失的现状?

在日常的企业管理中,为何那些高管拿着高薪,做了几年时间还是会陆续离开公司呢?原因有可能是企业的成长与自身的成长存在一定的矛盾,于是这些高管就放弃了在他人眼中羡慕的职务,开始另立山头,自己做起了老板。这就提出了一个问题,企业到底要不要培养创业精神?以前的答案似乎是,如果培养了创业精神,企业就等于是为自己培养掘墓人。因为这些高管出去创业多会成为自己的竞争对手。但现在有了新的答案,这就是让他们在企业内部创业,这样既可以实现他们自己的理想,也可以避免他们成为企业的竞争对手,还可能会让企业利益增长。这就是企业在内创业管理中实现企业与员工双赢。

在内创业管理中实现双赢,需要培养内部创业型人才。如何在企业内部培养创业型人才?这取决于诸多因素,首先,创业内部是否允许员工有创业的机会;其次,如何让员工既创业又能够为企业创造价值;最后,如何使创业员工与企业保持相同的核心价值观与使命感。

(1) 培育内创业文化

如果把企业内部的创业培养成一种体系和文化,那么这已经超越了公司经营的本质,它具有创业型企业特质,它可以有助于不断自动涌现创业型人才。积极的文化造就积极向上的员工,消极的文化造就抱怨的员工。创业型企业的文化是积极进取的文化,如果企业给予每一位可能发展的员工这样的机会,这种文化就会逐渐建立起来。内创业文化包括:第一,机会永远在外部,市场的需求永远没有止境;第二,企业可以给那些有创造力,特别是给予那些愿意担当的员工以支持,企业是个人价值实现的最好载体;第三,在企业工作,而不是离开企业是有可能的,更重要的,它是一种荣耀,踏踏实实工作是一种荣耀,做开创性工作更是一种荣耀。

企业需要排斥那些在企业拿工资,只完成基本工作,经常以"我没有错误"作为理由的员工;企业可以不采纳一些新的设想,但要对提出新设想的员工给予鼓励,以营造人人都想借助企业创业的氛围。

(2) 建立科学有效的转岗机制,培养全面思考的能力

一些企业出于专业化的追求,不愿意让管理者轮岗学习与锻炼,其实这种做法本身是无助于企业成为创业型企业的,也不可能造就出有创业精神的员工。企业应注意培养具有全面思维的员工,整个企业都应该学会授权与监督、考核与评估,学会如何用人;学会如何理财,懂得收益判断和控制财务风险,了解税法,知道如何进行财务监督;经常参与营销方案讨论,请员工提出建议;对产品功能和生产过程的知识做适当的普及,经常在企业内部组织讨论服务流程存在问题的解决方案,特别是面对投诉如何应对。这样做的好处是,员工在企业的培训中拥有了全面思维,了解企业运作态势,理解别人的工作,也可以从外行角度提出新的见解,更重要的可以让大家不再惧怕创业。

(3) 提供必要的资金支持与培训辅导

在企业经营允许的情况下,可以建立一个创业基金,通过对员工的创业想法与行业评估来确定是否值得去投资或提供帮助,以丰富公司的产业链,打造多元化的合作模式,与其投资与开发外部的合作伙伴,不如挖掘企业内部的人才潜力。企业在条件允许的情况下,可以建立战略规划与培训辅导的部门,帮助那些有创业想法的优秀员工,规划前期的创业准备与市场分析工作。把公司的成功经验总结成培训方案,分享给他们,让他们能够快速地找到方向,运用正确的工作方法,从而有效地去运营创业项目。在创业型企业中,企业家要学会如何"种树",以提高创业的成活率为目标,为企业,也为员工提供支持。

3. 企业内创业团队的管理

企业经常组建项目小组开展研发活动,目的是实现企业创新。通常并不是以内创业方法来组织,而是建立分公司,形成新的事业部。但是如果企业愿意把这样的研发以创业团队的方式运作,即以项目为基础,以独立的法人运作,如果有创业者参与持股,那么这样的机制就是团队内创业了。

然而,从内创业概念本身看,员工主动参与,而不是指派或任命,更具有市场化特征。如果能够保持企业自下而上,企业的员工有足够的内创业动力,能够让员工主动发现问题,提出解决方案,估算未来市场规模,制订商业计划,剩下的就是企业如何高效率地组建团队,并在企业资源充分配合下,促进创业成功率的提高。

曾经有一家公司(通用电气)在其领导者带领下做了根本性改造,他们每年评选三个创新团队。其鼓励政策是可以在公司内部调用员工组建团队,可以使用公司实验室,可以在三年之内没有工作责任目标。虽然这是以创新为目标的管理制度创新,但对内创业企业也有一定的参考价值。

珠江数码对创业团队的定义是,通过创业大赛进入企业的都可以被认定为创业团队。公司以其业务增值服务为主线,评选参赛项目;公司以一定的空间、资金等条件给予支持,并进行项目辅导,这是投资机制和孵化机制。还隐含着对创业失败者给予免责。这些经验也可以作为创业团队管理的参考。

第四章 创业团队管理

五、案例精读

马化腾的创业团队

一个成功的创业团队不仅需要专业技术人才,同时也需要营销、管理、法律方面的人才。腾讯的成功得益于马化腾的卓越才能,然而,成功的企业需要有完善的经营、管理团队作为支撑。在大学期间,马化腾就拥有一种很可贵的能力,他可以找到很多与自己优势互补的人,结成合作伙伴。腾讯五位创始人中的张志东、许晨晔和陈一丹,便是在这个时期和他建立了牢固的友谊。

张志东,曾任腾讯执行董事兼首席技术官。他在计算机方面很有天赋,拥有 IT 行业先进的技术技能。QQ 软件的架构设计于 1998 年,腾讯那时只有几百万用户,如今,用户涨到数以亿计,依然在使用当初的架构,这些与张志东的才能密不可分。

许晨晔,现任腾讯首席信息官。首席信息官的成功标准为是否帮助企业建立了竞争优势,帮助业务获得了成功。移动 QQ 业务给腾讯带来了"第一桶金",当时也有企业在做相同的业务,但是腾讯把它做到如此巨大的规模,并且很好地处理了它和其他业务的平衡,许晨晔功不可没。

陈一丹,创业之初任腾讯首席行政官,负责公司行政、法律、政策发展、人力资源以及公益慈善基金等事宜,同时还负责管理机制、知识产权及政府关系。拥有律师执照的陈一丹为腾讯自主知识产权的保护,以及通过参与公益慈善活动树立良好社会形象作出了巨大的贡献。在他的努力下,腾讯成为倡导健康文化导向的代表性企业。

曾李青,创业之初任腾讯首席运营官,负责腾讯业务和产品推广工作。腾讯成立之时,为了保证公司的生存,曾李青利用自己出身电信的背景和关系,帮公司寻找各种电信业务。OICQ(QQ 前身)原本是腾讯与深圳电信的合作项目,由腾讯负责产品开发,开发完后以 60 万元售予深圳电信。但产品研发完成后,马化腾希望由腾讯自主运营,深谙电信采购之道的曾李青用"要求加价到 200 万元"的方式终止了合作。因此,腾讯今日的成功离不开曾李青的远见卓识和谈判能力。

马化腾组建的腾讯核心团队中,每个成员都有自己的优势。合理的股权分配和工作分工让这个团队既能充分讨论问题,也没有因为局面失控而导致效率低下,这是他们走上成功道路的重要基础。

案例思考题:

马化腾的创业团队有哪些特征?这些特征为腾讯的成功创业奠定了什么基础?

六、创业思维训练

角色扮演:确定企业的人员组成

本训练主要是让创始人(团队)合理地选择创业合伙人和其他人员组成。当你通过市场调查,确定了所要创建的企业将要生产什么产品或者提供什么服务后,可以制订详细的创业计划书,接下来就是要组建一个能够落实创业计划、进行有效生产和经营活动的创业团队,也就是企业的人员组成。一般情况下,在创业初期是不需要太多的企业人员的,创始人的主要工作是开发创意,制订目标和行动计划,组织和调动员工实施行动计划,确保计划的执行,以达到预期目标。这就需要在原有创始人的基础上寻找一些可以帮助企业具体开展业务的人员。

学习目标

1. 了解自己所要创办企业缺少的资源。
2. 如何组织面试,以了解招聘对象。
3. 如何对进入企业的人员进行"人尽其才"的分工和激励。

训练所需材料

1. 角色扮演所需要的面试场景,如面试室、桌子、椅子。
2. 3～6份(具体可以根据培训需求准备)不同教育背景的个人简历。
3. 培训需要的纸和笔。

训练步骤

1. 培训教师根据需要,将学员分成三个小组,每个小组设计一个创业项目,并对创业项目进行描述,尤其是要重点突出企业目前在落实创业计划之初所缺乏的创业资源,为了训练能够运行合理,三个小组要设计不同的背景。例如,A企业:目前有两个创始人,一个核心领导者,负责企业的整体战略,包括发展目标、价值观、组织和协调企业各种社会关系。一个跟随创始人,主要负责产品的研发和市场开发。但企业缺乏落地的资金,曾在投资市场试图融资,但没有成功。

2. 每个小组认领一个创业项目后,小组成员讨论企业所缺乏的资源或人员,并形成招聘方案,且做好面试准备(比如面试的流程和问题)。这个阶段要形成书面资料,以备训练后段分享。

3. 在所有学员里面找出6名同学扮演应聘者,将提前准备好的6份不同背景的简历分发给他们,每个人有5分钟的时间了解自己所扮演角色的所有情况,重点强调应聘者回答问题时必须以角色特征来回答问题,不可以随意发挥,改变预设状况。

4. 为三个企业(小组)准备相对独立的面试场地,6名应聘者分别前往三个企业进行面试,也就是说每个企业需要面试6个应聘者,每次面试时间控制在6分钟以内。

5. 面试结束后,每个企业应进行小组讨论,确定自己想要的人员,每个企业录用不能超过2人,并向被录用者发送录用通知书。

6. 企业根据面试结果,简单画出自己企业的人员组织架构。

7. 请每个企业选择一个发言人,进行5～10分钟的陈述,说明录用该员工的原因和分工理由。

提示

1. 企业设定时,三个企业的状况不能一样,最好差别较大。在预设企业所缺少的资源时,要以6份简历为基础,以便企业可以招聘到自己想要的员工。

2. 角色设定时,一定要预设至少1位与企业所缺人才相互补的背景,但也可以适当安排2～3份干扰简历,以备反向教学所用。

3. 企业预设状况和简历预设状况不可以让其他人知道。

七、课后思考题

1. 列举你所熟知的创业者,并作对比,觉得是团队创业还是个体创业的成功率更高?
2. 收集一些创业失败的案例,用本章学到的知识分析其失败的主要原因,即分析在团队建设上是否存在致命缺陷,并提出改进措施。
3. 总结一下,成功的创业团队都有哪些共性?
4. 假如你要组建一个创业团队,你会选择什么样的人作为你的队友?

第五章 创业机会及其识别

本章要理解创业机会,理解创业机会的重要意义和对创业机会的识别与判断,基于中华文化去挖掘创业机会,重点掌握什么是好的创业机会。

关键词:创业机会;机会识别;机会窗口;机会利用;机会挖掘

e 代 驾

e代驾产生于酒驾被严格惩罚的制度环境下。"酒驾"和"醉驾"是自2010年以来治理喝酒驾车出现的概念。依据喝酒驾车会带来安全的社会问题,重者可能要受牢狱之苦,丢掉公职。在这样的严格惩罚下,开车与喝酒形成了矛盾,其背后存在着中国的国情。人们是否可以不喝酒?不行,中国是一个人情社会,经常面临着喝酒与面子的关系。中国又是一个以喝酒为媒介的社会,不喝酒就不能充分交流。不开车不行吗?不开车存在着不方便,不仅拎着酒很重,很吃力,也可能会遇到熟人不好应对。而打出租车去酒店,也存在着等车时间的不确定性,打车的费用也不会太低的问题。一个制度的出现,让这些原本看起来没有意义的因素,全部变成了机会形成的前提。现在还不是机会,因为此时"代驾"的概念还没有形成,需要一家公司,把"人人都是司机"这个社会现象加以认识和利用,建立一个平台,让那些愿意在晚间当业余司机的人出来,帮喝酒的车主开车回家。这个平台需要对司机进行管理,对其身份进行认证,为其提供寻找客户的工具,提供双方的安全保障,还要对代驾服务进行定价,最重要的是这家公司需要人们习惯使用这个平台。此时e代驾就开始推广他们的平台,一举成为中国人最需要的网络平台之一。现在人们已经在生活中深深依赖这个平台,把它变成了生活的一部分。如果谁想喝酒,就会被建议找代驾。

思考题:e代驾利用了哪些因素为自己创造了机会?

一、以中华文化理解创业机会

1. 机会为何重要

机会是创业学说的核心概念。管理学研究的对象多是稳定的常规变量,这些变量来自稳定企业运行的参数,机会没有一席之地。但机会对一个企业发展而言,是一个重要

第五章
创业机会及其识别

影响因素,以机会为对象展开研究使创业学独立成为一门学科。但是机会的重要意义并不仅仅在于它影响到学科的独立性,更重要的是它也是影响创业成功与否的重要因素。

(1) 机会的内涵

机会就是可以利用的外部条件。根据利用的目的,可以将其分成许多种机会,这里我们只关心创业机会。在这里,创业机会等同于商业机会,尽管商业机会比创业机会概念更大,但是创业机会首先是商业机会,它为新产品、新服务或新业务营造满足的有利环境。这里商业机会也就是创业机会。

商业机会的内涵有下列几个。

第一,机会是营造出来的,是把各种可能的条件都利用起来形成的供给与需求的对接方案。它不再是问题,也不再是需要,而是可以满足需求并让客户接受的具体商业方案。机会的本质是嫁接需求与供给,而不是单纯针对一个方面。

第二,机会是多种因素的巧合,这些因素不是企业能够左右的,而是由外部决定的。通常机会只能被利用,而不能被创造,但并不包括有时候会因为其他条件都已经具备,只欠缺了技术方案或者技术方案的某个要素,需要进行研发。机会发生的重要标志是一切"刚刚好"。

第三,机会的价值在于它可以被利用,机会只有被利用,才有意义。所谓有利,是指那些能够利用机会之人,他们具备这样的可能。所以,虽然外部经常有机会,但不是你的,原因在于对你利用它并没有利。所谓有利,是指可以为创业者带来预期的商业利润或提升企业价值。

第四,机会是客观的,是不可控的,也是在不断变化的。人们只有主动认识机会,才会发现机会,正确识别机会是商业能否取得成功的关键影响因素。

(2) 机会的性质

机会有下列性质。

① 经常存在。机会是各种条件的结合,条件每天、每时、每刻都在发生着变化,重新组合就可以形成新的机会。条件也时刻让人们觉察到、重新发现、再次组合。不论客观变化,还是主观变化,都可以形成新的机会。

② 不易察觉。多数机会都处于隐蔽状态,因为人们有一个弱点,就是不愿和不会把不太相关的因素联系起来,但是如果一旦联系,可能就会形成思想的飞跃。高速公路服务区可以和什么关联? 由于高速公路是垄断的,所以没有谁想可以分享一些资源再提供给消费者。但是,在服务区,孩子们如何休息,老人如何休息,爱玩的人如何休息,想吃的人如何休息? 按这样的方式去思考可能就找出了机会,而且实现起来并不难。

③ 转瞬即逝。机会有长短,看如何定义,但从历史的维度,机会是有时间长度的。一方面,机会的条件可能会变化,所以会导致机会转瞬即逝;另一方面,利用机会的人越来越多,把机会给瓜分了。

④ 有机会也有陷阱。机会可能是利益,也可能是一个陷阱。一方面,错过了机会,又觉得不能放弃,在机会基本上已经消失之前进入,则会落入陷阱。另一方面,判断机会可能会有失误,一旦失误必会落入陷阱。

机会既是经常的,又是稀缺的。在中华文化中,有一句话叫"不打无准备之仗",讲的是机会来了,你刚好准备好了,马上就应该行动;或者机会来了,差不多准备好了,有点胆量的,也可以行动了。患得患失者最不可取,在机会面前犹犹豫豫,总想万无一失,这已经没有机会了。如果用一个比喻说明机不可失,那就是一列火车即将发动,你抓紧登上,这才是意识到机不可失。怕失,而不怕冒进,是机不可失的创业原理。

2. 创业机会的内容

人们经常会面临许多的机会,也经常错失机会。要使机会有利于自己,需要创业者掌握创业机会的内容和来源。

(1) 从市场角度看,创业机会有四个维度的内容。

一是创造出一个新的产品或者新的服务所产生的机会。既包括这一产品或服务开拓出的市场需求,可以让跟随者进入市场,可以给市场带来一系列的需求变化,也包括产品使用过程中配套需求的增加和产品制造过程中对供应链上的需求的增加。

二是创造一个新的市场所产生的机会。把某国或某地区产品及服务引入其他国家或地区,也可以创造出新的市场。通常新需求发生在发达地国家和发达地区,但随着收入提高,那些中等收入和低等收入的国家和地区也会受到诱惑和启发产生需求,这是重要且容易识别的创业机会。基于此,创业者应该有一个信念,那些落后地方早晚要享受到发达地区的产品和服务,所谓的以逸待劳多是指这种机会。

三是构建新的商业模式带来的机会。这是影响需求并形成创业机会最为重要的模式,近年来新的商业模式层出不穷,让许多平民百姓成为影响世界、改变世界的商业巨子,在很大程度上是因为商业模式的创新。最典型的当属谷歌和百度,它们本来是借助互联网做公共服务,以人们提供的答案作为人们查阅的内容,以阅读频率作为"正确"的根据,作为由读者提供内容的公共平台,却因为注意到人们阅读习惯让屏幕存在着"租金收入",可以把容易阅读到的位置出售,将百科全书式的公共工具变成了隐形广告,也成为它们自己的重要收入来源,从而成为世界和中国创造财富的重要代表企业。它们的商业模式创造了一种全新需求,让人们对此产生了深深的依赖。它们的网络化和模糊搜索功能,让人们随处可以使用这一工具,而不会忘记,也挖掘出新的资源并创造了巨额利润。谷歌出现以后,引起了不同语言之间商业模式的模仿,它们几乎不存在竞争关系,各自以语言不通为假设,服务各自市场,让这种商业模式得以流行。

四是挖掘新的功能。创业者可以利用产品实现不同的功能,比如说传统的微波炉功能都是加热,应用了新技术的微波炉可以解冻,微波炉就成为一个专门解冻的厨房用具,这样可以拓展微波炉的市场需求。好的营销员多会从顾客角度提供这样的功能推介。史玉柱把脑白金作为礼品,创造出了一个尽孝的市场,进而满足市场的需求。3M公司开发最强力胶水出现失败,竟然被一位员工重新定义了使用的场景,成为不需要结实的、便利贴的创意源头。

(2) 市场之外,许多环境因素的变化也可以形成创业机会,这些因素包括:

一是政策、法律环境变化。创业者通常会基于税法、公司法以及各种政策来预计未来,进行决策。当这些因素发生变化时,创业者通常会改变决策,由此形成的机会出现与消失。双创现在已经是中国的基本国策,许多政策和制度都是建立在推动双创行动之上的,这是一个大好的机会。试想,如果能够减免20%的所得税,相当于可以有20%的利润率提升,这是一个正常经营很难达到的状态。如果政府还承担了许多创业者可能面临失败带来的救助责任,那更是一个创业机会了。除此之外,政府的规划与决心也会带来创业机会,因为它多意味着政府会在相关领域进行投入,为创业者提供便利和条件,也通过投资带来机会。

二是气候环境变化。气候环境会改变生产和消费环境,进而形成创业机会。地球变暖会增加空调的需求量,也增加了电力的需求;地震和台风会增加建筑安全的需求,从而为创业者提供了机会。

三是资源结构变化。资源的生产与需求结构对利用资源进行生产和消费都会产生影响,当某种资源生产成本下降,必然会通过这种资源用量的增加带来机会,也会给其他相关资源用量减少带来压力。石油作为最重要的能源,当世界能源消耗快速上涨拉动能源价格普遍上涨时,为俄罗斯以及进口它们石油的创业者提供了机会。

四是人口统计数字变化。比如人口结构变化、兴趣爱好变化、文化取向变化以及审美倾向变化等都将成为创业机会的重要来源。中国独生子女政策和二胎政策都直接影响到人口结构,进而影响到创业机会。新文化的传播会改变人们的价值判断,也带来新的创业机会。近年出现的网红现象,为创业者提供了一种新的创业方式。

此外,国际关系变化,科技、体育等重大事件,卫生以及特殊性灾难,都将成为创业机会。

世界永远都在改变,变才是不变的,各种变化都会带来机会。从不同角度去观察变化,找到创业机会,这是一种积极的对待机会的态度,也是从本质理解机会。

3. 创业机会的判断

衡量创业机会好坏有两个重要维度,分别是可实现性和价值创造。

第一,可实现性。创业机会必须是可以转化为商业化产品或服务。如果一个机会不可能转化为产品或服务并商业化,那它就不能叫作自己的商业机会。其包括产品或服务是否可通过一定技术转化或实现,以及产品或服务是否能形成商业化过程并得以持续等。

第二,价值创造。创业机会必须能为顾客创造价值,这要求产品或服务能为顾客带来实实在在的利益,有更好的产品功能、更高的质量、更便利的使用和维护、更多的附加功能、设计更加新颖等,有了这些实实在在的利益,产品相对于同类产品的附加值才会提高。

一般而言,好的创业机会可以将这两个维度加以分解,形成四个评价指标。

(1) 有吸引力。有价值的创业机会应有需求旺盛的市场和利润,使企业不仅可以持续,并且可以通过其商业化得到发展。较大的利润空间会使得新业务有较好的现金流,而且对各种优质资源具有更强的吸引力,特别是对投资者有较好的回报。

(2) 持久性。有价值的创业机会会由于技术或早期壁垒的建立等因素影响,使得跟进者少,而延长了其成长和发展的时间期限,这就使得这个创业机会具有持久性。

（3）及时性。有价值的创业机会能很快地满足社会出现的重要问题或愿望,解决发展中可能出现的障碍。这样的创业机会不仅具有经济价值而且具有社会价值。

（4）差异性。有价值的创业机会还应该使自己区别于其他竞争对手,能提供既有差异,同时又足以提供能够吸引更多消费者的产品或服务,其本质就是要形成进入壁垒,在满足顾客需求全过程的某些环节中形成与竞争对手的差别,形成竞争上的优势,尽量避免价格战,提升利润空间。

4. 基于中华文化的创业机会

为什么中国只用了40多年时间就成为世界经济大国？为什么在世界许多华人集中的地方,他们在政治上没有多少追求,却在商业上屡创奇迹,成为当地的商业主流？只因中华儿女勤劳、节俭是不能做出合理解释的,可能的一个重要原因是受到中华文化的影响,华人有一套对机会的深刻认识和把握机会的理念以及方法。

（1）重视机会、强调行动

在中华词语中,"机不可失"和"当机立断"都是经常使用,是出现频率最高的成语之一,这都表现了中华文化对机会的重视和理解。

人们经常说"机不可失",是讲机会稍纵即逝的特性。的确,相同的机会往往只有一次,人们希望重新回到1998年,那时中国的房改还没开始,房地产业也没有创造出中国的首富;那时的电子商务刚刚出现,马云和马化腾的公司也都刚刚成立。但是,人们只能后悔那时没有认真对待出现的机会,而没有办法让历史重演一次,机会归了他人,你只能作看客。机会不会重新出现,一旦过去,就永远过去。因此,需要当机立断,如果不采取行动,说明你还没有意识到那就是机会。只有用行动证明自己的判断,才是真正的判断,说得再多,都不能证明你确信那是一个机会。

确认机会需要勇气和魄力,因为无法用历史经验证明那是个机会。特别是在创业的道路上,重复的机会是不存在的。在这个意义上,中华文化对机会有着特别的认识,它要求人们重视机会。"宁可信其有,不可信其无",宁可相信是一个机会,也不轻易否定机会,特别是对于那些急于寻找机会的创业者来说更是如此。

（2）以静制动,乘机而动

"有机可乘",是一个描述人们利用机会的决策现象和思考过程。其含义是,如果机会存在,就应该利用机会全部或部分地实现目标。这需要以静制动,不是主动发现机会,而是等待机会的出现。

在商业实践中,有可能是别人探索、发现和创造的机会,你只是一个受到提醒、认识到这是一个机会的旁观者。但是,这并不影响你对机会采取行动,先注意机会的人可能没有行动,或者行动了,动作不快、不坚决、不果断。但市场需求膨胀更快,给你留下了空当,或者存在着利用产品与服务质量的漏洞的机会,你可能不是做得早,却有可能是做得最好的人。关注机会是中华文化中的一个重要特点。近年在中国大陆出现各种互联网创业项目,其创业者多具有这样的特征。

有时,等待对创业者来说,其意义在于不会分散资源。但,只是等待也会失去机会,成功的创业者往往是恰到好处地激动、决策并行动,在没有足够理由激发自己的时候,还是应该蛰伏以待天下有变,然后一鼓作气完成事业。

(3) 抓住机缘,放大机会

成语"一线生机",意思是机会的大小并不是固定不变的。多数而言,机会只有微小的意义和存在的可能,甚至获得这样的机会希望十分渺茫,但对创业者说,它有可能是唯一的机会。对此,创业者必须放大这一机会。首先,要把这一线生机看作巨大的机会,比如一个很小的赔本的生意,要比长期不开张好得多,这是你的起点,需要创业者给予极大的重视;其次,也许就是因为极其重视,才把这一机会给放大了,因为创业者的态度和做法征服了需求者,培育了需求或者转移来了新客户。

把任何的可能都当作机会,愿意牺牲,以诚恳、感人至深的态度无怨无悔,都可以成为放大机会的起点。中华儿女走遍天下,没有现成的机会等待他们,他们多数都是以积极的态度抓住机会创立事业的。

机会不是死的,"随机应变"是中华文化灵活性的重要表现,对待机会也要有这样的态度。顾客提出的问题,发表的抱怨,泄露出的不满,都是新需求的萌生,都意味着一些机会的到来。如果说创业者只等待着某种特定的机会,那么机会也许就包含在其中。"开卷有益"应该是创业者的基本商业理念,也是中华儿女应该持有的对机会的态度。

二、创业机会的识别

送盒饭送出来的创业项目

2008年,有一个西安的女大学毕业生找到了一份送外卖的工作。有一天,她去一栋写字楼给客户送盒饭。写字楼里有个姑娘对她说:"你们天天就送这几样,能不能换个新花样。"这个女大学生当时马上回应说:"你需要什么?我去给你再重新订下。以后你想要什么我都可以提供。"这个女大学生后来创建了一个很大的物流企业,专门做送盒饭的生意。她为送盒饭的工作设计了一套新的商业模式,用专用的保温车来直接送盒饭给那些写字楼中的白领。一盒饭从离开这个饭店到顾客的手中,利润大概为1/3,比如说10元钱,大概有3元钱的利润。而如果有一套物流的保证,假设西安一个中午,大概有100万人需要外卖,乘在一起大概有300万元的毛收入,去掉保温车和一些物流的费用,纯利润也很可观。如果创业者将这套商业模式再进一步改进,可以编写一个软件来管理,盒饭由别人来送,创业者的企业就变身为软件公司了,这实际上就是"饿了么"这个企业的商业模型。

思考题:
(1) 故事中的女大学生是如何找到创业机会的?
(2) 故事中的女大学生是如何分析这个创业机会的?

1. 为何天机不可泄露

机会是不是普遍存在的?这是一个重要问题。那些没有抓住机会、丢掉机会的人认为机会不多,但实际上他们错了,机会永远存在,只不过改变了形态和表现。然而,机会并不会明显地暴露在所有人面前,那些已经被确认的机会多是已经被利用并被创业者商业实践证明的机会。为什么有的人能够看到机会,而有一些却看不到机会呢?区别在于人们识别机会的能力。机会在人们的面前是平等的,但人们识别机会的能力却是不相同的,所以,机会并不是公平的,而是因人而异的。

能够识别机会并利用机会,是创业的第一步。

(1) 创业机会识别是创业成功的基石

整个创业过程是基于创业机会展开的,没有创业机会的发现和识别,整个创业就无从展开,没有把握创业机会的创业,失败是不可避免的。所以创业企业一定要先对市场机会进行调查、研究,从征兆中进行把握和识别,有机会才去创业。如果根本没有发现机会,而只是随潮流去创业,或者只是听别人说哪个业务能赚钱才去做,没有自己对机会的识别,是很难获得成功的。

(2) 创业机会识别可以大大降低创业成本

创业成功者往往是在创业之前进行机会识别的,可以根据对机会的认知进行深入的调查研究和策略规划,有了深入的研究之后就可以在创业之初避免很多的错误行为。这样可以大大降低成本,提高创业项目的成活率。

(3) 创业机会识别是成功的决定因素

你对机会是如何识别和把握的,你的成功就会是什么样的。如果你原来认为是一个小的机会,到最后它只是一个很小的利益,那你就可能只在一个极小的市场上取得成功,而不是一个大市场,那这个小市场则很有可能在激烈竞争中败北。所以机会识别会影响到你在市场上能存活多久,获得多大成功。

识别机会需要创业者的判断力,因为有些机会可能是转瞬即逝的,有一些则一开始是很难识别的,但却可能代表了一个长远的发展趋势。能否对机会进行正确识别是考验创业者的重要因素。我们可以看到:缺乏远见将导致创业目标的立意不高,未来处处被动,缺乏冒险精神将导致机会错失与被动挨打;而有了远见、冒险精神却没有一套行之有效以及强有力的执行方法,同样导致竞争力的缺失。在机会转瞬即逝、资源处处匮乏、团队实力不强的恶劣环境中,创业者如果不能依据自身核心能力以及实际情况摸索出一套适合自身的竞争方案,那么所有的问题都是问题,所有的问题集结一起终将湮没创业的激情。

2. 创业机会识别

(1) 创业机会识别的障碍

是不是每个人都能够像上面故事中的那个女大学生,或者是像"饿了么"选择的企业,轻松地找到创业的机会呢?其实不一定。

实际上,故事中的那个机会很早就有了,只是有些人在机会面前反应迟钝,没有发现。有些人能够发现其中的机会,但由于面子的问题而不去做。面子的障碍多是伦理性障碍,从观念上不能接受这个行业。其实创业者如果转换一下角度,把自己定位成一个食品物流公司,就可以化解这个伦理性障碍。但如果定位成是送盒饭的,周围的人都会变得不理解,不支持,特别是来自家庭的意见,可能也会不赞同。总结识别创业机会时遇到的障碍,主要起因于思维模式,和道德与伦理(或称作职业伦理)。如果创业者能够突破惯性思维和职业伦理的障碍,调适好心理状态,就有可能识别和抓住那些大家司空见惯的创业机会,做成大事业。

(2) 问题与机会

问题是机会的起点,发现问题是发现机会的开始。急迫、尖锐的问题又被称为痛点,它经常是人们从顾客角度理解机会真伪的前提,如果一位创业者能够很好地描绘一个既生动具体,又有足够规模的场景问题,提出了解决方案,这便是抓住了痛点,那么创业者对机会的把握多半会被认为具有可信性。

问题多存在于日常生活中,解决了一个问题,又会出现一个新的问题。每当形成新的消费行为时,就隐藏着一些其他问题:4G以后,手机的功能性增强,更加成为人们的贴身工具,在器官延伸的同时,也带来了对眼睛的损害;汽车提高了人们行走的速度和舒适程度,却带来了交通安全问题。常常会生出对物质生活的不满足:水杯方便人们喝水,但不能保温,保温成为人们的需求;马桶方便冲水,但夜间会因为马桶盖的声音影响其他人休息等。对生活和生产活动的细致观察可发现问题,只要有足够的生活观察能力,就可以发现各种不如意,这些不如意,同时也会存在于生产过程之中,影响着质量、成本、安全、环境等各个方面,这些都可以构成问题。问题的本质是不满意,如果创业者缺少精益求精的极致精神是不可能发现人们在生产和生活中存在的不满意的。相信世界总存在着不满意,也相信世界总能够进步,就会形成洞察问题的动力,主动发现不满,取悦于顾客,以不断提高创业企业服务力,获得成长的机会,是极致精神的核心。

观察人们的不满,将不满提炼成为需要解决的问题,再将问题推而广之,看是否是一个根本性和普遍性问题,确定了问题的性质,再看能否提出解决问题的方案,如果马上能够解决,这等于发现了一个机会。这个观察—提炼—确认—解决,构成了一个循环,是一个机会发现过程,也是创业与生活的交会,让创业与生活更加一致。

主动发现问题的人,经常会发现属于自己的机会,因为你是借助你的顾客发现的机会,你提出的改进方案恰好是他们以及他们周围的人都迫切需要的,从这个角度说,发现问题就是发现机会。当然,如果你能够针对问题提出一个解决的方案并且能够组织实施,机会的不确定性会大大减小,创业成功的机会就会大大增加。我们说,发现问题比现成的机会意义更大,其价值就在于此。

(3) 直觉与机会

什么是直觉?灵感、顿悟、预言都是直觉。直觉是简单判断,起着横向联系、突发奇想和思维跨越的作用,直觉在很大程度上也是一种简单的信念树立。在商业领域,在科学发明当中,都存在着直觉的作用。

直觉的作用有两个特点。

第一,解决性。所谓的解决性是指针对问题作出简单扼要的判断,给出明确的定义,从而让问题变得十分简单和直接。上面案例中,定位是送盒饭的与做食品物流的,存在着很大区别。前者是只讲结果,没有解决方案;后者不仅有结果,还有解决方案,而且技术含量并不低,从而可以让创业机会更加明确、简单。创业机会之所以能够成立,是因为这样的定位可以让自己兴奋,也能够让人们理解和接受,在化解职业伦理障碍中获得外部支持。解决性不仅指为少数人提供解决方案,还可以推而广之,为更多顾客提供相同的解决方案,为未来提供一种预见。比如上面案例中,是针对西安,粗略估计是100万人,将这一数字作为假设,以初步估计未来市场。吃饭是刚性的需求,用新的送餐方式可以为这些人解决问题。也可以对所获得的利润做个初步估计,为自己做的商业方案做简单判断。

第二,创造性。上面的故事看起来很简单,但是经过分析和改造以后发现它是一个创造,在市场不断应用中,已经成为懒人经济的重要代表。直觉能够创意,主要在于它可以把看起来没有关联的事情联系起来,加以本质化,整合和利用其他相关技术,改变原来概念的内涵,从而起到引导自己的新的思考方向的作用。显然,只有将事物本质化,才可以把不同事物联系起来,产生新的事物。

直觉在创业过程当中是非常重要的,但仅仅有直觉思维还不够,最好是将直觉思维和逻辑思维结合在一起。逻辑思维是指正确合理思考的能力,通过比较、观察、分析、综合、抽象、概括、判断、推理等能力,来形成一些事物之间的关系,或者是找到一些证据,或者是表达因果联系。只有把简单的直觉作为起点,把逻辑思维作为保障,才可以让机会得到确认。

上面故事中,那个女大学生能识别这个创业机会主要是靠直觉,同时也有逻辑思维来做后盾。她的直觉可能是:"如果我能够解决,这不就是订单吗?这是一个低风险并且能够让顾客满意的方案";然后她很快在脑子里做一个初步验算,估算可能得到这样一个结果,并且可能迅速做出了推断,如果从这家开始,每家我都能够订,按需求接订单事业将是什么样?于是,她心里想:"明天我马上就可以给你订,你要什么,我就给你送什么。"这个创造过程是在平息与顾客不满过程中完成的,并且以积极的态度实现了和解,思维也得到了飞跃。问题出现以后,就要认真进行验算和预估,再精心策划和组织实施,这需要逻辑能力。前面快速表达出来的是直觉和快速反应能力,后面精细研究是逻辑能力。这位创业者把两者很好地结合起来了。

3. 趋势、信念与机会

机会的识别在很大程度上,是对未来可能到来的特征进行判断,趋势识别是这一判断的重要方面,它又取决于人对趋势的信念。

所谓趋势,是从外部环境的众多因素中找到未来发展可能出现的因素,并可能形成潮流的现象。趋势是对未来的判断,具有很强的预测性和能动性,它有客观背景,有一定的数据支撑,但同时也有主观成分:一是判断数据真伪;二是依据的理论基础;三是依据趋势开展的行动;四是行为方式。2008年,受国际金融危机影响,出现了中国房地产价格下挫的情况,依据西方房地价格走向,认为中国一定会出现房地产业价格下跌的局面。但是,很快出现了房产价格的反弹,并且一发不可收,其原因是有其他因素对价格形成了影响,而周期因素的作用不大。中国市场经济不发达,非市场性因素很多,所以完全根据市场经济原理会出现判断上的失误。

趋势也是一种变化。如果有些征兆出现以后不再出现,可以判断它是一种偶然现象。但另一些征兆不时地反复出现,那么就可以初步判断趋势即将形成,对这类征兆就需要特别注意。作为发展中国家,多有一些发达国家经验可以参考,但是不能简单推断,而要做因素分析,包括经济因素、政治和制度因素、社会文化和技术因素等。

(1) 经济因素

影响消费者行为的根本因素是可支配收入,因为它决定着消费者的消费能力、消费结构和消费趋势,进而决定着为需求服务的所有产业链条上的各种供求关系。一般可以从以下几个方面来进行分析。

考察所在国家宏观经济处于何种阶段。按发展过程,分欠发达、工业化初期、中期、后期,以及发达等阶段;按经济周期,分萧条、复苏、繁荣。如果收入水平能够稳步提高,则消费会稳定增长并呈现有规律的结构调整。总体上呈现需求总量扩张、需求个性化、由物质需求向精神需求转变的趋势,高收入弹性的需求会不断形成消费。旅游、休闲、娱乐会越来越多进入消费,奢侈品也会逐步普及。中国在一线城市进入中等收入阶段以后,迅速依次出现了证券投资热、汽车消费热、房地产热,这也表明了人们收入提高以后,从温饱向富足转移的行为趋势。

考察区域经济中人均收入水平和特征。区域中,主要是指关税范围以内,比如中国大陆基本上是一个区域,对食品、服装、交通工具这类流动性商品几乎不存在流动障碍。新近出现的网红,此前市场上的电视媒体秀、互联网中的百度等,都是统一市场下的产业现象。那些不能流动的商品,如房地产,也存在着类似的影响。人均收入水平是分析消费结构的重要依据,高收入和收入快速稳定增长的地区会有稳定的消费结构变化,关注这些区域特征,可以发现机会,区域内人均收入达到什么水平,消费多会达到类似的结构。

考察经济基础设施。基础设施在一定程度上决定着企业和公众的交易成本、质量与效率,进而决定了人们消费行为。基础设施主要指一国或某一地区的运输条件、能源供应、通信设施以及各种公用的条件。因为社会共同使用,摊平公共基础设施的运行成本,降低了人们的使用成本,从而为生产和生活提供了方便,更加容易寻找、容易沟通、容易监督、容易结算,这些变化让新的商业模型不断出现,成为近年来一个重要的创业机会。

(2) 政治和制度因素

政治因素经常是创业机会的重要影响因素,一般需关注其国家的政府、法律和政策。比如 e 代驾,看似是与饮酒相关,但醉酒驾车行为经常会发生交通事故,引发法律纠纷甚至诉讼。近年各国都加强了产业政策,它们的变化对创业机会的影响也非常明显。

政治变化会形成新的创业机会。如"9·11"事件发生后,各国政府都出台法规,对于安全问题极为重视,由此产生安防产业、反恐的心理治疗行业、数码侦探技术和相关产业等,其中以安检设备市场最为兴旺。中国对安全生产管理的加强,对环境保护的加强都会形成新的创业机会。

一些国家的国体与政体、关税政策、进口控制、外汇以及价格控制、国有化政策以及

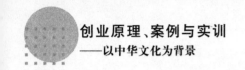

群众利益集团的变化会影响国际关系,进而影响国际分工,也带来了新的商机。一些具有国际影响力的大国政府的更迭,某种执政倾向的领导人的行为也会对创业机会形成影响。

(3) 社会文化因素

社会文化因素是指一定时期内整个社会发展的一般状况,主要包括社会道德风尚、人口变动趋势、文化传统、文化教育、价值观念、社会结构等。基于中国庞大的人口基数,市场有着巨大的潜力。近年,人口向一线城市流动速度加快,老龄化程度加大,年轻人消费更加追求新奇和短期化,这都导致了区域性机会的形成。世界人口的增长意味着消费将继续增长,世界市场潜力和机会将继续扩大。

文化因素包括一个社会的文化传统、生活方式以及道德习俗。在e代驾故事中,聚会喝酒是中国人根深蒂固的行为习惯,有着极强的刚性,创业者由此可以对机会作出确切的判定。

(4) 技术和自然因素

技术因素是指社会技术总水平以其引起的相关的变化现状,自然因素是指由自然形成的资源、环境现状。技术因素是人类社会影响和改变自然的主观能动作用,自然因素是人类社会必须面对的约束与条件。它们一旦形成,就会永远存在着刚性,也有着变化大、影响面大、影响持久而深远等特点。

新技术的产生能够引发社会性技术革命,创造出一批新产业,同时推动现有产业的变迁。这些变化为人类提供了方便,扩大了人类活动范围,增加人类的生活能力,也改变了产业结构。新产品的问世,不仅代替了旧有产品,也改变了人们的生活方式。历史上,彩色胶卷淘汰了黑白胶卷;自动打字机淘汰了全机械打字机;电脑打字机取代了电子打字机。这种现象叫"创新的破坏",它在提供创业机会的同时,也造成了一批机会的消失。新技术也存在着没有大的破坏作用的创新,它们的出现是为了完善和补充现有的生产和生活方式,如为新产品配套的服务业。这种创业让人们更愿意花钱,而不是转移花钱的方向,这种创业机会更加有意义。

自然环境为人们生存提供了条件,也形成了约束,改变这些约束多靠技术。但,如同任何技术都有负面作用一样,在借助资源和环境使技术为人类服务时候,也经常会出现技术造成的负面作用为人类所忽视,或者无法让人类承受的情况。交通拥堵来自汽车的大量使用,温室效应来自二氧化碳的大量排放。但是,一旦人们认识到这些约束,就会主动采取措施,两害相权取其轻,突出一个方面的重点,推进技术进步,从而形成新的创业机会。

新技术的使用催生出新的创业机会,众多创业机会的聚集又推动新的创业趋势的形成。趋势是客观存在的,如何在趋势中把握机会?这成为困扰创业者的重要问题。在千变万化的世界中,许许多多的迹象并不都会变成趋势。我们经常会遇到虽然英雄所见略同,但当你在犹豫的时候,别人早已经准备好的情况。机会带有很大的主观性,创业者能不能看到和抓住,变成创业者的现实机会,需要创造性理解机会,而不是简单地利用机会。这要求创业者做到以下两点:第一,要有信念,如果认为趋势是由规律决定的,那么

第五章
创业机会及其识别

就要坚信趋势是一定的,在此基础上,理解趋势到来以后对你的意义,并决定了你准备了什么样的方案去迎接这个趋势;第二,通过创造显现机会,而不是简单地等待机会,要知道趋势是客观的,但让趋势变成现实却是那些开拓者行动决定的,现实中没有的方案,需要通过创造让趋势成为事实,以尽早接触到机会。

趋势就是事物随时间发展的必然结果,其中隐藏的机会一定会到来。在机会识别中,产业周期规律、产业关联关系、科学进步趋势以及社会心理规律,是影响机会的最基本规律,这些趋势所依据的规律是客观的。能够建立趋势信念,理解趋势的意义,进而为趋势的到来做好准备,创造性地利用趋势,才能够发现并利用好机会。

4. 创业的机会窗口

有的人说,如果他发现不了机会的话,那他就没有创业机会了!其实,市场的机会并不都是自己开创的,我们把这个别人开创的机会称为机会窗口。

所谓机会窗口,是指特定机会在市场中存在的时间跨度。其特征是机会已经为市场所认可,市场规模开始快速扩张,直到基本上停止扩张的时间阶段。

机会窗口理论是德鲁克根据产业的发展规律提出来的,它是指产业的发展有一个生命周期。产业刚刚形成时,人们并不了解该产业,所以市场规模很小或者几乎没有顾客。而到了公众逐渐认识其价值时,该产业会出现爆发式的增长。这时产品和行业都进入了成长期,这时因为在位企业的准备不足:有的产能不足,有的销售能力不足,也有的存在其他方面的障碍,形成了需求增长超过供给增长,给新创企业提供了进入机会。德鲁克把它比喻为机会像打开了一扇窗户一样,所以把这个现象取名为"机会窗口"。机会窗口具有公共性,在位企业可用,其他企业也可用。

利用机会窗口的企业会涌入市场,使供给增长追上需求增长,这时,涌入的企业越多,剩余的市场空间越小,新进入者的机会逐渐减小,优胜劣汰就会开始,随即借势发挥、鱼龙混杂的阶段结束,机会窗口关闭。

机会窗口在很大程度上是凭借大势,而非凭借质量。有人说"在风口上,猪都能飞",就是在讲来自外部的影响力对创业走势的影响。一旦这个影响力消失了,"猪"就必然会跌落下来。

对于创业者来说,应早期利用这个机会窗口。但早期进入是最难的:一是无法判断机会窗口的真伪,因为市场的数据都具有较大的隐蔽性和分散性,当明确确认是一个机会窗口时,机会窗口有可能就快结束了。如果创业者害怕和犹豫,可能真的就等来了机会窗口的结束;二是进入机会窗口的初期,仍然需要企业的经营能力,这个时期最大的障碍是市场上顾客并没有完全接受产品或服务,企业的重要任务不是战胜竞争对手,而是打消顾客的顾虑,特别是破坏性创新,要将顾客从一种消费转移到另一种消费,并不容易。

比如,在2000年的时候,电子商务兴起,大家都想去做。有人要在家里订个蛋糕,使用电子商务网络平台。当时是拨号上网,网速很慢、容易中断,物流环境也很差,蛋糕到第三天才能送到。当时没有多少消费者会接受这个新生的事物,对这个新生事物敏感的人群也认为电子商务时代的到来还有待时日。但是,随着问题的暴露,解决这些难题的

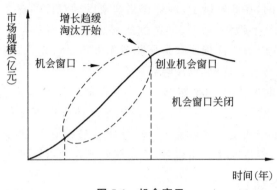

图 5-1　机会窗口

物流公司、网络电信公司,它们先挣到了钱;而早期的搞书店的贝索斯、搞资料查询的百度挣到了钱,它们不需要借助物流,是单纯的信息产品。后来,市场一点点被培育起来,当人们能够接受电子商务购物的时候,许多企业已经做大,再想进入已经非常困难了。

面对机会窗口有一个重要规律,这就是要特别重视机会背后的机会。在电子商务浪潮中,挣钱最多的是做阿里巴巴和淘宝的马云。他看到电子商务一定会成为机会,虽然有困难,但市场会针对这个困难想出办法,形成新的产业去解决,现在不利用这个机会窗口,可能就让别人利用了。如果说,你站在机会窗口前,看到了机会窗口,说明你有识别机会的能力。但更为重要的是,你要真正理解这个机会的意义,特别机会出现以后还会带来什么机会。如同在美国的西部开发中,人们淘黄金需要的牛仔裤、锹和镐一样,这些都是淘金人必需的。如果说,认可淘金是机会,淘金的人未必挣钱,他们可能淘得到,也可能淘不到,但是他一定要用这个锹和镐。马云没有做电商,而去做平台,马云胜在他站在机会窗口的背后去看机会,而不是直接利用机会。虽然这会更加困难,但是如果没有这个平台,中国电子商务的到来还会推迟,甚至根本不可能。与此类似的电信和物流公司也发展得很好。相反,只做信息的公司现在却日子越来越难过。

5. 判断机会的方法

（1）问题发现法

1）5W2H 法

为了解决这个问题,可能要有一些规范的方法,5W2H 法是常用的一种问题发现法。5W2H 法为第二次世界大战中美国陆军兵器修理部首创。该方法简单、方便,易于理解、使用,富有启发意义,广泛用于企业管理和技术活动,对于决策和执行性的活动措施也非常有帮助,也有助于弥补考虑问题的疏漏。

- Why——为什么？为什么要这么做？理由何在？原因是什么？
- What——是什么？目的是什么？做什么工作？
- Where——何处？在哪里做？从哪里入手？
- When——何时？什么时间完成？什么时机最适宜？
- Who——谁？由谁来承担？谁来完成？谁来负责？

- How——怎么做？如何提高效率？如何实施？方法怎样？
- How Much——多少？做到什么程度？数量如何？质量水平如何？费用产出如何？

5W2H法用以发现解决问题的线索，寻找发明的思路，进行设计构思，从而达到解决问题或者实现发明创造的目的。我们可以把这一方法理解为"发现问题，解决问题"。

2) "标准化"的问题发现法

"标准化"的问题发现法，在暨南大学创业学院，我们称其为标准问题发现方法，以"××最怎么样"为主。比如，什么地方最热？再具体些，在家里什么地方最热？这个问题会引导人们的思考，答案比如说，是厨房最热。然后再问，为什么热？并且反复地询问为什么热，经过分析，发现向上抽排的排油烟机是根本原因。因为排油烟机是个烟囱，它是无形的，但为了抽油烟有效，需要关闭门窗，这样厨房如同火炉和蒸笼。有一款产品在排油烟机上做文章，把炉盘、消毒碗柜、碗柜以及排油烟机组合起来，变成一个让厨房不再热的东西。这个方法的核心是"最"，它的基本作用是找到痛点，其后是一个负面词，可以更换，比如什么东西最贵，什么东西最冷，什么时候最容易感冒等，表达人们的困难、不满、抱怨等负面的感受，是不可或缺的；而前面一个词，可以是地点、人物、事情，特别是人物，表达我们的服务对象。

从观察生活开始，在观察之后，还要归纳和总结这些观察的问题，再预测解决以后的意义，这是创造机会的开始。

问题不是机会，却是机会的起点。发现问题要以爱心为前提，爱自己、爱亲人，才能爱社会、爱人类。将自己的感受和观察到的现象提炼成为问题是爱的体现，是创业精神最核心的内容，也是"己所欲，施于人"的创业原理的重要体现。而掌握提出问题的方法，不断培养自己观察和提炼问题的能力，总结提出问题的方法，才可能将爱转换为思维和机会，发现与识别创业机会。

（2）趋势分析法

趋势是事物随时间发展的必然结果。机会的本质实际上是变化，"头脑风暴"主要是要找到变化的原因，或者是理解这个变化，而趋势本身就包含了一些变化。比如，我们现在经常讲到的季节变化，人们会选择从这种服装换成另外一种服装，还有我们在商业当中经常遇到的产品生命周期问题，那都是变化。一些趋势变化是非常缓慢的，比如收入，虽然是缓慢的增长，但总的来说这也是趋势，是收入增长的趋势。年龄增长，当然更是了。这些有的是突然变化，有的是缓慢变化，它们的共同特征是随着时间在变化。那么，缓慢变化的特征就是到了一定阶段以后，它会积累进入一个中等收入水平或者是高收入水平，这是人为划分，但是每天的缓慢变化，会给你的行为特征带来一些改变，在这个变化当中，趋势也是在随着时间不断变化的。它不一定带来创业机会，却可能带来生意机会。洛克菲勒早年就发现含蜡石油冶炼有问题。他坚信，只要努力去研究，总能找到含蜡石油冶炼的方法。所以他边研发边收购当时看起来没有任何价值的油田。不久，他就找到了冶炼含蜡石油的方法，使原油产量大幅提升。他也因此成为石油大王。洛克菲勒的成功，识别趋势在其中起到了非常大的作用。

什么样的趋势对发现机会更有意义？最重要的是人均收入的趋势。比如说，美国人到了一定收入的时候,人们都需要买小汽车,中国到同等收入的时候,也一定是这样,发展中国家可以用这个趋势进行推断。

第一个规律是产业生命周期。如李嘉诚在2000年的时候卖过英国电信,为什么要把它卖掉？他在10年前把英国电信买下来,到2000年时候把它卖掉,钱赚够了？不是,钱对他们这些人来说,已经不是我们所理解的钱,它只是成功的一种标志。主要原因是他意识到,这个产业已进入高成长阶段,这个产业开始出现饱和,或者会出现新的产业替代的因素,是从产品生命周期方面的考虑。有不少的企业,就是在产品生命周期出现重大变化而没有跟上,诺基亚就是属于这种情况。虽然都是手机,但是在2G时代和3G时代有本质上的改变。

第二个重要的规律是产业关联。我们有的时候看到主导的产业,它的变化会引发周围很多相关的产业发生变化,结果没有跟上,那就没有机会了。

第三个规律是科学的大趋势。前面故事中讲的洛克菲勒的例子,是说他意识到含蜡石油是一定能够冶炼出来的,这是一种科学趋势。那么我们当前的趋势是什么,互联网＋智能化,这是基本趋势,这也蕴含着很多的创业机会。

第四个规律是社会心理的需求。这个社会隔了一段时间以后,它就会出现比较共同的一些心理,悲观的或者乐观的。可是我们现在这个时代,人们需要的是安定的生活,特别是现在的中国,在独生子女的背景下,对孩子的关爱,以及从孩子身上派生出来的,像安全产品,这都是我们所谓的趋势。在中国目前的情况下,我们说吃得饱了穿得暖了,实体经济发展的空间已经不大了,这个时候我们需要的是什么,就是精神消费,这都是心理诉求,像文化、体育,这些都已经进入了我们的视野,这是趋势决定的。

（3）头脑风暴法

创业机会是需要发现的,很多的时候,机会处在潜在的状态,企业如果想发现机会,就必须要揭示它。也就是说,要把潜在的需要与解决方案整合起来。

头脑风暴法是一种创新方法。该方法认为,创新是一个非逻辑的过程,并没有一个基本的规则,主要依赖参与者的直觉与灵感,对问题的解决依赖大量的有助于解决问题的思想火花,这也是获得高质量方案的前提。头脑风暴法是多人参与,共同创造。方法主张在讨论会上每个人应该自由地表达其观点。因此,其通常采用小组会的形式进行,主持者以明确的方式向所有参与者阐明问题,说明会议的规则,尽力创造融洽轻松的会议气氛,一般不发表评论意见,以免影响会议的自由气氛。参与者自由思考、畅所欲言、互相启发,从而引起思想共振,并产生组合效应,激发更多的创造性思维,并得到创新的设想。头脑风暴法又分为直接头脑风暴法（通常称为头脑风暴法）和质疑头脑风暴法（也称反头脑风暴法）。前者是群体决策,尽可能激发创造性,产生尽可能多的设想。后者则是对前者提出的设想、方案逐一质疑,分析其现实可行性。在机会识别中,头脑风暴方法可以用于提出问题,也可以用于提出解决方案,还可以用于论证机会的确认与意义,用于论证机会的风险。总之,以多人不同的视角,经常探讨可能的机会,也是一种方法,是创业者的工作方式。

三、什么是中华文化下好的创业机会

新希望创业简史

20世纪80年代,刘永好在四川省机械工业管理学校教电子和机械,他大哥刘永言在成都906厂计算机所工作;二哥刘永行从事电子设备的设计维修;三哥刘永美在县农业局当干部。虽然当时他们兄弟四人都有着稳定的工作和稳定的收入,但是在改革开放的大形势下,并不甘心每个月拿着38.5元工资的四弟,动员大家"不安分"。他说,开始他们是为了能够生活更好一点;后来,是为公司形象好一点;再后来,是为了跟着他们兄弟的员工们的日子好过一点;再往后,就是为了对国家和社会的责任!经历了创业初期的失败,他们看到国家引入了良种鸡,分配给川西不同地区的农户饲养,他们骑着自行车去收农民的良种鸡蛋,出售鸡蛋没有成功。他们换了一个办法,把没有卖出去的鸡蛋孵成小鸡,骑着自行车拉到成都的市场上去卖,卖了十几天,赚取了第一桶金。后来,听说鹌鹑是"下金蛋的鸟",产蛋率高,又容易大规模养殖,还听说鹌鹑蛋的营养特别好,一个鹌鹑蛋相当于三个鸡蛋,价格卖得很贵,两毛钱一个。他们从北京引进了几只鹌鹑种开始饲养。再后来,新希望集团成立,并发展成以食品与农牧、乳业和快消品为核心的综合性企业,刘永好本人也成为本土民营经济的代表人物。

思考题:
(1) 刘永好一家人抓住了什么机会成就了他们的事业?
(2) 他们创业之初,哪些方面体现了中华文化?

1. 创业机会评估

针对创业机会,需要加以评估,主要有以下四个方面。

(1) 产品或服务的评估

产品评估包括概念描述测试和产品评估。

首先进行概念描述和测试。所谓概念描述包括以下内容。

① 概念产品的可实现性和外部形式构想。对未来要运作的产品或服务进行描述,应提供一份书面文件,详细说明产品或服务的特点,产品或服务可能实现的途径,并提供尽可能详细的说明书或草图。

② 概念产品或服务的用户体验评估。这个评估是基于对市场定位的设想,以使产品具体化。要说明能给目标人群带来的好处(利益),正是有这些好处才能刺激他们来购买。产品的用户体验还包括对概念产品的营销渠道设想(用户便利性)及对产品定价测试。如果市场上已有相同产品或相类产品,那么定价要考虑它们的影响。

根据以上描述,进行概念测试,也就是找到业内人士,通过经验和分析对以上几个方面进行评价。一个产品或服务的评估包括它设计的基本功能是否突出,安全性是否合理,还要对产品概念进行人群接受度的评估。

在概念测试完成后,要进行产品的测试,就是在产品大批量生产前进行试制和测试。

根据其创业设想,在模拟环境中,产品是否可以制造出来,产品是否可以获得成功,产品的市场吸引力如何,以及其可能拥有的潜在市场规模。

越复杂的产品,它的测试次数就越多。根据产品测试的反馈进行改进,提高产品的易用性、适合的功能(或增或减)、易接触性、便利性、友好的外观设计等,以提高其吸引力。改进之后再行测试,直至满意为止。产品的测试对企业成败非常重要,它决定了整个商业开发的价值。

(2)行业与市场的评估

行业与市场的评估是对概念产品在整个市场的吸引力进行评估,它往往也是以测试方式为基础的。在市场的评估中,一般考虑的重点是行业吸引力、市场时机和利基市场策略。

① 行业吸引力评估

不同的行业有不同的吸引力,这是因为不同的行业有不同的利润率及进入成本和资源要求。一般来说,最具吸引力的是持续成长的行业,它有不断增长的空间。有一个长期利润的预期吸引力,对新进入者的限制较少。除此之外,还有几个方面也具有吸引力,如产品对消费者是必不可少的,如生活的必需消费品不是可有可无的,这样的产品会带动消费者的刚性需求。当一个行业没有多少竞争对手时,也会成为人们追逐进入的机会。最后也是最重要的就是,当一个行业利润高时,将会有很多的企业效仿,市场有可能会形成激烈竞争状态。

当然,这些方面都是有条件的。

第一,行业成长性因素中,不是所有的成长行业都值得进入。它需要看究竟有多大的成长性才是值得进入的,以及行业有什么样的成长方式才是值得进入的。如果一个新行业虽具有较好的成长性,但这个行业不够大,难以维持一个企业的生存,进入后企业就可能出现困境。

第二,虽然一些行业对新进入者限制较少,但往往会由于大量新进入者的进入使得行业利润急速降低。所以创业者首先应考虑,进入新兴行业后是否可以建立起限制后来者的壁垒,包括独占性、可能建立的技术性和经验诀窍、速度、创新等壁垒,还有行业的结构特性,如集中度等因素。

② 市场时机评估

一是要看行业的机会窗口是否打开。如果行业正进入成长期,其机会窗口正在打开,这说明正是一个好的市场进入时机或市场介入点。而如果行业已有了很多竞争者进入,并开始受制于强势的竞争者时,机会窗口可能已渐渐关闭,市场重新洗牌开始,这就不是很好的介入点。二是要看机会窗口是否关闭。如果窗口关闭,行业内的竞争开始加剧,最重要的特点就是发展快、力量强大的企业开始兼并弱小者,最终形成行业寡头企业,行业内的集中度大大提高。

如果市场中的顾客需求出现多样化,说明行业的集中度并不高,所以这类行业随时都有进入的时机。

③ 利基市场策略评估

对行业与市场进行综合评估时,不仅要从产品周期性来分析其产品的介入点,还要从它的利基市场策略来评估。

利基市场是指在较大的细分市场中,具有某一种与产品或服务相契合的那部分顾客所占有的市场空间。利基市场选择是创业企业计划的逻辑起点,成功的创业企业开始并不是在大市场中开展业务并获得成功的,而是从一个未被发现的利基市场走向成功的。

成功的创业者一般通过发现利基市场的需求来进行创新,或者他们的创新由于得到应用,从而发现了这个利基市场。

(3) 组织评估

组织评估是评定创业者是否有专业知识、较强的组织能力和充分的资源来创办、运营新企业,以便能够成功将其概念产品或服务的业务经营起来。

这里的评估主要涉及两个方面:创业者的能力和资源。

创业者需要有较强的自我认知能力。这包括:

① 创业者个人对于商业机会和本团队的服务与产品的激情,或执着的程度。

② 创业者对于市场的了解程度,特别是对利基市场的熟悉程度。

这两点之所以特别重要,是因为这是建立整个商业逻辑的起点和基础。

另外,应评估的是创业者(也是新创企业的早期管理者)的社会关系或职业背景。如果创业者有较好的、广泛的社会关系和职业背景,他就可以通过这些来弥补其知识和能力的不足。同时如果创业者有开放的心态,他可以通过吸收有创业者自身所不具备的能力的人才加入,这样就可以大大提高创业者团队的能力,从而提高创业者团队的评估水平。

(4) 资源评估

组织评估的另一方面是看是否具有充分的资源来实现产品或服务业务的经营。由于财务资源有专门的标准和类别,这里的资源包括除财务资源以外的其他所有资源。

相关资源包括办公场所利用率、工作所使用设备的利用率、人力资源的质量、专业知识服务的程度、原材料与零配件的可获得性和创业服务机构(孵化器、政府创业支持机构、会计、法律事务机构、银行等)对企业的支持程度。

此外,一般来说,创新能力较高的新创企业会选择创新程度较高的地区,而生产型新创企业较多选择产业配套较为成熟的地区,而营销型的新创企业会选择消费者较为密集的地区。这样新创企业可以更好地利用这些外部资源,其初创的成本也会大大降低。

(5) 财务评估

企业评估的另外一个重要内容是进行财务评估。当然,太精细的财务评估并没有多少实际的意义。但是如果没有财务评估,那么项目的可行性及潜在的获利风险甚至投资风险都会大打折扣。

财务评估包括：

① 资金需求。创办一个新企业需要多少资金，一般是需要进行评估的。对所有资源要进行成本上的估算，包括员工、办公、生产场所、设备、研发、营销等所需成本。这些成本的估算应相对准确。

② 投资数量。包括可以运作的最少投资以及其收益率。

③ 获得收益的周期。时间是影响收益率的重要因素，所以要计算出资金运转的周期。

④ 投资资本的其他选择。对其他收益选择与新业务进行比较，分析出新业务对资本的吸引力。

⑤ 投资的总体吸引力。一个新业务如果有较强的吸引力，说明这个业务给人以较好的盈利预期。这在财务上表现为收入大于成本，并且可能收入的增长是持续性的。

2. 百年老店的创业机会，从红海里挖掘机会

上述创业机会识别在于对利基市场的利用，而百年老店追求的既不是利基市场，也不是企业价值，而是追求能够长期生存，在生存中获得发展。

红海是商业的常态。发现蓝海，人们会十分兴奋，以为从此衣食无忧。但是，不久就会发现，蓝海很容易变成红海。只要存在利基市场，就会受到求利者的追逐。参与竞争的后来者，因为没有承担过市场开发初期的成本，更有成本优势，价格竞争导致的红海马上出现了。

然而，红海里面却隐藏着巨大的机会。红海是高稳定的市场，不需要对顾客再进行教育，顾客对红海里面的需求呈现刚性，不仅产品和服务已经成为人们生活的一部分，价格战也已经基本不见了；红海是没有技术壁垒的市场，几乎所有技术都已经变成了公共资源，没有任何企业能够建立壁垒阻碍其他企业进入；红海也是低利润率市场，在红海中获得暴利的机会几乎为零。红海的这些特征决定了企业在红海中有机会让自己成为百年老店。

百年老店是一个形象表达，意思是技术不变化，企业却可以长期生存。它需要稳定、开放的市场，红海正具有这样的特性。一些企业在红海中能够生存的原因是，顾客不希望他们所熟悉的企业倒闭。顾客不自觉地在企业身上投入了资源，熟悉的商业规则、经营特点、商业信誉、相互间的信任等，都是顾客不希望失去的，顾客唯一的希望是企业变得更好。只要企业能够不断发展自己，顾客就会将企业看成是自己的生活伙伴，是自己生活的重要组成部分。这是一个重要原理，是企业可以用来让自己活下去的动力支持。当企业倒闭、搬迁、改变业务方向时，损失最大者是顾客。如果企业经营不在乎顾客的这种投入，经常让顾客面临损失，顾客会认为企业无信，从而企业缺少了生存的外部环境。百年老店能够存在，在很大程度上是因为这些企业对顾客十分在乎，让顾客在企业身上的投入损失最小。

顾客对企业的要求并非仅是活着,让自己寻找起来方便,还需要企业不断改进自己。人类的需求总是无止境的,在人均收入不断提高的背景下,顾客的需求会越来越精细化、多样化,这些情景代表着顾客对生活的观察,它经常会变成报怨、不满、询问、建议,在企业的帮助下,可能会变成需求。顾客十分愿意让企业改进,这样顾客会更加便利,也在收入不断增长的环境下,企业获得持续改进动力和智慧来源。

企业应该吸纳顾客的建议和意见,并公开承诺自己将坚守这一管理制度。当然,也可以开展寻找这样顾客的活动,确认这样的顾客是自己的好顾客。企业这样的态度,吸纳和改进的过程都可以树立一个良好的社会形象,从而让企业能够成为追求"没有最好,只有更好"型企业。这样的企业在红海中可以永远生存下去,它们在生存中改进自己,不断创造为改进顾客生活的产品和服务,由此让顾客信服并成为企业生存的伙伴。

满足顾客的需求,让顾客的使用产品和感受服务的活动成为企业生产活动的延伸,如水一样,流向顾客。让顾客在感受水流过程中,提出可能的改进建议,在使用过程中,发现产品和服务的漏洞与不足。这是中华商业智慧,是真正以顾客为本的商业行动,而不是一句口号,其思想灵魂在于满足需求才是企业的根本。

四、开门有益——在行动中获取创业机会

机会的识别过程需要接触机会,机会不会从天上掉下来,机会只能来自能够观察到机会的人。然而,谁也不知道机会隐藏在什么地方。顾客是分散的,如果创业者有机会接触顾客,顾客有可能会主动提供机会。因为顾客的各种问题,比如他们的询问、意见、建议,都可能是机会的开始,而创业者只需要将一个顾客的问题假设成所有顾客的问题,深化对问题的思考,设法提出解决问题的方案,才可能接近机会。

一个人接触问题的机会经常受限于正常活动,比如做内勤的人员,他们没有多少接触外界的机会,不可能接触那些能够汇集问题的渠道,获得感知机会的可能性要比做营销的人员低得多,同时也受限于人们对外部世界变化的敏感性。接触变化并且留意变化、提炼成问题的人,容易发现机会并成为创业者;不仅能够感知变化,还能够明确变化的意义,这更容易成为创业者。在这三个要素之中,接触信息渠道是第一位,也是最重要的,其原因是这些渠道本身是信息汇集,是为机会感知者提供观察和思考的起点,设置和利用广泛的信息渠道,特别是有针对性的信息渠道,变得更为重要。

如何建立和利用有针对性的渠道,获得有效信息便成为进一步的问题。开门有益的"益"主要是指能够获得有效信息,其全部含义是比较明确的机会,不如先确定一个大致的领域,把门先打开,吸引顾客进入其中,再根据顾客的需求确定有意义的机会。

"益"的第二个含义是走上创业之路,这是明智。对许多人来说,能够踏上创业道路是一场革命,如果能够抛弃既得利益更是不容易。因为创业意味着风险自担,要过一种完全不相同的生活,对他们来说,无异于是一次闯关。人们经常并不清楚自己的潜能,而

一旦把自己逼向绝境,往往能迸发出潜力。但是这一逼迫要经过个人内心的挣扎、强制,下定决心并付诸行动才会获得突破。创业成功者经常会回忆那个下定决心的情景,经常感叹,如果不下定决心,就不可能有后来。从这个意义上说,开门就是有益的。

马云最初并没有明确的方向,最初的创业甚至与后来确定的电子商务平台有着根本的差异。但是,正是因为有前面的翻译社经历,他才下定决心走出教师队伍,而如果不是在创业过程中不断摸索和接触各类人士,也可能不会接触互联网。

开门,既是指创办一家工厂,也是指开办一家商店,还可以是指有了独立开展业务的企业条件。开门的目的不是经营业务,而是将自己锁定在创业的路上,获得顾客信息,便于发现机会和识别机会。其实,通过信息渠道获得信息已经是经过一次或多次主观评价了,因此,这样的信息更有意义。

因果逻辑推理是为明确目标,然后制订行动方案,方案用来保证目标,而开门有益遵循的是效果逻辑。效果逻辑本意是指根据前进中获得收益进一步决定前进的方向,但同时也指根据前进中获得机会进行方案调整。开门有益更加强调通过开门获得机会,形成新的创业计划和行动方案。效果逻辑不是随机行为,而是借助创业活动所能够接触的机会,确认机会并实施行动。

中华文化强调随机应变,根据发现的机会调整自己,不坚持开始认定的机会,而是在意新的、更有意义的机会。

五、先生存,后机会

为了获得机会,企业需要保持生存的状态,因为企业生存的目的是搜寻需求信息,以便提炼成为机会。当企业不能生存的时候,机会往往不可能光顾,因为没有了顾客,断绝了信息渠道,除非借助以往的信息渠道,重新感悟信息的含义,分离现象,明确机会。所以,生存对发现机会的意义非常之大。

在生存状态下,企业不是一个人的,企业还是员工的。若干员工分别发现信息、挖掘可能的机会,汇集到企业之中,筛选、分析、明确,使之成为企业新的机会。

保持生存还可以保护资源。人们经常说,机会总是留给那些有准备的人,其含义应该是拥有资源和团队的人,不一定完全处于空闲和等待状态,如果创业者有意识地建立了这样的文化,企业员工会视发现机会为自己的使命,团队和资源可以随时调用到新发现的机会之中。

企业生存需要先界定一个大体的领域,否则,企业就会把世界上的所有变化都看成为机会,会因为关注的机会过多而失去机会。企业更重要的是获得净现金流,即企业获得收入并扣除支出以后还能有一定的剩余。收入不一定只是经营性收入,那些投资和其他资产出售的收入,比如出让无形资产权益,也可以构成收入的来源。支出也不一定只是经营性支出,还可以包括新项目的投资。

六、案例精读

真功夫的创业故事

1994年4月14日,两位20岁出头的广东小伙子——蔡达标与潘宇海,在东莞长安镇霄边村107国道旁开了第一家餐厅。因为开在国道旁边,所以取名"168"("一路发"的谐音)蒸品店,主营中高档蒸饭、蒸汤和甜品。当时"168"蒸品店面积仅有70多平方米,餐厅只有4名员工。但两人却有一个梦想,一定要将生意做大,走连锁店模式。而要走连锁模式,就必须像洋快餐那样,解决标准化的问题。

观察洋快餐,发现它将每道工序和流程量化。中餐如果也把每道菜流程化、数量化,也可做出一道相对稳定的菜。但许多企业的标准化进程并没有质的突破,只是实现了把一个人培养成厨师的标准化,依然离不开厨师,菜品仍然存在波动,连锁发展仍然受到限制。

中餐和西餐存在巨大差异,这就决定了它们的烹饪设备、生产流程、管理方式会有很大差异。中式快餐要发展,必须创造性地进行自己的标准化。标准化首先面对的难题是设备的标准化。事实上,洋快餐标准化的根本秘诀不在于流程,而在于设备。有了匹配产品特征的标准化设备,只需要培训几分钟就可以让新员工上岗,这样才能真正摆脱厨师的束缚。因此,蔡达标认为"中餐要实现标准化,关键不在流程,而在设备"。中式快餐标准化创新的关键,就是发明自己的设备。

在这期间,真功夫最为世人耳熟能详的是蔡达标借助高校的科研力量,1997年与华南某高校的教授共同研发了"真功夫电脑程控蒸汽柜",一举解决了困扰中式快餐多年的标准化难题。同时,蔡达标广交朋友,结识了一批拥有快餐业先进管理经验、又对中式快餐事业抱有热忱的志同道合者,制定了7本从柜台到厨房、餐厅100多个岗位的操作手册。它是中国乃至全球第一个攻克了中餐标准化的世界难题的快餐企业,它首先探索出华人中餐发展的新路。真功夫有一种管理方法——问题管理网。把全公司各岗位人员调动起来,在日常工作中不断发现问题,不断解决问题,并总结出标准与政策、方针,这就成为标准化的动力。

从设备到管理,都实现了标准化后,两位创始人意识到,可以继续扩张开店了,而且,他们要把餐厅开到核心商圈。此时,"168"的名称与目标顾客开始显得不协调。因为公司要面对的不再是国道公路上频繁经过的司机,而是市镇居民。

终于,两位创始人选择了"双种子",寓意"种子萌芽,携手弘扬中华饮食文化"。这个LOGO看起来很像两颗小种子,它们的设计来源于中国《易经》中的阴阳符号,蔡达标对此有一个解释,他说,任何事物都有两面,互为补充,我们都要从不同角度去思考。

"双种子"在经营管理上,既充分借鉴国际先进快餐管理经验又保留传统的岭南地方特色。"双种子"认为:企业成功的基石源于卓越的品质、服务与物有所值。"双种子"是以蒸品闻名,"蒸,留住食物的精华"是蒸品文化的深层内涵。先进的蒸制设备和标准化的操作程序,使顾客在任何时间惠顾任何分店都能吃上口味一致的"双种子"食品。亲切友善的服务令顾客感到宾至如归。每一次服务都保证在80秒内完成。同时一尘不染是"双种子"长期坚持的清洁标准。

中华饮食文化博大精深,作为中华饮食文化的传承人,"双种子"人觉得:有责任有义务去弘扬中华饮食文化,应该运用先进的管理模式将中华饮食文化推广到世界各地。种子萌芽,携手弘扬中华饮食文化!"双种子"的蒸汤以汤味鲜美,肉质细嫩而远近闻名。就拿竹丝鸡来说,重量在1.4斤至1.6斤之间,这个时候鸡肉既不会太油腻又不会过于少量。而配以蒸汤专家的神秘配料,用程控蒸汽柜烹制出来,每盅汤是那么热腾腾,香喷喷……滑鸡饭为什么吃起来总是那样又香又滑呢?因为只选用鲜活家鸡,加以特殊烹饪,配上香米烹制的原盅蒸饭,味道好极了。"双种子"专程从外省采购晚稻米加以细细研磨,使每一个肠粉吃起来都特别香滑可口。"双种子"豆浆精选颗粒饱满、富有亮泽的大豆制成,特别经过五层过滤,每日新鲜运到,而且经过高温脱脂处理,细细品味,美不可言。

到2002年,"双种子"蒸品连锁餐厅的业绩已经表明企业自身在整个行业处于遥遥领先的地位,走出华南,迈向全国,成为大家的共识。经过深入调研、探讨后,逐渐意识到现在的市场已经不再是"酒香不怕巷子深"的年代了。2003年,已经在广东省内开店40余家的"双种子"开始酝酿改名,经过调研和深思熟虑,"真功夫"的名字应运而生。2004年"双种子"正式改名为"真功夫"。"真功夫"巧妙地运用了名人联想,全面改造了真功夫的视觉识别系统,并对产品恰到好处地做了减法,将一个本无特色的中式快餐店打造成极具个性和特点、定位清晰的特色快餐店。

中国功夫源远流长,威震世界。而且,中国人说一个人做事用功、用心,就会描述为"下了功夫",有非常正面、积极的寓意。蔡达标对此也有自己的一番阐述:功夫不仅仅是一招一式、一拳一脚,它更是一种中国人不畏艰难、挑战自我的精神。很快,"真功夫"成为家喻户晓的中式快餐品牌。

从第一家餐厅开始,"真功夫"就以"营养、美味、快捷的中式快餐"为定位,受到关注健康、忙碌生活的消费者喜爱与拥戴。围绕中国源远流长的"功夫文化""饮食文化","真功夫"希望继续致力于在中国及世界范围内,利用快餐连锁这种独特的商业模式,传播现代与传统和谐并存的新中国文化。

案例思考题:
(1)"真功夫"的创业过程中使用了哪些方法?
(2)你觉得还有哪些创业机会来源于中华传统文化?

七、创业思维训练

趋势与创业机会

本训练主要是针对"趋势观察法"产生创业机会来设计的。由于创业机会的转瞬即逝,如果没能在机会之窗关闭之前实施创业想法并迅速获得成长,很可能将刚刚评估过的创业机会浪费掉,最好的办法是在创业的机会之窗打开前做完所有的计划。趋势是对未来的判断,具有很强的预测性和能动性,它有客观背景,因此具有一定的可预判性,经过训练,是可以增强趋势观察能力的。

学习目标

1. 用未来的发展趋势和竞争局面来发现创业机会。

2. 评判未来趋势下创业机会的可行性。

3. 培养学生的趋势研判能力。

训练材料

1. 一份关于人类未来发展趋势的权威性材料,例如一篇文章或一段视频。

2. 若干空白卡片和水笔。

训练步骤

1. 观看或阅读相关材料,时间控制在8分钟以内。

2. 对趋势做结构性的限定,例如要求必须是现阶段尚不成熟的生活方式或技术手段。

3. 带领所有同学,使用头脑风暴法产生大量关于未来趋势的关键词。

4. 挑选出一定数量、符合未来趋势的关键词,比如与资源再生、通信技术、新材料、突破性医疗技术、食品安全、互联网技术、人工智能等相关的具体趋势。

5. 每个小组选择其中的三个趋势,作为小组评估创业机会的基础。

6. 小组讨论:从三个关键词出发,会带来哪些创业机会,这些机会将如何影响创业模式,怎样的产品或服务将大有可为。每组将自己的讨论结果形成书面报告,用PPT展示出来。可以使用商业模式画布(或者其中的几个关键要素)展示讨论结果。

7. 教师对每组结果进行总结和评价。

八、课后思考题

1. 提出一个创意,并对其进行市场机会的评估。

2. 列举你身边的变化或你所遇到的问题,觉得还有哪些地方不尽如人意,你能否从建设性角度来思考,并把你的思考变为商业机会?

第六章　商业模式设计与创新

本章要理解商业模式概念及其在创业中的重要作用,理解商业模型原理,能够依据商业模型原理进行设计,理解商业模型与商业模式二者之间的关系,运用商业模式九格分析工具,分析和创新商业模式。

关键词:商业模型;商业模式;商业模式创新

百度创业

学图书馆专业的可以赚钱?除非改行。但李彦宏却用图书馆学知识成为了中国财富榜前排人物,经久不衰。虽然人们对百度有微词,说它是从别国抄袭而来,但商业模式不存在知识产权,中国人难道只能眼巴巴看着别国人用谷歌,中国人却不能用汉语找到自己想知道的东西吗?从竞争的角度,既然有了谷歌,何需百度?但是,中国的国情告诉他,中国很多人不会英语,中国人也需要一个"百科全书"一样的工具,随时可以查到想要的资料。李彦宏做了这件事。那么,这种"为人民服务"的网络服务平台,如何盈利呢?开始时,也许谷歌和百度都没有明白它们手中的资源含义是什么,会与其他网站一样,加入一些动态广告,毕竟那是经过检验的获得收入的方法。后来,在仔细研究了屏幕作为资源以后,将屏幕进行区分,以人们的阅读习惯作为资源评价标准,屏幕并不是均质的,在上方和在左方的屏幕更有价值,它们找到了竞价排名的盈利模式,而那些愿意推送自己的企业,也很愿意花钱把自己放在前几位。对使用百度的人来说,因为不需要花钱,而且百度界面简单,多年不变,不需要额外支付任何成本,网络效应促使百度快速成长。如今的百度,已经成为华语人群最重要的生活工具之一。

思考题:大家经常使用百度没有花钱,百度靠什么赚钱?

一、商业模式及其作用

1. 商业模式的含义

从字面上理解,商业模式就是商业的模式。然而,这个词如同战略一词,在中文中存在歧义。作为模式,中文理解是行业通行的做法。但暨南大学创业学院商业模型研究所把它理解成是流行之前的商业设计,一旦流行才称为商业模式。

第六章
商业模式设计与创新

对商业模式有下列理解。

（1）商业模式被视为行业流行的获利方法

所谓的获利方法是强调一个行业能够存在不仅依赖产品和服务，也依赖商业模式。换言之，定义一个行业，不能只从产品或服务进行定义，还需要从商业模式角度进行定义。一个行业中最挣钱的企业往往会将其他企业挤出市场，其原因是这种模式会因为挣钱多而流行起来，其他模式会被淘汰。而这种挣钱的方法也会变成一个竞争的因素，成为人们理解行业的内容之一。不可能只有产品，却没有商业模式的行业，不论如何简单的行业，都存在着一些典型的商业模式，它是从一个商业模式创造者传播给模仿者的。

通常，商业模式在市场上是公开的、无产权的，是不受法律保护的，因此，商业模式会被传播。作为公开的商业模式，承载于商业活动之中，人们只要充当需求者就可以感受到商业模式。即使不是一位需求者，也可以通过观察感受到商业模式，看到不同企业商业模式的差别。还能够找到一些企业挣钱，另外一些企业不挣钱的原因。

创业者并不希望商业模式进一步传播，因为传播是竞争带来的，它会消除产品的差异，让企业利润消失。但是，如果创业者想融资，必须把商业模式说明白，路演现场变成了传播地，传播变成了不得不接受的一个事实。

（2）商业模式是一个可以描述的商业活动框架

为什么商业模式一定要可以描述呢？因为企业从事商业活动，要通过内部组织将商业活动运作起来，没有一套明确、稳定、具有固化作用的描述，是无法进行活动的组织和内部复制，商业模式的意义也会大打折扣。组织中的一项重要工作是吸引外部资源进入，特别创业融资活动对它有强烈的需要，原因是商业模式是影响企业未来盈利的根本因素，而股权投资人恰恰需要的是未来投资收益回报。如果不能描述商业模式，投资人无法了解和把握这一有着重要利润影响因素的东西。因此，能够描述对能够传播产生了促进作用。

为了能够认识和理解商业模式，人们将商业模式的结构拆分成六个要素，以便更加容易理解和分析商业模式。六要素包括：①商业定位，即在产业链中的定位；②业务系统，它是服务流程，明确如何与顾客打交道；③关键资源能力，是指如何控制资源与获取发展资源的能力；④盈利模式，指通过何种方式获得利润；⑤自由现金流结构，指能够控制现金的情况；⑥企业价值，指企业追求的目标是社会价值、商业利润、投资价值的统一。

商业模式画布是以9个方格组成一张简略图（见图6-1），每个方格里面是影响商业模式的要素，这些要素包括：①客户细分，即找出你的目标用户；②价值定位，即你所提供的产品或服务；③用户获取渠道，即分销路径及商铺；④客户关系，即你想同目标用户建立怎样的关系；⑤收益率，即收入与收入的结构（比如现金占比）；⑥核心资源，即资金、人才等；⑦催生价值的核心活动，即市场推广、软件编程等；⑧重要合伙人，即有影响力的团队成员；⑨成本结构，即成本发生及可以分摊的成本与性质。

暨南大学创业学院提出的暨创2三要素理论：①需求搜集，即将分散、隐蔽的需求明确并汇集起来；②盈利构造，即将搜集的需求所形成的资源转化为盈利，通过盈利设计获得持续的企业利润；③成长资源，即通过利润分配建立有助于成长的资源，以期获得更大

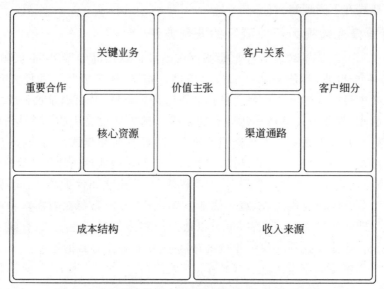

图 6-1　商业模式的 9 大要素及其相互关系（九格画布）

的需求搜集。

（3）商业模式也是一个可以影响交易活动的逻辑结构

商业之所以存在困难，多数并不是因为产品或服务没有产生功能，而是因为存在着商业障碍，商业无法循环下去。换言之，商业是一个自动发生的逻辑过程，无须外力作用，甚至也不需要企业家发挥作用，企业家只是在商业模式没有建立起以前发挥作用。

商业逻辑过程不够通畅的原因可能是产品或服务的功能不强，价格不足以覆盖成本，这需要通过外部分析将一些功能内部化，也可以引进外部的经济主体，使其分担成本，或提供新的功能；从长远看，商业逻辑不畅的原因还可能是企业没有考虑到的未来，所谓"人无远虑，必有近忧"，商业模式不能充分体现业务成长。如果企业的资源分配与成长基因培育无关，企业会越走越困难。

2. 商业模式创新的作用

（1）重构业务驱动力

商业模式的一个重要性质是"业务驱动力"。如果说，产品和服务决定了业务内容，那么商业模式则是对这个业务的驱动。当一个企业出现了经营上的困难，企业应该反思是否是商业模式的驱动力不足。这时的一个重要思考方向是构建新的商业模型，或者改进现有的商业模式，以此形成更强的业务驱动力，而不是一味地进行产品研发。

驱动力是推动力，是用逻辑进行自我驱动。为什么需要驱动呢？因为产品和服务的客户价值还不足以让客户覆盖全部成本，这时需要一个外部力量对产品或服务加以促进，使客户能够接受这一产品或服务。这个外力以前是以营销为主，但商业模式概念出现以后，商业模式逐渐取代了营销，成为另一个更有影响力的商业驱动力。如果说营销的产品或服务的推力经常带有劝诱性，也经常受到社会舆论的诟病，认为营销有可能造成过度消费和盲目消费。而对商业模式则很少有这样的批评,因为它起始于商业逻辑,而非带有强制性的购买推动。

发现商业逻辑中存在的问题,改进商业逻辑,会形成新的驱动力。这不是更强的业务驱动力,而是商业模式的创新。新的驱动力是更多因素的重组,而不是在旧的驱动力上的投入和加强。比如电动汽车商业模式的一个重要考虑,是将车身与电池分开,车身采用出售的方式,而电池则采用租用的方式。司机租来的电池都是在充电站完成充电的电池组,向车的某个部位一推,车能够显示电池已经充电,交钱后开车走人,比加油的时间还短。这个思考方向来自下列线索,到底是什么造成人们不愿意购买电动汽车?是充电时间过长、充电站过少、电动汽车续航里程太短;为什么充电站过少?是因为用电动汽车的人太少,因此,充电时间、续航里程与充电站过少、电动汽车发展缓慢形成了一个恶性循环。续航里程总体上是技术问题,而充电时间过长可以是技术问题,也可以是商业模式问题。后者极其容易解决,只要有标准电池车,就可以使用这一模式。这里没有营销,也不需要营销投入,甚至也没有其他的投入,却可以让使用者、充电站经营者和电动汽车生产企业都受益。一旦充电时间问题得到解决,人们就会认为它比汽油车方便,进一步就可以把充电站和电动汽车的障碍消除掉,那时充电站就会很赚钱,人们会为了获得充电站的经营资格而拼命争取。这是商业模型思维。

(2) 促进新型服务产业发展

在生活中,存在着有些需求无法用商业方式实现的情况,比如社会交往、知识和经验共享、各种情绪分享等,因为存在着经济学上的障碍而无法产品化,因此,也让商业有了局限性,存在着人们所说的"市场失效"。然而,互联网出现以后,借助互联网信息化的若干属性,将这些社会需求变成了服务,又通过这种服务转化为资源,比如眼球资源,或者通过差异化的服务,实施收费服务,让经营这样的服务企业有巨额收益,也实现了服务的升级。现代经济运行中,新的业态层出不穷,其主要原因是借助互联网这一新型基础设施,形成了全新的商业模式,把一些具有公共性质的服务变成了公众需求并可以得到满足,在优化了社会经济结构的同时,也丰富了人们的生活方式。

(3) 引导科技投入,推动产品和工艺创新

科技创新需要研发投入,但是科技创新并非盲目创新,特别是应用研究,更需要商业目标的引导。芭比娃娃曾经是一个全新的商业模式,它跳出了传统卖给孩子玩具的市场定位,转而把娃娃作为孩子的陪伴。这一定位要求娃娃要做得美丽、知性、成熟、大方,更为重要的是它要做到"逼真"。这样的需求目标要求企业要做长期研发。企业用了三年,与芭比的妈妈一起进行产品开发,终于使娃娃的形象与功能达到了企业和顾客满意的程度,上市以后经久不衰,60多年来遍布世界各国,成为孩子深深喜爱的、鼓励孩子们成长、成熟的陪伴。企业的研发依据商业模式对产品的定位,如果没有商业模式,是否需要研发,需要花多少钱研发,研发是否有意义等问题,可能都没有答案。福特为了把他的T型车卖给农民作运输工具,而不再是赛车,不得不研发流水作业制以降低成本和价格,从而成就了他的企业,也成就了他伟大的一生。注重应用的研发多是从需求开始,而对需求的确认,在很大程度上是由商业模式设计决定的。商业模式是为研发提供意义和依据

的,商业模式在前,研发在后,研发是为了保证商业模式的运行并能让目标得以实现。没有商业模式的引导,研发就缺少了目标和方向,也缺少了实现的动力和检验的标准。

(4) 整合商业生态

商业模式是整合创业资源,构建相关利益主体的一种安排,是用契约联系起来的一个商业生态。资源散存于创业团队、利益相关者、战略合作伙伴以及其他机构,它们由近及远依次向外推进,形成一个相关群体商业生态序列,如图6-2所示。

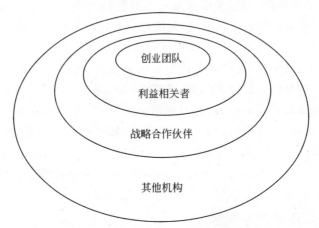

图6-2 创业团队利益相关群体分布图

这些资源拥有者,有可能处于资源分散、闲置和低效率利用的状态,如果将这些资源整合到互相关联、相互利用的商业活动之中,更有效地完成顾客价值的创造,就构建了新的商业模式。为什么需要契约呢?主要是为了稳定交易结构。同时,这种商业模式因为签约方较多,会形成对模仿者的排他作用,阻碍着竞争者的进入,有可能形成一家独大,获得长期垄断性的收益。分众传媒在商业模式运行之前与相关利益群体签订了长期合同,从而保证了这家企业成为媒体广告业的佼佼者。

二、商业模型原理

如何解决停车难

如果观察中国,几乎每个城市都面临停车难的问题,为什么会有停车难呢?是停车位数量远远少于车辆数量吗?好像不是,人们注意到,在艰难找停车位的时候,却遇到许多车位是空着却无法利用的情况。其中的重要原因是许多停车场把车位出售或者长租了,车开走,车位在空闲着,你找不到车位,看到空闲车位的同时,他也在单位附近到处找车位,也在骂街。

有一个人从人们如此这般的急切需求和车位空闲状态中看到了商业机会,他建立了一个商业模型,就是让把车开走的人将车位挂出来,在回来之前,车位处于等着被出租的状态,车位有可能出租掉,也有可能闲置,但出租时就可以有租金收入,进而激励更多的有车位的人将车位出租出来。谁来出租和管理这些车位呢?主要依靠软件。但是,在现

第六章
商业模式设计与创新

行制度上,物业公司往往是最大阻碍,如果能够将他们引导转变为管理者,需要让他们参与收入分成。这样,物业公司、车位主人都受到激励,加上软件指导,寻找车位的人很容易找到车位,而车主回来也多有空闲车位在等着他。

案例思考题:在商业模型构建中,多赢原则有何意义?

1. 深入理解商业模型

商业模式是行业流行的获利方法,当流行以后,可以总结商业模式,但如果是第一家企业,它该如何思考呢?显然用商业模式思维可能无法解决。商业模型被定义为商业逻辑的文字表达,是企业商业设计的理论工具,也是基于业务的开展而将商业的若干要素有机联结的设计,是由一组函数构成的企业抽象描述。

商业模型是基于这样的理解:认为商业是一个商业逻辑运行活动,这个逻辑需要设计,只有理论上没有逻辑困难的框架,才有可能在实践中有效运转,它没有可以模仿的对象,它不是根据现有商业模式进行要素调整,而是重新构建逻辑,并将所有影响因素有序地联系起来,形成能够驱动业务的自动循环,一旦这一商业模型为市场所接受并被注意到,就可能被传播,成为流行的商业模式。商业模型强调独立创新,而商业模式则基于解剖、模仿和对现有商业模式的改进。

(1) 商业是一个借助逻辑完成的社会活动

这个逻辑是商业必须能够服务于顾客,要能够为顾客提供价值,让顾客在价值体现中感受到扣除成本以后的好处;同时,这个好处要能够给企业带来利润,或能够提升企业的价值。另外,企业要成长,需要将利润或资源变成企业的成长。如果能够让更多的顾客感受到企业带来的价值,企业获得成长是自然而然的。所以成长资源是为了让更多的顾客接受企业的影响力。由此企业实现了自己存在的价值。

(2) 商业模型是一个理论工具

正如前述,在没有可以模仿的对象时,商业模式被称为商业模型。在进行设计时,这一模型还没有经过实践检验,所以它是一个抽象的思维活动,需要用文字和语言描述。

(3) 商业模型是企业成长基因的表达

创业企业实现了规模扩张,其重要原因是它实现了自我复制,而自我复制的内核是企业基因,这一基因在企业创立之初就已经完成了构造,它就是商业模型。换言之,我们应该把创业过程理解成为创业准备与创业复制两个阶段,前一段完成了基因设计与完善,后一段则是吸收外部资源,对自己进行自我复制。

(4) 商业模型是在运行中不断调试并得到完善,最终稳定成为基因的

商业模型的理论主要探讨商业逻辑,在执行过程中,可能会遇到环境的各种约束。商业模型制定是一个动态的调整过程,它根据公司内外环境变化,经历多层次、多阶段优化,最终形成一个相对成熟的经营方案。商业模型的形成过程是创业企业的商业模型成熟化的过程。一些看起来没有得到发展的企业,不一定是成长资源配置出现了问题,而有可能是商业模型运行中调试不够,基因还不够强大。

（5）商业模型是一个构造相关利益群体多赢的运行框架

顾客与企业实现双赢，这是商业逻辑的基本要求。但企业若能够得到发展，需要更多地吸纳社会利益共同体，为项目提供支持，所以，一个能够构造和观察到多方面利益相关主体，并能够为他们提供利益的商业模型才可能成为企业成长的基因，它不仅可以形成对竞争对手的排斥，也可以形成对商业循环顺畅运行的推动力。

2. 商业模型理论

商业活动的基本要素是顾客需求、企业盈利和企业与社会的成长。商业模型是把这三个要素联结起来的一组函数。商业模型理论是由三个函数构建的一个理论框架，它涉及三个核心变量，即需求搜集、企业利润和成长资源，由三个变量分别依次决定下一个商业周期的三个变量，形成商业循环。

（1）利润函数

该函数表达了企业如何把搜集到的需求变成企业利润，写成：

$$L = f_1(S)$$

式中，S 代表搜集到的需求；L 代表由需求转化的利润大小。

（2）成长资源函数

该函数表达了如何将企业利润转化为企业成长资源，写成：

$$E = f_2(L)$$

式中，E 代表企业成长资源或者成长基因的成熟程度。

（3）需求搜集函数

该函数表达了企业如何把成长基因变成新的需求搜集，影响到企业的需求规模，写成：

$$S_{t+1} = f_3(E)$$

这一模型的启动是从需求搜集开始的，需求搜集活动对企业来说，如同为模型输入了一个自变量，一旦自变量进入模型，模型便自动运行起来，如图 6-3 所示。

图 6-3　商业模型循环运行图

实际上，每一个变量内容都十分复杂，其结果表现为数量，而构建过程却远不止数量结果那样简单，后面将详细阐述。每家企业的商业模型中的具体函数也不尽相同，没有统一的固定模式，这需要创业者去想象和创造，最多只是借鉴他人的商业模型，启发自己和用于设计时的参考。

多数创业都处于探索商业模型阶段，有的存在着重大的理论瑕疵，需要在理论方面进行重新设计。有的则在实践中遇到了困难和问题,需要修正、调整和完善,直到企业能够稳定利用商业模型复制自己,商业模型才算真正稳定下来。我们可以把三个函数理解成是企业探索后的最终结果。

3. 需求搜集原理

需求搜集指将客户需求引导到特定方向,实现需求的集中。客户信息多处于隐蔽、分散、待开发的状态,需求搜集就是把这些隐藏的、分散的需求挖掘出来,集中起来。

企业搜集需求的目的是挖掘顾客需求,使顾客明确自己的需求,提升顾客的需求强度,让顾客感受到需求获得的满足。顾客对自己的需求经常处于懵懂状态,当看到产品或服务才会恍然大悟,有时甚至看到产品或服务仍然无动于衷,需要体验,感受到好处,或者寻找间接的参谋,那些已经消费产品的顾客可能成为他们消费决策的参谋。有时,顾客会因为某些原因拒绝购买产品,需要企业帮助他们消除这些原因。企业是需求的设计者、召唤者、启发者,也是顾客需求障碍的消除者。顾客可能会有一些抱怨、不安、不满,都是分散和不经意的,而企业必须承担起启发和明确需求的责任。同时,企业为降低成本,需要将顾客需求加以集中,在满足不同需求的前提下,对不同类别的需求尽量达到规模经济;如果具有网络经济特征,要越过客户数量阈值,达到后来的顾客入网后的净效用。

总的来说,需求搜集原理是通过价值主张、需求障碍消除和需求集中三个活动提升顾客的购买性价比,从而达到让顾客能够形成需求和维持需求的目标。

(1) 价值主张

价值主张是企业以顾客立场看待产品或服务,为顾客获得价值而做的主张。主张是提倡,也是揭示、明确、说明、号召并讲清意义。消费者未必能够讲清楚自己消费的意义,即使那些理性思维的人能够讲清自己消费的意义,也需要企业把这个意义与其他发现的意义汇集起来提供给其他所有顾客,以启发顾客获得这些价值。这是企业需要承担的重要社会责任。企业是站在顾客立场上看待自己的产品或服务的,首先是把自己当成顾客,对科技在某些情景下的应用以及所解决的问题加以想象,然后,再向顾客介绍和表达,对可能的顾客进行价值说明。

一些人认为价值是指企业的价值,这不符合商业逻辑。商业逻辑的第一个环节是企业的产品或服务能够让顾客接受。如果只讲企业的价值,比如有人说,"企业总要赚钱",这种价值的含义与顾客无关,市场不会接受。

这一价值也不是顾客的总价值,即不是由产品或服务为顾客带来的效用,而是净价值,即扣除了顾客全部成本的剩余价值。有时企业在扣除成本时不太完整,出现了企业判断的失误,企业以为顾客有了价值净剩余,而顾客却认为消费产生的净剩余过低,这就会造成商业障碍。比如,顾客使用过程中对更换电池的遗忘,会让电池腐烂并影响后续电池的使用。往往企业会忽略掉这一成本,但是,它恰恰可能是阻碍消费者购买的原因。在顾客成本之中,最重要的是价格,它是顾客的直接、显性的成本,也是企业的收益,是分割企业与顾客利益的分界线。价格高,顾客不仅会感受净剩余过少,也会感觉与企业的利益分配不合理。总体上,顾客追求的应该是获得效用与付出成本的对比。

企业替顾客去主张,但企业并不是真正的顾客,有可能会出现过度的主张,会高估顾客所感受到的效用,并把价格制定得过高;也有可能低估了顾客端的价值,虽然实现了销售,却没有形成较好的企业收益。企业真正从顾客一端挖掘价值,将顾客消费中可能形成的价值揭露出来,才是价值主张的根本含义。

正确的价值主张应该是面向"对的顾客",借助"对的渠道和媒介",讲"对的话"。所谓"对的顾客"是指通过企业对市场的观察和分析,假设最需要这种产品或服务的人,他们是痛感人群,他们正是为没有企业的产品或服务而陷入痛苦之中,所以,他们容易接受企业的价值主张。例如,最需要快递的人,当年只是商务人士,一旦延误会失去商机和信誉,所以快递业务的最早期顾客只是这些商务企业;所谓借助"对的渠道和媒体",因为不同顾客接触的渠道和媒体并不相同,为了让他们容易接触到并提高对价值主张内容的信任度,需要选择主张的媒体工具。产品说明书是一种价值主张,它是使用中的价值主张,是为了让顾客加强体验,不至于产生错误使用而提升价值的;商品名是一种价值主张,往往集中了企业的很多向往,当年的"学习机"这一产品名,就是一种价值主张很不错的产品名;广告、推销词、软文、嵌入广告以及短视频都是价值主张渠道和媒介。所谓"讲对的话",就是用生动和形象的方式让顾客感受自己的痛点与对产品和服务的期待,"今年过节不收礼,收礼只收脑白金",让人感受如果过节不向老人送礼就不对,而送脑白金可以为老人解除期待,反复播放的广告让老人的期待被强化。

顾客的价值需要懂得的人去主张,企业必须充当这一角色,这样才能对顾客产生共情,不然他们无法经营好产品和服务。同时,他们也可以从中获利,从而为企业获得美誉度。

(2)需求障碍及其消除

没有形成需求或者需求不足,并不仅仅因为价值主张没有到位、顾客对自己所需要的价值不明,更为重要的是有可能存在着需求障碍。所谓需求障碍是在需要结构中存在无法让需求成为现实的因素,有下列情况:

第一,使用的障碍。一些产品存在使用的问题,比如过去的玻璃瓶装罐头,需要用钳子才能打开。以此类似,不方便更换,本属于便捷用的,却特别重等。

第二,认知障碍。人们不能理解产品或服务,在传统观念下看不到这种产品的价值,需要体验、现场演示、权威背书等营销手段加以补充渗透。比如工业旅游,请顾客到企业来参观,是为了增加体验,用现场的科学演示使顾客信服。

第三,顾客需求结构障碍。需求是需要与购买力的结合,两个条件缺一不可,如果支付者不同意,仅有使用者的强烈希望也不能形成需求。游戏机是家长反感的产品,但是经过段永平改造以后,保留了游戏机功能,增加了学习汉字输入的学习功能,家长和孩子都乐于接受。

第四,伦理障碍。一些新式产品或服务并非是人们伦理观念下可接受的,当年人们都不能理解腾讯的QQ,不知道它能够为人们提供什么,经过一段时间的市场渗透,许多人都悄悄地使用了这一工具,后来才发现,它是供人们打发无聊时光的。厨房很热,但没

第六章 商业模式设计与创新

有想办法解决,其重要原因是人们认为厨房就应该这么热,特别是那些家庭主妇对厨房的热有着高度的忍耐力。

第五,购买力障碍。当人们没有钱购买某些大宗必需品时,按揭、租赁可以把未来的钱先花掉,增加现在购买力。

第六,使用的规模障碍。如果某种产品还没有得到普及的时候,人们会因为替换性和网络性不足而望而却步,早期使用者必须有足够的利益才会为企业试水。

第七,使用配合的障碍。电动汽车不能快速进入市场主要是因为使用规模障碍,同时也与充电时间比给汽油车加油的时间更长有关;如果一个页面打开时间过长,人们会觉得等待时间太长,转而不再打开这个网页;如果一个网页或 APP 进入需要的信息过多,过于复杂,也会造成人们的使用不便,人们会放弃这些产品。这种配合的障碍往往开发者想不到,因为他们不是消费者,消费者是通过比较来定义长与短的,加油时间是充电时间的对比物。时间是顾客的重要成本,而且具有相对性,企业往往意识不到。

第八,需求实现的环境障碍。这些环境并不能由产品生产企业决定,它往往是基础高产或国家制度决定的。比如当低压输电系统容量过小时,电器就没有使用的环境,直到 1998 年,借助宏观调控,大规模建设输配电系统,才释放了中国家电需求,造就了中国电器产业的崛起。类似的,如休假制度,没有这种制度就无法培育旅游需求。

第九,诚信障碍。人们能够消费是因为对产品和服务信得过,如果缺少足够充分的市场检验,或者缺少外部的诚信环境保障,需求也难以形成,特别是耐用品和长期服务,如饮水机。

价值主张与需求障碍消除都需要以业务为基础,产品和服务的基本功能与质量仍然是价值主张和需求障碍消除的核心,前面以商业原理讨论假设在没有功能与质量障碍的前提下商业应该如何发挥作用,而不是没有功能或低质量的产品或低服务质量下的商业活动。

4. 盈利构造与利润函数

(1) 创业与赚钱

创业者给客户创造价值的同时,也给自己创造价值,即创业者赚到了钱。创业者赚钱有两种方式:一是通过商业利润赚钱,出售产品或服务扣除成本以后,获得利润;二是通过出售企业权益赚钱,特别是股权和知识产权,是出售时的价值扣除建设这一价值的全部投入为计的,称为创业利润。前者是基础,因为没有商业利润,权益就没有内涵。虽然存在着不以利润为目标的公益创业,但原理基本相同,因为公益创业是非营利性组织,其剩余保留在组织之中,形成资产,以期获得更大的发展,而不是用于分配。企业必须赚钱是因为让一个企业有剩余,可以让企业成为节约成本的工具。不论是通过专业分工与深化分工,还是通过规模经济,都是为了提高效率,进而给社会带来好处。这相当于建立起一个自我约束的机制,从而为社会带来节约;同时,企业也在不断探索未来可能的需求中推进人们扩大需求,形成一个推动社会进步的机制,为拓展未来提供工具。因此,我们说赚钱是创业的必然结果,否则就不是创业。换句话说,创业意味着赚钱,不赚钱的创业是伪命题。

（2）盈利构造原理

虽然以服务市场为目标，但创业者赚钱仍然是根本。前者是处于首位，后者是制度与企业努力的结合，是追求事业的自然回报。一些创业者很容易赚钱，另外一些却不能赚到钱，其原因主要来自顾客身上可能为企业带来的资源是否可以控制和是否可以变现。

顾客想购买一盒10元钱的快餐，快餐的综合成本是6元钱，企业认为有钱可赚，但是，如果综合成本是9元钱，企业会感到无钱可赚，因为利润低于将自己的创业资金用于其他方面的收益。有的企业想出一个办法，找了一家广告公司，在饭盒表面贴上广告二维码，一盒的广告收益有1元钱，他觉得这个办法可以接受。尽管利润不高，却创造了新价值。饭盒表面是资源，再利用这个资源获取收益，这就是盈利构造。

在这里强调的是，盈利是构造出来的，如同价值是主张出来的一样。如果企业不能跳出生产和营销的思想局限，以为世界仍然用功能与质量来让顾客满意就可以实现盈利，这样的企业太缺乏主动性，它经常会让许多产品与服务停滞在实验室和创想阶段。

只有一种情况，盈利似乎不需要构造，那就是只用产品来赚取利润。顾客购买了这一产品，就消费这一产品，企业可以用出售这一产品的收入覆盖成本并获得了自己满意的利润。这是传统的商业思维和传统的商业模式。

实际上，越来越多的企业会把顾客购买带来外部性变现成为自己的资源，再通过资源出售获得额外收益，让过去的不可能和不盈利变得可能和有较大盈利，让过去低的利润，变成高额利润，让过去白热化价格竞争，变成了免费。

任何消费行为都会有外部性，传统商业模式忽略外部性是因为商业模式的设计者思维过于传统，竞争过于简单。今天的商业与中华文化的"上善若水"相近，因为企业提出的价值主张有可能无法让顾客接受。但是，当降低价格，甚至变成了免费的基础功能，就有可能让人们变成顾客，而企业利用顾客的外部性也获得了很好的利润。

盈利函数是将搜集来的需求通过外部性转化为企业资源，再将资源出售形成利润的数量关系，资源被隐藏在这个函数之中，而非显现在函数表面。企业必须意识到，所谓的盈利构造在很大程度上是在认识、挖掘和量化这些由需求带来的资源，是在构造和设计到底哪些资源可以用来出售并获得利润。

（3）盈利构造原则

一家海洋馆一直不赚钱，经过两次转手，新的老板请来一群朋友前来庆贺，并让大家提建议，如何才能实现盈利。相持许久，终于其中一位朋友，提出用报纸的广告招募点子。一周后，一位小学老师的"14岁以下儿童全部免费"点子，让海洋馆迅速盈利。海洋馆只是改变了顾客结构，将顾客进行了分类，儿童成为家长的牵引者，家长身上的监护责任变成了企业可以控制的资源，并且以其身份必须交钱才能够进入，既实现了价值主张（面向儿童的科普教育），又找到了可以变现的资源。

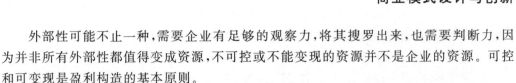

外部性可能不止一种,需要企业有足够的观察力,将其搜罗出来,也需要判断力,因为并非所有外部性都值得变成资源,不可控或不能变现的资源并不是企业的资源。可控和可变现是盈利构造的基本原则。

"可控"的外部性往往是由服务性质决定的,食堂和地铁汇集了人流,人们必经这里,人流所有的需求都可以成为可控的资源。同样,电梯也是人们必经之地,而且等待电梯和电梯间外墙处于空白是电梯的自然属性,如果把电梯外墙租赁下来,等于是帮助物业公司寻找到了资源,签订租赁合同才可能让这个资源可控。

"可变现"是指能够为这种资源定价。共享单车的价格是一次骑行 1 元钱,不论长短,跳出了原来的以里程计价的思路,给顾客和企业节省了结算的时间,化零为整,获得的节省远高于用零钱带来的麻烦,大家都乐于接受。所以,可变现是指扣除交易成本以后,仍然通过定价有所剩余。1 元钱的价格收益过低,在交易成本较高的环境下无法采取这种定价,但是 4G 以后的定位技术与结算技术支持了这种价格,进而让分时资源出售变成了现实。

(4)价格与盈利构造

价格之中隐藏着许多有意义的信息。盖茨与 IBM 签订的 DOS 操作系统出售价格比他购买 DOS 时的价格低了 2 万美元。但比尔·盖茨与 IBM 签订了一个长期合同,作为软件,当企业出厂一台个人电脑时,就要向微软交纳 100 美元的软件使用费,其实即使是 10 美元,也很快会让这个刚刚成立的软件企业变成巨人。比尔·盖茨用收费代替了价格。一些地产公司只知道出售房子,但另外一些地产公司不仅重视出售房子,还重视物业经营权,购房者认为这是一种产品保障,其实它是"售房价格+物业收费",形成了短期与长期获得持续收益的盈利模式。

收费不是价格,它表现为长期收益,也表现为一些暗示,代表了自己的价值主张。"钱大妈"的价值主张是不卖隔夜肉,出售的是"新鲜"。此外,它们还直接从田间直接进货,压缩物流成本。这个价值主张不仅具有新颖性和长期性,代表了未来人们的消费趋势。用什么让人们相信呢?他们使用了价目表。晚上七点开始打折,直到夜间十一点以零价格出售,以这样的价格代表可以白白扔掉(实际上从来没有这种情况)来表达企业的态度和决心。然而,这张价目表却让这家店有了更高的利润,原因是需要新鲜肉的顾客可以接受高价,不那么特别需要新鲜肉的顾客。选择性地享受打折价。肉价随时间变化,从高到低,直至为零。购买高价肉的那部分顾客成为了企业的额外收益。

(5)盈利构造隐含的企业道德

企业经常面对着"先予后取"和"先取后予"两种盈利观的选择。"先予后取"是使用掠夺定价思维,通过低价让顾客感觉物美价廉,重点是价廉,挤出竞争对手和锁定顾客后,开始实施垄断定价策略。由于这种定价多为反垄断法所不允许,企业将其变形,比如惠普用便宜的打印机和价格昂贵的墨盒。它们是最为早,也是最为典型的商业模式,带动了许多创业者都采取这种方式。"先取后予"是一种先高定价,再高保障的定价思维,中国海尔的成功应该归功于这种思维。其高定价可以获得高收益,而高承诺和有行动的高保障措施,可以让顾客在购买功能的同时,也购买了"放心"。"放心"对那些价格不敏感的顾客来说,具有更高的心理期待,而不"放心"的心理成本更高,因此企业需要先确定顾客对"放心"的追求,并且以此决定是否将企业品牌战略与之结合。

从顾客角度,有可能后者更有"道德",因为一旦价格被接受,意味着顾客认为这一价格是合理的,而后续不断提供的服务都是额外的,他们会有惊喜;那些被低价格强制招引来的顾客,是价格的勉强接受者,他们对价格的敏感,也会让他们在接受低价以后,不得不以高价购买"必需品",这会伤害顾客印象中的企业形象。

5. 成长资源及其函数

(1) 成长的含义

站在利润角度,人们会认为企业获得了成长才会获得更多的利润;站在竞争的角度,认为获得成长才会安全,这些都没有错。但是,如果把利润作为成长的条件,分配利润给那些资金的提供者,以吸引更多的资金进入,可能利润就不是目标,而是成长的条件。成长除能够为市场提供更多、更好的产品或服务以外,它也可以通过覆盖更多的市场排除竞争对手,让自己更加安全。

(2) 成长资源函数

成长需要资源,这个资源主要来自利润的分配。成长是基因的复制与扩大。企业的基因不可能来自外部,只能自我进化。即使部分来自外部,也需要重新组合,形成新的基因,否则大家都一样。自我进化的重要途径是在经营过程中对自己不断修正,也就是通过试错让基因更加强大。这个试错需要企业承担损失,这种损失不会由其他人来承担,只能用企业获得的利润来分摊。

企业不是因为有了利润留存,做了积累才有可能形成优势基因的,而是有意识地对企业成长基因进行投入。这意味着,企业的利润不是用来投资的,当然更不是用来回报投资人的,因为他们不是企业利润的主要贡献者。这样,我们可以把成长资源或成长基因用函数来描述,它取决于企业将利润分配在成长资源上的比例。

$$成长资源(基因) = F(K \times 利润)$$

式中,K 代表了企业分配利润的比例。

K 不可以为零,如果为零意味着企业没有未来的成长。但是,仅有投入并不能很好地建立成长资源,还需要恰当地转化投入,这需要创业者的资源发展战略和确定用什么样形态的成长资源来保证这一战略。

(3) 成长资源类型

作为成长基因,成长资源是一组可以与其他资源整合起来的密码,它是一种可以支配其他资源变成某种活动的指令,这种指令最终将影响市场,使市场能够接受企业的产品或服务。

① 流程。流程排在第一位,既包括业务流程,也包括管理流程,管理流程保证业务流程。如果想让商业基因在复制过程中不走样,一个重要原则就是放手让管理人员理解商业模型。他们也许没有那么深刻的商业模型理解力,但是创业者必须对他们认真地进行商业模型推广的细节培训,如果做不到,就不要上岗。把所有的企业探索用流程表达出

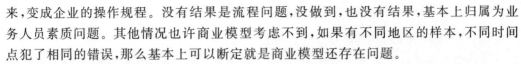

来,变成企业的操作规程。没有结果是流程问题,没做到,也没有结果,基本上归属为业务人员素质问题。其他情况也许商业模型考虑不到,如果有不同地区的样本,不同时间点犯了相同的错误,那么基本上可以断定就是商业模型还存在问题。

② 品牌。品牌是社会对企业及其产品和服务的肯定,是形成忠诚度的原因,也是需要企业长期打造,锲而不舍,孜孜以求的结果。长时间的投入,没有回报是不可能的。商业模型有助于品牌建设。为什么呢?因为商业模型的第一要务是服务顾客,而不是其他的,如获取利润、节约成本(包括社会成本),服务顾客让顾客承认企业真正地为顾客贴心服务,顾客会跟着这样的商业模型走。所以商业模型在设计之初一定要有品牌的意识,依靠踏踏实实的流程管理,让顾客觉得真是为他着想。如果顾客是一个家庭的丈夫,需要替他为自己的妻子着想;如果顾客是家庭里的妻子,需要提醒她为自己的丈夫着想。如果顾客是企业,除为采购员着想,还要让他们到公司老总那里炫耀业绩。只要能够传播,而且是有内容的传播,就距离形成品牌很近了。有了强大的品牌,还愁没有顾客吗?

③ 文化。文化是高级管理,会做营销,或者人力资源,或者研发的企业高管未必会做文化运营官,那里面有许多的学问。企业文化首先影响员工,再通过员工影响员工家庭和社会,这个力量绝对不容小觑。如果企业员工在企业内部老老实实,走出企业就骂企业,说明这家企业没有干好,因为员工不敬业! 其次是对外的文化,它不是文化符号,而是文化思想,通过企业主办的各种文化活动,给社会留下美好深刻的印象。

④ 制度。制度并没有明显的业务导向,当制度与许多业务结合的时候会发现制度不落地,只有抽象的说法,没有可执行性,也没有真正的约束能力。这里所说的制度是比较具体的制度,比如杀死一尾黄鱼,就会进监狱。这样,立即就会形成约束,没有人敢杀死这种鱼。在商业模型执行中,如果一些部门放松了要求,没有注意到外部人提出的意见和投诉,这样的商业模式下的制度不会管用。但是,如果有具体的行之有效的制度,就可以保证商业模型在企业扎根。

这四种类型成长资源每一种都不是独立的,而是要相互配合的,不可能一种成长资源统一了天下,这是成长资源的重要特性。但是多会有所侧重,最重要的是流程,大体上,流程占40%,制度占30%,其余占30%;或者品牌占40%,其余加总占60%。如何确定比例,取决于企业的战略安排。

6. 企业成长资源配置与约束

(1) 成长资源配置

企业资源配置是以成长资源为核心,让更多的资源参与成长的过程。这些资源都是有利于成长的,但是没有核心的资源——成长资源,这些资源也没有太多的意义。有人认为资金是成长资源配置的重要内容,因为资金已经变现。那些可以随时变现的资源都可以视为资金资源。是否这种资源多多益善呢? 只要有一定的约束,都可以配置到成长之中。这个约束来自股权分配的容忍度。

土地等硬性资源在一些地方非常难以获得,如果没有政府参与协调,几乎没有可能获得这些资源。类似的还有矿产资源。只要是国家掌握的资源,几乎都需要政府介入。由政府介入的资源配置的过程,基本上都是把别人已经成熟的创业"种子"拿来,在当地做培养,牺牲一点当地资源,却没有了风险,何乐而不为呢?

(2) 商业模型的实施条件

商业模型只是在初步调研基础上,对创业的市场需求、盈利结构和成长资源进行逻辑分析,是理论性的设计,将其实施还需要一些检验性条件:一是有无需求障碍的检验,这种检验需要逐个分析、缺一不可,否则会造成后续巨大的风险,来不及校正就死了。二是盈利性检验,如果一个项目三年以上不能有正的净现金流或者五年以上不能获得盈利,风险就很大了。三是底线检验,不能违法,也不能违反道德。一些企业认为做点坏事,然后再做点好事,洗刷一下自己,按底线检验原则,这是永远的污点,不能洗刷。四是商业逻辑检验,就是三个函数一定顺利衔接,没有任何障碍。五是可持续收益检验。根据规模经济分析原理,随着企业发展,其成本一般是逐渐降低的,即便市场容量持平,企业也有递增收益。如果市场容量也相应扩大,加之成本的降低,企业可获取可持续收益。可持续成长与诸多因素相关,它不仅取决于市场,也取决于管理,尤其是管理战略与策略。我们经常见到这样的情形,同样处于某一行业,企业发展差异较大;或者同样一家企业,不同团队经营,其前后也大相径庭。究其原因主要在于企业管理,尤其是企业经营理念、经营方略与团队的经营能力等。固然,外部环境对企业成长也有很大影响,在经营环境、产业政策相对稳定的情况下,营造适宜于创业企业成长的外部环境,归根结底还是取决于管理。至于受国家产业政策调整以及其他一些国际环境的影响,不在创业管理考虑之列。

7. 依据商业模型理论进行商业设计

商业模型是率先创立的商业设计工具,依据前面的商业模型原理,将需求搜集、盈利构造和成长资源具体化的一个安排,也是一个可以实现多赢的、由多个相关利益群体构成的商业生态。

一个好的商业设计,应该满足以下三个标准。

第一,它应该是一个没有商业运行障碍的商业模型。包括没有需求障碍、没有盈利障碍,也不会存在成长资源受阻。

第二,它应该是运行动力十足。它要有多方面的利益推动者,需求者的价值主张被充分揭示,需求被充分动员,企业利益被挖掘和创造,成长资源顺利积累,成长资源配置没有受到外部约束。

第三,要能够体现文化和民族的价值观。这一点非常重要,它不能突破法律底线,要体现企业家的追求和企业的社会责任;要基于国情,为社会提供更好的、持续改进的服务。

三、商业模式

商业模式是商业模型普及化以后的市场运行结果,设计企业商业模式既要参照商业模型,也要解析商业模式。

第六章
商业模式设计与创新

1. 商业模式再认识

虽然对于什么是商业模式认识不一致,但大多接受下列表述:商业模式描述了企业如何创造价值、传递价值和获取价值的基本原理。在商业活动中,直接参与者是创业企业(卖方)与客户(买方),间接参与者是包括政府、机构、社会等在内的其他利益相关者,以下我们一并将其列入广义的客户中。从创造价值来看,当创业企业通过产品或服务为客户需求提供服务时,即为客户创造了价值。与此同时,客户为其服务支付创业企业一定报酬,这也为创业企业创造了经济价值,同时还为创业企业提供服务社会的人生价值。从传递价值来看,一方面,创业企业将镶嵌于产品或服务中的价值由创业企业直接传递给客户,同时也间接传递给了社会。另一方面,客户也通过支付创业企业服务费传递了经济价值,同时也间接向社会传递了感恩、平等、公正等社会价值。从获取价值来看,不仅买卖双方相互获取价值,而且买卖双方与其他利益相关者之间也获取以营造良好外部环境为主要内容的社会支持价值。外部环境由以制度、规范、监督为主要内容的硬约束,和以友爱、和善、向上等为主要内容的软约束组成。

2. 商业模式关键要素

为了进一步体现商业模式中的创造价值、传递价值和获取价值,通常将商业模式分为9个关键要素:客户细分、价值主张、渠道通路、客户关系、收入来源、核心资源、关键业务、重要合作、成本结构等(见图6-1)。下面我们结合创业画布,逐一分析每一要素及其彼此间的关系。

(1) 客户细分

客户细分模块用来描述创业企业想服务的人群或组织。客户是商业模式的核心,没有可获益的客户,就没有企业的长久生存。为了更好地服务客户,企业可以把客户分成不同的细分区隔,每一区隔中的客户具有共同的要求、共同的行业以及其他共同属性。据此企业决定到底服务哪些细分客户群体。一旦决定就着手设计商业模式。

(2) 价值主张

价值主张模块用来描述为细分客户创造价值的系列产品和服务的具体内容。它是客户转向创业公司而非其他公司的原因,它满足了客户需求。每个价值主张都包含了可选的系列产品或服务,以迎合细分客户群体的需求。其中有些主张是创新性的,并提供一个全新的或创造性的产品或服务。而另一些则是与现有市场的产品类似,只是强化或增加了一些功能而已。客户价值主张的要素包括:新颖、性能、定制化、设计、可达性、便利性/可用性、品牌/身份地位、风险控制。

(3) 渠道通路

渠道通路模块用来描述创业企业如何沟通、接触其细分客户以传递其价值主张。通常包括沟通、分销和销售,这些构成了公司相对客户的接口界面。它们是客户的接触点,在客户体验中起着重要作用。渠道通路包含以下功能:提升公司产品或服务在客户中的认知、帮助客户评价公司价值主张、协助客户购买特定产品或服务、向客户传递价值主张以及提供售后的客户支持。

（4）客户关系

客户关系模块用来描述创业企业与客户细分群体之间建立的关系类型。客户关系范围从人到自动化。如早期移动网络运营商的客户关系由积极的客户获取策略所驱动，免费移动电话。当市场饱和后，运营商转而聚集客户保留以提升单客户的平均收入。

（5）收入来源

收入来源模块用来描述创业企业从每个客户群体中获取的现金收入项目。创业企业生存与发展的前提是收入或赚钱。企业需要研究那些愿意付费的客户，而不是单击流量类的客户。通常一个商业模式包含两种不同类型的收入来源：一是客户一次性支付；二是客户分期支付，如会员制等。当然，每个收入来源的定价机制可能不同，诸如固定标价、拍卖定价、市场定价、收益管理定价等。

以下是一些可获取收入的方式：资产销售、使用收费、订阅收费、租赁收费、授权收费、代理收费、广告收费、金融收益。

（6）核心资源

核心资源模块用来描述让商业模式有效运转所必需的重要要素。每个商业模式都需要核心资源，它们使创业企业能创造和提供价值主张，与细分客户群体建立关系并赚取收入。不同的商业模式所需要的核心资源有所不同。如芯片设计需要人才密集型的研发团队；而芯片制造则需要资本密集型的生产设施。

（7）关键业务

关键业务模块用来描述为了确保其商业模式可行，创业企业必须做的重要事情。因为任何商业模式都需要多种关键业务活动，它们是企业得以成功运行的基础。与核心资源一样，关键业务也是创业企业创造和提供价值主张，维系客户关系并获取收益的重要途径。但关键业务随着商业模式而变。制造型企业与服务型企业的关键业务差异较大。

（8）重要合作

重要合作模块用来描述让商业模式有效运行所需的供应商与合作伙伴的网络。事实上，创业企业会基于多种原因打造合作关系，并建立包括众多利益相关者、战略合作伙伴以及其他主体参与的合作网络，以达到利益共享、风险共担的目的。建立合作通常基于以下四种动机，即优化商业模式、发挥规模经济和范围经济、降低风险和不确定性以及获取特定资源。其中优化商业模式内容非常复杂，最重要的是加强市场推力，让更多的人成为商业模式运行的动力。

（9）成本结构

成本结构模块用来描述运营一个商业模式所需要的所有成本。事实上，创业企业创建价值和提供价值、维系客户关系以及产生收入都会引发成本。尽管将成本加以分解，让一些成本由其他人来分担，让一些可动态化的成本随业务变化，形成激励，以消除风险，比如计件工资。也有一些不敏感的客户成本，企业与客户可一同承担。还有一些成本有可能转化为客户的体验，比如宜家家居的板式组装家具，把安装的责任推给了客户，替代企业承担成本,又让客户有了感受成功的体验。

以上9个要素模块构建了商业模式便捷分析工具,也称为商业模式画布,9块内容就像空白待填补的小黑板,可以把各种创意绘制在这里,一目了然。

3. 商业模式设计流程

创业是在为客户创造价值的同时也为自己创造价值,为此需回答三个问题:①如何为客户创造价值?②如何为企业创造价值?③如何搭建客户价值与企业价值的桥梁?商业模式就相应地围绕这三个问题设计,其核心是解决:用什么办法将客户口袋里的钱(客户价值)转移(桥梁)到自己的口袋(企业价值)?为此,从商业模式设计角度看,需要解决两大问题:一是客户价值分析;二是价值通道。第一个问题可分解为两个问题:谁是客户?有何需求?第二个问题也可分解为:用什么渠道?整合哪些资源?由此,在商业模式设计中重点解决以下四个问题:

谁是目标客户?

客户有何需求?

如何搭建客户与企业之间的桥梁?

如何整合资源?

(1) 确定目标客户

确定目标客户是创业的首要任务。尽管创业者声称为客户服务,但多数是泛泛而论,对客户具体情况并不清楚。如校园创业者都说为大学生服务,但细究下来却不深知,服务什么样(如年级、专业、生源地、性别、地理位置等)的学生,服务多少学生,服务哪个方面(升学、就业、出国、情感、旅游),需求程度如何(一般、迫切、强烈)等等。这些问题不清楚,就没有办法展开后续工作。为此,需要进行以下几项工作:

描述客户;

详细列出问题清单;

分析确认重要问题;

市场调研。

上述问题清楚了,我们对客户便有了清晰的认识。商业模式中与此相关的模块有:客户关系、客户细分。

(2) 定义价值主张

价值主张是商业模式的基础,它阐明创业企业帮助客户实现什么样的价值。任何企业都有价值主张,至于主张具体是什么,需要企业在调研的基础上反复讨论明确。无论价值主张是什么,它都应具备如下特征。

一是真实性。即客户感受到是真实的价值,而不是停留在描述阶段。要么能解决当前问题,要么解决了业内竞争者没有解决的问题,要么满足客户未来需要。二是可行性。即可执行、可操作、可评估。三是关联性。即价值与客户的关联程度。这尤其适合于那些引领市场需求的产品或服务。它或者部分解决了客户的问题,或者基本解决了客户的抱怨,或者满足了客户的期许。

（3）设计收益模式

收益是商业模式的核心。企业在为客户创造价值时也要为自己创造价值，否则企业价值难以实现。企业收益模式包括收益来源、收益方式以及未来的收益分析等。收益来源即收益渠道。如交友网站，通过广告、会员制以及配套服务等获益，这些就是当下的获益来源。至于收益方式依每种来源而定，如上述的广告，可以按时段、按时长、按容量收费。每一种又可细分为不同收费标准。再如配对，可根据配对时间、配对双方相似度以及所花的时间等进行收费。此外，随着业务的拓展，未来可能会有新的收益方式，如上述网站的主题活动、机构专场推广等。

商业模式中与此相关的模块有：收入来源、成本结构、渠道通路。

（4）整合关键资源

一般来说，创业企业不可能独自为客户创造价值，而是与利益相关者、战略合作伙伴一道，并充分利用各方面的资源后实现的。尤其在世界经济一体化背景下，各经济体彼此相连，互相作用。对那些致力于成为"百年老店"的企业来说，更要整合各方面的资源。整合资源也存在三个基本问题：整合谁的资源，怎样整合资源，整合效果如何。一般来说，就是整合利益相关者资源及战略合作者的资源。至于如何整合资源，最重要的是建立在共同愿景的基础上，兼顾各自的利益。为此要保持沟通联系，建立相对紧密的合作关系。鉴于资源的稀缺性，整合评估应侧重于资源的利用率，以及利益的发挥效益。前者考虑是否充分利用资源，后者考虑是否发挥资源的最大效用，避免资源无效流失甚至浪费等。

四、商业模式创新

一次创业训练

挑战24小时训练。一个团队一个上午都没有卖掉一只气球，团队成员非常气馁，队长在一边玩手机，好像不着急。但这个团队下午竟然神奇地成为销售业绩的第一名。为什么呢？既然卖不掉，我们就送吧，反正货已经进了，队长去找一些企业试试它们是否愿意让团队替他们赠送。中午，队长真的找到了几家企业，订下了一个口头协议：每向孩子赠送一只气球，替企业讲一段话，录下视频给企业，企业按赠送的数量给团队打钱。

思考题：这些学生的商业模式与哪家成功企业比较像？

在竞争中领先的重要方法就是与竞争对手不同，有人甚至认为现代企业的竞争是商业模式的竞争。由此可见商业模式创新的重要性。

1. 商业模式创新实现多赢

得道多助，失道寡助，这是成功者秘诀。借助商业模式创新，寻找到更多的合作机会，让更多的人获得收益，以强化自己的竞争力。

（1）持续创造客户新的体验，延伸产品价值。创业企业为满足客户需求提供产品或服务,并因此为客户创造价值。为此,企业整合企业内外、国内外等各方面的资源,优化生产流程,无疑可以为客户提供更优产品或更好的服务,为客户创造更大的价值。如微信自运营以来,从开始纯粹的文字交流,到后来的图片传输,再到发红包、小视频摄制、建群、再到后期一系列小程序应用,即便是建群每一阶段的功能改进,都极大地丰富了客户体验。如今微信以便捷、功能多、界面友好的优势早已取代移动公司的短信,成为国人乃至全球华人甚至在华工作外国人的必备,为客户创造了巨大的价值。

（2）挖掘新的资源,找到更多的利润来源。广州地铁运行之初就打破了公共设施必然亏损的魔咒,他们最赚钱的不是地铁车票,而是中转站的物业以及房地产。

（3）改进流程,让更多的人参与到商业模式之中,增强动力、克服障碍、节约成本。共享停车把收益分给物业以后,物业开始帮助企业和客户管理车位,车主不必再为寻找车位而苦恼,又增强了商业模式运行动力。

（4）加强企业内部资源。对于腾讯来说,微信在为客户创造价值的同时也为自己创造了巨大价值。主要体现在,不仅开辟了新的领域,培养了一大批人才,每天还给公司创造价值 3.96 亿元。

（5）扩大社会价值,争取好感,实现社会责任。仍然以微信为例,现在不仅是个人,就连政府部门、企业、机构等也通过微信公众号发布信息,提供一系列涉及民生的公共服务,极大地方便了企业内部员工和社会公众,为社会创造了价值,大大提升了公众对现代信息服务的理解,为中国在互联网时代实现弯道超车提供了巨大的社会基础。

重新构建商业模式是新创产业的重要活动,这里的商业模式创新的主要任务,是在基本不改变产业性质的前提下,运用商业模式的改变,提升自己的竞争力。

2. 商业模式创新路径

在上述分析的商业模式 9 大要素中,任何一个要素创新都会导致整个商业模式的创新。总体来看,商业模式可沿产业、产品、需求和流程等路径创新。

（1）重新定义产业

传统上我们以为一个产品就提供一种服务,然而这可能只是表象,因为透过其商业模式还可以对该产品有新的认知。如麦当劳为客户提供套餐,我们自然认为麦当劳主要靠食品销售赢利。然而真实情况却是从房地产赢利,即其主要的盈利模式是房地产经营。麦当劳在开店前会仔细考察商业地段,以便分析将来的客流,更重要的是,客户流动可以拉动麦当劳附近其他商业。实际上,麦当劳价格便宜只能赚取薄利,但也正因如此吸引了大量客户,因此带动了以麦当劳为核心的商圈。另一个例子是共享单车。表面上看,摩拜以骑车收费赚钱,其实并不然,前期以押金形成的资金积淀开展金融服务、大数据服务,后期取消押金后即以大数据、广告以及其他延伸合作服务等赚钱。由此可见,我们表面看到的产业已经被赋予了全新意义。

（2）重新定义产品

简单来说,产品就是以其功能满足人们需要的物品。功能是产品的核心,其中又可分为主要功能与次要功能。如电视机的主要功能是视听,次要功能是娱乐等;房屋的主要功能是居住,次要功能是投资。当然,产品的主要功能与次要功能在一定条件下可能会转化,甚至衍生出新的核心功能。如在中国一线城市,此前甚至现在房屋更多是投资功能,这时的房子不仅是居住的空间,更多的是一种理财产品。如果我们不断拓展产品的既有功能,这时的产品从形态上可能没有变化,但是其运用发生了巨大的变化。相应的,产品也随之重新定义。手机就是典型例子。手机的主要功能是通话,虽然仍然具备通话功能,但手机远不止于通话,它已拓展出金融、导航、收音机、电视机、电脑、相机、旅行等多种功能。这时,手机表面是通话产品,但经过功能拓展被赋予了新的定义。

(3) 重新定义需求

需求本是客户的事,创业企业只是努力去满足客户需求。但是,在创业时代,创业企业又被赋予引领客户需求甚至创造客户需求,并由此为客户创造价值的责任。再以微信为例,开始只是提供即时通信功能,但后来金融出现,则客户通过银行卡绑定微信支付、理财等功能,这就激发了微信客户的新需求,微信自然也从中获得服务收益。再如手机,原来客户用它通话,后来随着一系列功能的增加,客户也有了越来越多的需求,而手机也乐于共享其成,集合多种应用软件和小程序,进一步挖掘客户对手机功能一系列新需求。这样,在手机搭建中转站(如加载 APP),或开发某一服务的小程序(如支付宝的系列软件功能),引发了一系列新的商业模式。

(4) 重新定义流程

流程突出体现在渠道通路等方面。当创业企业用新流程为客户提供服务时,可能对客户更加有利,为客户创造更大价值,这无疑也是商业模式创新。以政府机关服务创新为例,近年来各级政府出台了一系列政策,推出了一系列便民措施,如企业工商注册中的"三证合一""注册资金缓交""证照分离"等。与之类似,政府不动产登记、公安等部门也通过内部流程重组,提出"最多跑一次"承诺,免得让市民同一事情跑多次。这种服务理念已渐渐被一些服务性企业接受,流程创新显然方便了客户,为客户创造更大价值。

3. 商业模式创新检验

单从创新字面上说,创新并不难理解。但我们这里讲的商业模式创新是指要为客户带来价值。其实,创新可能不止于此,甚至产生多赢效应。因此,我们在检验商业模式创新时,可从逻辑性、价值性两方面检验。

第一,商业模式要从逻辑上经得起推敲。如果在市场容量分析时,有人说,中国是有14亿人口的大市场,如果占千分之一、万分之一,就……这些典型的"中国式逻辑"完全忽视了市场的规律。如何断定分布在全国各地、有诸多不同的人会成为潜在的客户?更多的是"一厢情愿"式畅想。

第二,检验以价值创造为尺度。首先,应以"为客户创造价值"作为标准,检验商业模式的创新性和合理性。其次,以"为企业创造价值"进行检验。即便在此过程中,创业企业也许暂时利益受损,但长远来看会增进其收益;即便在此方面受损,也会在其他方面获取收益,这又是商业模式创新例证;即便企业因为客户创新受损,但也可以激发其创新动力;最后,也为其他方创造价值检验。由此,从价值性角度,商业模式创新检验标准依次是:不损害他人利益;为客户创造价值;为企业创造价值;为社会创造价值。其中,不损害他人利益是基础,由此才有可能达到各方面各利益的帕累托优化,随后依利益相关者远近渐次展开。

五、案例精读

一步一个脚印——美的的商业模式

美的 1968 年成立于中国广东,业务与客户迄今已遍及全球。2015 年,美的成为首家获取标普、惠誉、穆迪三大国际信用评级的中国家电企业,评级结果在全球家电行业以及国内民营企业中均处于领先地位。2018 年,美的集团连续第四度入榜《财富》世界 500 强,排名位列 312 位,较 2017 年上升了 11 位。

与 20 世纪 80 年代成长起来的企业不同,80 年代的企业有国家政策支持,而 70 年代想做商业要受很多限制,那时美的作为一个街道小厂,既不是国有企业,也没有任何资源和政策的倾斜和照顾。美的老板何享健改变经营思路,加强技术攻关,开发新产品,并狠抓产品质量。美的完全依靠自身的产品质量及经营能力,终于扭转了颓势。

在 20 世纪 80 年代改革开放初期,已经能够生产小电机的美的接到一单大业务,为广州第二电器厂(后来的远东风扇厂)生产电风扇零配件。何享健敏感地看到了"家电"市场的巨大潜力,并没有满足于生产零配件,在生产零配件的同时,何享健偷偷研究试制电风扇,并于 1980 年 11 月生产出第一台 40 厘米金属台扇,取名"明珠"牌。1980 年,美的正式进入家电业,1981 年开始使用美的品牌。

但是跨过技术门槛并不代表着前面一片坦途,当时市场上各大名牌电风扇已经掀起了中国家电行业第一轮广告战和价格战。美的这样一家刚刚起步的小公司怎么办?显然必须寻找机会。何享健凭着敏锐的市场嗅觉,发现国内市场还处在将电风扇作为耐用家居用品的阶段,还只是重视电风扇的内在性能,而国外已经在要求电风扇要设计得漂亮,要满足顾客感官上的需求,这也是质量水平高的另一个层次——不仅满足技术标准,还要满足顾客的审美需求。

于是,美的决定"不与同行争市场,走出国门打天下",将出口市场作为重点,从而突出重围。这个定位在美的企业发展过程中是一个重要的转折点。2003 年,当美的微波炉在国内也遭遇到残酷的价格战之时,即便实力远比当年强大得多,但秉承"不打无商业价值之仗"的美的再次以"不与同行争市场,走出国门打天下"的口号绕道海外,不久,微波炉出口便挺进全球前三。

自从成功上市、从资本市场上获得 12 亿元的资金后,何享健更放开手脚,将 60% 的资金投入到电风扇、空调、电饭煲、微电机和暖风机等主导产品研发,并开始了产业链的打造。很少有人知道美的现在有一个全球首创的新产品——微波路面养护设备。这项业务看似距离家电很远，但实际上核心的微波技术与微波炉的技术相同，类似的从家用电器转向商用电器的还有商用空调、商用洗碗机、商用微波炉等。这种延伸既能够避免不必要的风险，又有发展的弹性。

何享健曾经说："我们不朝多元化方向发展。因为我们目前还没有多元化的能力，把握较大的依然是家电行业。美的要健康、稳定、潇洒地发展，宁愿走慢两步，也不能走错一步。"

在美的上市之后的几年中，DVD、电脑和手机陆续成为赚钱的热土。在美的看来，手机芯片技术是手机核心技术，不仅中国没有相关的产业基础，美的也很难掌握核心技术，始终要跟着国外的厂家走，企业经营风险太大，故坚决不投资。美的坚持两点：一是掌握产业链中核心部件的能力；二是在这个领域中有技术和管理能力的人才。

因此，美的虽然业务线非常全面，但除了美的在2000年曾经一时头脑发热，投资了几千万元进军互联网失败之后，就再也没有进行过跟主业无关的投资，延伸的路径始终保持着与自身的核心技术和自身的产业链联系在一起的相关多元化。何享健常说"战术失误是可以弥补的，战略失误却不可弥补""宁愿少赚一两个亿，也不能乱来，确保做百年老店"。这些理念也深入了美的的每一位员工的心里。

在美的的发展历程中，美的能成为横跨多产业、规模达到数百亿的现代化企业，与何享健的不断个性化发展的体制变革有着很直接的关系。

何享健于1997年引入了事业部制，迅速推动事业部制改造，每个事业部得到更多自主经营的空间。而这些事业部的主要骨干人员的培养早在1989年就开始了，故对美的原有的业务和管理模式都比较熟悉。

事业部制的建立使美的集团总部从日常管理中摆脱了出来，主要精力集中在总体战略决策、人事以及市场协调等方面，使得整个组织掌控张弛有度，灵敏而有序。

事业部制改造的成效在第二年就显现出来，1998年，美的空调产销100多万台，增长80%；电风扇产销1 000多万台，高居全球销量榜首；电饭煲产销也稳坐行业头把交椅。

2011年开始，美的着重推动战略转型，转变发展方式，以消费者为中心，做好产品，提升增长质量，推动再发展。2011年7月，美的集团召开年度工作会议，下发《关于加快推动集团战略转型的决定》，推动以"产品领先，效率驱动，全球经营"为三大主轴的全面战略转型。

部分内容引自或参考

http://media.163.com/special/007625CB/zgjyb.html，2009-06-06

http://www.21cbr.com/html/magzine/200706034/cover/200812/132418.html

http://www.21cbr.com/plus/view.php?aid=2303

http://www.21cbr.com/plus/view.php?aid=3629

案例思考题：

1. 美的如何定位其盈利模式？
2. 美的的发展及盈利模式能不能被复制？我们能从中学到什么经验？

六、创业思维训练

商业模式画布游戏

商业模式画布早已经成为创业课堂中的一种流行教学工具。本训练的目的是帮助学生思考商业模式9个关键要素的本质和顺序。

学习目标

1. 思考9个商业模式关键要素的意义和重要性。
2. 例证画布上的模块设计顺序,如何将各个模块分类为产生价值的类型或创造效率来传递价值的类型。
3. 讨论9个关键要素模块设计的顺序。

训练需要的材料

1. "商业模式卡片",每个小组一套9张卡片,每张卡片分别是9个商业模式关键要素的其中一个:客户细分、价值主张、渠道通路、客户关系、收入来源、核心资源、关键业务、重要合作、成本结构。打乱卡片顺序。
2. 空白大张卡纸,用来具体陈述关键要素。

训练步骤

1. 分成3~5个小组,每个小组提前准备一个创业想法,并用简洁的语言描述好自己的商业模式。
2. 每个小组一套商业模式卡片,若干张大卡纸。
3. 每组各自讨论,自行决定首先讨论哪一个关键要素。
4. 小组使用头脑风暴法完成以下问题(顺序自定):

a) 谁是你的付费用户?提示:答案要具体,不能抽象。只写直接收费用户,有多个群体用户者,请单独列出;如果用户是免费的而且永远免费,结束游戏。

b) 你给客户带来什么好处?提示:你与别人不一样的地方。

c) 如何让客户知道你?提示:用什么方法推广。

d) 如何将产品送达客户?提示:销售渠道。

e) 你的核心任务是什么?提示:从现在开始到你成功,你必须完成的主要工作。

f) 你还缺少什么?提示:团队?资金?技术?要具体化。

g) 谁能帮助你?提示:缺少的东西靠谁来解决。

h) 你有多少赚钱的产品或服务?提示:直接写你的产品或者服务名称,越具体越好。

i) 你需要投入多少成本?提示:预估启动资金,具体分项列出。

j) 将每个答案中的条目排序,选出排第一的项目(一共有9个第一)。

5. 讨论9个第一项目之间的关系,用一句话总结自己的商业模式,看看和刚开始的总结有何不同。
6. 把卡片一一对应到以上9个排第一的项目上,根据重要程度,给卡片排顺序。

7. 分享你的商业模式。关于关键要素顺序,可以多给点时间讨论。

总结

（1）教师总结每个小组的分享内容,对训练过程加以点评。

（2）介绍游戏发明者对顺序的认识。

（3）最后要阐明：排列顺序实际上并不重要,因为画布意味着一个反复的过程,随着你从每个采取的行动或开展的试验中获得的新信息,顺序会持续进行调整。

（4）解释一下商业画布游戏的一些误区。

七、课后思考题

1. 什么是商业模式,它与盈利模式有何区别？
2. 商业模式包括哪些内容？它们的逻辑关系如何？
3. 根据你所熟悉的企业实际,画出商业模式画布。
4. 互联网创业企业如何依据大数据进行商业模式创新？

第七章 创业计划书与撰写

本章要理解创业计划书的作用及撰写原则,掌握创业计划书的基本内容和结构,学会创业计划书的展示方法。

关键词:创业计划;创业计划书;路演;展示

四川大学学生参加创业大赛的故事

一个由10位四川大学学生组建的创业团队,在2006年举办的"'挑战杯'中国大学生创业计划竞赛"中获得金奖,并赢来2 200万元的风险投资。川大科技园孵化部经理王黎明透露,川大学生参赛的"食用菌废弃物循环利用项目"已被一家名为天元科技投资的公司看上,将在近期签约投资2 200万元。

刘宗锦成功组建了这个创业团队后,首先要做的是寻找项目。而为了寻找到合适的项目,团队成员几乎浏览了所有的科技网站,并一次次前往成都各大科研院所寻找项目。最后,在一名老师的引导下,他们去了川大国家大学科技园,并在科技园孵化部经理王黎明的推荐下,选择了一个已进入"中试"的项目——"食用菌废弃物循环利用项目"。

"食用菌废弃物循环利用"是川大公共卫生学院教师宋戈扬的专利项目,川大科技园已经对此项目进行中度试验,并且设有实验基地。刘宗锦等人拿到这个项目后,团队中来自医药企业管理、市场营销、卫生检验等专业的学生们开始做起第一份创业计划书。

经过两个月的精心准备,UP创业团队的《食用菌废弃物循环利用项目计划书》首先获得了川大"2006年学生课外学术科技节——'挑战杯'创业计划竞赛"一等奖。接下来,又被川大选送参加全省的创业计划竞赛,获得银奖。最后,在第五届"'挑战杯'中国大学生创业计划竞赛"上,UP创业团队再次获得金奖。

思考题:

(1) 读了这个例子,你对创业计划书的重要性有什么看法?

(2) 创业计划书能帮你做什么?

一、创业计划书及作用

1. 创业计划的概念

创业计划是一个落实创业设想的书面表达,是进行创业准备的工作原理,也是描述机会、团队、资源及其关系的重要文件。简言之,创业计划就是创业者打算如何对创业设想付诸实施的安排。

创业计划书通常被理解成一个用于创业者与相关利益群体沟通的书面表达,因此,创业计划书有相对固定的格式,它几乎包括创业所涉及的所有内容。从企业成长经历、产品服务、市场、营销、管理团队、股权结构、组织人事、财务、运营到融资方案,相当于是一个以固定语言、以固定格式表达的书面文件。

标准的创业计划书,应该做到内容翔实、数据丰富、体系完整、装订精致,让人容易理解,具有较强的吸引力,能够打动合作者。一份高质量的创业计划书,必须是内容充实的,它包含基于产品的分析,把握行业市场现状和发展趋势,综合研究国家法律法规、宏观政策、产业中长期规划、产业政策及地方政策、项目团队优势等基本内容,着力呈现项目主体现状、发展定位、发展愿景和使命、发展战略、商业运作模式、发展前景等,深度透析项目的竞争优势、盈利能力、生存能力、发展潜力等,最大限度地体现项目的价值。

2. 创业计划书的作用

(1) 为何需要创业计划

并不是每一位创业者都会按创业计划去开展创业活动,成功的创业者最后做的事业也经常与最初的创业计划无关,但是,创业者还是需要一份创业计划。为什么要将可能没用的东西作为衡量创业者的一个重要指标呢?

计划概念的形成是管理学建立的重要标志,管理学的重要来源之一。管理的五项基本职能,强调计划的职能,并将计划与其他管理职能分离,独立成为第一管理职能,其含义是无计划将无管理,计划是管理的开始。

计划是其他管理工作的纲,是目标,是工作的衡量标准,也是资源的统筹与安排。管理是排除混乱与盲目,依靠的是科学的计划,严格的计划会让安排更加有序和合理。但创业活动是否应该有计划呢?

与正常的管理活动相比,创业的探索性和风险性更强,创业计划似乎没有太大的意义,这也是理论和实践上对创业计划认识有所冲突的原因。但是,一个能够拟定严谨的创业计划的创业会让人相信其理性程度更高,考虑问题更加周全。因此创业计划是一个产生信任感的工具,以其逻辑、数据、判断和前景对合作者形成冲击,说服合作者主动参与创业,在困难时支持创业。即使没有对合作者的请求,一份创业计划也是对创业者自身的约束。虽然一些成功的创业者可能没有创业计划,但是那些没有创业计划,或者只有一份逻辑混乱,无法清晰指导创业行动的计划多会损失惨重,快速成为创业烈士。

在中华文化中,"预则立,不预则废"是一个重要的理念,它突出了预见、安排的重要性,对具有较高风险的创业活动而言,具有原则的指导性。复杂的创业活动无法用简单的创业计划书来描述,需要随机应变,但是关键的创业环节仍然需要有明确的安排。创业计划的核心在于对潜在的不确定性进行揭示,尽可能地预见各种风险,判断风险的大小和性质,以达到在创业过程中控制风险并转化风险的目的,在别人看起来是一个高风险的项目,创业者则能够在风险上做了预见和预判。中华文化中的这个传统让中华创业者会有更加可靠的创业安排,因此,有更高的创业成功率,当然,也经常会更加保守。

创业计划也经常会束缚创业者的创造性。创业机会并非是一次性的,当创业计划执行过程中出现了更加令人激动的创业机会时,创业团队会面临一个重大抉择。当创业计划已经受到内部和外部各种合作者所约束的时候,这种抉择会变得比较简单,但容易失去更加令人激动的创业机会。一些学者认为,创业计划应该是有方向,却没有明确规划资源和步骤的工作框架,或者可以有"例外",以便能够在获得合作支持的同时,也能够根据创业行动与环境的互动获得成长。

(2) 创业计划书的几个作用

① 沟通工具

创业计划书是一个沟通工具。对内而言,创业计划书可以作为项目运作主体的沟通工具,促使创业团队一起努力工作,系统思考新创企业的各个要素,全力以赴解决创业风险中的各个细节问题。从这一点来说,创业计划书体现着企业(项目)的价值。对外而言,它是沟通投资人、银行、客户(供应商和销售商)以及政府等外部相关利益群体的媒介,创业者据此寻找可能的合作者,实现市场行为。创业计划书又是一份愿景说明书,它向人们提出愿景,如果大家认同这个愿景,可以参与合作。所以,创业计划的沟通作用是把创业计划书作为一面旗帜,去召唤未来的合作者。

② 工作安排

创业计划书可以作为项目运作主体的管理工具。创业计划书中包含了资源投入的逻辑,从市场分析到目标及阶段目标的确定,需要与资源投入配合,不仅要考虑正常的运行和投入,还要考虑应对可能出现的不确定性。比如当一个项目市场可以接受的产品价格是5元,但达到这一个价格的规模经济成本是4元,创业者认为利润率不足以应对可能的风险,特别是这个项目的产品在市场上具有非常强的新颖性,接受起来存在较大的风险,更为重要的是达到规模经济所需要的资本量过高,是这个团队目前无法承受的,他们准备放弃。另外一个团队把他们的技术用在另外的产品上,价格达到10元,利润率大幅度上升,市场更加明朗,这项技术最后得到了运用。没有绝对正确的创业计划书。创业计划书是一个客观描述,所包含的商业逻辑表现了创业者的商业能力和对机会的认知,对创业者而言创业计划是已经被优化过的文件,可被视为项目运作主体的计划工具,引导公司走过发展的不同阶段。企业计划书应具有战略性、全局性、长期性,但是,创业计划书的主观性也非常明显,没有完全客观的创业计划书。尽管如此,创业计划书仍然是创业团队的工作蓝图,是一个以创业者提供的工作框架为基础,获得了相关利益群体认可的工作安排。

③ 章程

创业过程中的重要一环是确定公司章程,它要依据的正是这份相关利益群体公认的创业计划书。公司章程要描述公司性质、业务范围、承担的权利与义务,这些都要依据创业计划书,这是因为创业计划书曾经作为公开的沟通工具,大家是基于这份计划书而达成的合作意向。离开创业计划书重新确定的章程应该不为多数合作者所接受,甚至可能带来商业信誉上的争议。

制订一份完整的创业计划书需要投入相当多的精力,最终计划书应做成一份结构清晰完整、可作为公司宪章的业务文件。通常,一份创业计划书是一份完整、独立的文件。它不是一次完成的,即使完成了融资,也仍然需要对创业计划书进行完善,只有公司章程化以后,创业计划书才可能退居次要地位,作为创业的参考。

(3) 创业计划是否一定要用书面方式表达

俗话说,"口说无凭,立字为据",说明书面约定要比口头约定重要得多,其原因是为了避免记忆错失,从而无法按照约定安排行动。

书面化的创业计划书需要用书面语。相对来说,是正式语言,要语言精练,表达准确,措辞严谨,还可以使用多种语言工具,比如原理图、示意图、表格、曲线、图片加以佐证和表达,用不同的字体予以明确和突出。

和口头相比,文字的传播力更强。它主要通过阅读实现,而阅读的效率高,传阅较少受到时空限制,可以用时间换空间,也可以给阅读者以充分的时间思考、理解其中的含义。这必然要求创业计划书的撰写者落笔时需要慎重、严谨,文字不能有二义性。

书面表达的意义在于给出确定的证据,以形成明确而准确的约束,为监督提供依据。这会给自由发挥行为带来困扰,也让高复杂性的创业活动面临着自我约束的问题。因此,计划书的文字表述也要适当留有弹性余地,以防过度严谨的词语组织限制了创造力。

23岁大学生创业,9天即告"破产"①

23岁的舒正义是"陕西正氏科技发展有限公司"的创办人。2007年从西安工程大学电子信息专业毕业后,和许多大学毕业生一样,他跑过招聘会,托过家人找工作。后来虽然有一份不错的工作,但他并不满意,最后还是选择了辞职。2008年年初,舒正义接触到一种环保防水手电的产品,认为其非常有市场潜力,决定成立公司在陕西代理销售该产品。同时,为了发挥自己的专业特长,舒正义还计划将域名注册、网站建设等也作为公司的主营业务。舒正义的创业想法得到了很多同学和朋友的支持,很多人表示愿意和他一起干,其中有的还在上大学。舒正义和同学、朋友等8人东拼西凑筹得7万元来租房、买设备,开始创办自己的公司。

4月21日,这家主营域名注册、网站建设开发等项目,并取得一种环保防水手电陕西

---

① 资料来源:朱丽亚. 一大学生高调开公司9天即告"破产"[N]. 中国青年报,2008-05-12.

第七章
创业计划书与撰写

总代理的公司成立了。公司先后招聘了20多名员工,其中大多数是在校大学生,他们代理的产品也在不断地拓宽市场。但经营公司和上学完全是两回事,短短几天时间,舒正义就感到了压力,而且当初承诺办理公司注册手续的代理公司在拿了他1万元后杳无音讯,一时资金短缺成了这家刚刚起步公司的绊脚石。4月29日,舒正义一天没有吃饭,他拖着疲惫的身体跑学校、跑银行,但是没贷来款,"原因很简单,现在我没有房子、汽车做抵押,也没公司当担保"。在这个困境中,舒正义被逼无奈,只好宣布破产。

7万元,9天就都用光了吗?舒正义认为他没有赔钱,只是钱都投入公司了。租办公室时,"所有的朋友都反对,认为设计网站只要有台电脑就可以了",但舒正义还是把它租了下来,并花了2 000多元买了原房东的一些工艺品,又花了不少钱添置会议桌、办公桌以及二手的传真机、打印机等一大堆办公用品,"开公司就得有个公司的样子吧。我也到过很多公司,它们都运营很长时间了,还不如我公司气派呢"。还有一家知名度不高的媒体记者鼓动舒正义做广告,这也遭到所有人的反对,但舒正义说:"觉得人家过来了,不好意思。我请他吃了肯德基,后来做了2 000元的广告。"

思考题:
(1) 为什么舒正义9天创业即告"破产"?
(2) 大学生创业需要做哪些准备?创业计划书的作用有哪些?

二、创业计划书撰写

1. 创业计划书的撰写原则

故事——一个健身器材创业计划书
某健身器械公司创业计划书目录

章	内　　容	页码
一	执行概览	1
二	企业描述	3
三	产业分析	6
四	市场分析	10
五	营销计划	14
六	管理团队与公司结构	18
七	运营计划	22
八	产品设计与开发计划	25
九	融资方案	30
附录1	可行性分析梗概(顾客反映情况)	35
附录2	支持产业发展的研究	41
附录3	管理团队成员简历	50

思考题:上述创业计划书的撰写逻辑是怎样的?

我们可以从创业计划书的目录中,看到这位企业者的思考和内部涉及的商业逻辑。

第一,"执行概览"描述的是创业项目的历史,就是要令阅读者明白,后续要做的事业与现在已经取得的进步之间存在的关系,未来事业的基础和取得的成绩。一个从天上掉下来的突发奇想,不能称为创业计划书。一个已经达到某种规模的企业,认为不需要投资的,也不需要创业计划书,也是不正确的。因为即使不需要投资,也需要运用创业计划书对未来进行描述,或者兑现股权退出的权益。执行概览是创业计划书的起点。

第二,"企业描述"介绍了企业是做什么产品(或服务)的,它是答案,可以没有理由。

第三,"产业分析"是针对市场上的竞争情况解释。"市场分析"是针对你假设的顾客需要什么、这种需求的未来规模等解释"为什么要做这样一个企业"。

第四,要介绍"营销计划"。把营销计划放得如此靠前,表明这位创业者很重视营销。一些创业者非常重视营销,他们认为,如果没有想清楚如何借助营销解决市场问题,后续一切努力都将面临风险。这种商业思想是收入和利润为王,追求的是商业利润,而不是企业价值。

第五,要介绍公司能够实现计划的理由,这个理由主要由"管理团队与公司结构""运营计划"和"产品设计与开发计划"决定。如果生产这一产品存在技术问题,意味着市场需求长期存在,只是技术没有解决,这时研发和产品生产成为关键。如果是服务产业,需求也很明显,虽然它没有那么复杂的生产过程,但是要提出自己的特殊运营流程,提供特殊服务或者利用了特殊的流程管理,有更强的成本或其他竞争优势。需要注意的是,也可能主要不是为了竞争,而是为了更好的服务,比如"钱大妈",它的流程管理是为了让购买健康的人更恰当地买到这家店的果蔬。

第六,财务计划和融资计划。财务计划中应该以公司发展战略为基础,然后形成对资金的需求。后面附件以更详细具体的辅助材料去证明前面所述的真实性和可靠性,也是创业计划书的重要组成部分。

创业计划书的本质是"论证":证明产品或服务的前景,证明团队有实力并适合做该项目,证明营销手段有效,证明市场空间巨大,证明有很大的盈利机会。它要具有说服力,不仅会说服投资人,也会说服自己坚守下去,而说服力一定要以逻辑为基础。总的来说,创业计划书的写作,在逻辑结构上应该具有一环扣一环的论证关系。它不是简单的内容罗列或堆砌,而是应该遵循逻辑性强的原则。这一原则可以分解如下。

(1)创业计划书的内容应该以需求分析为起点,把市场调查作为辅助工具,重视需求分析,要使用观察方法,洞察新的变化。

(2)创业计划书是创业者在前期工作基础上撰写的,如果没有实际业绩,可以将调研、试验以及其他可能的佐证表达出来。

(3)创业计划书传递的是一个清晰易懂,以及应当如何去达到的"故事"。数据必须来自于自己调研的真实可靠的数据,如果没有数据,就需要有间接证据支持。

(4)创业计划书要使用逻辑性思维去阐述,并利用数据去支撑逻辑。各个章节之间要逻辑一致,承上启下。还要反复检验,以免出现前后不一致、因果倒置等错误。

(5) 尽量做到发现风险,分析风险,利用风险和应对风险。当发现风险与能力以及目标不一致时,需要调整或放弃创业计划。

2. 创业计划书的结构和内容

三人行科技股份有限公司创业计划书

摘要:三人行科技股份有限公司是一个针对在校大学生、年轻白领,以旅游产品信息为中心,实现本地化旅游产品信息分享的服务性公司。公司集资讯、社区、娱乐等诸多功能于一体,本着为用户提供健康、休闲的业余生活方式的宗旨,依托互联网,建立了一个本地旅游产品信息策划和分享的社交化平台。经过一年的研究和实地考察,开辟了一片蓝海:重视用户的实际体验,提供自行策划旅游线路、分享旅游信息和旅游信息评价的个性化服务。

三人行科技股份有限公司创业计划书

第1部分　概要/4
第2部分　公司/4
　2.1　综述/4
　2.2　战略/4
　2.3　投资/5
第3部分　服务与特色/5
　3.1　公司功能划分/5
　　3.1.1　核心功能/5
　　3.1.2　辅助功能/6
　　3.1.3　其他功能/6
　3.2　网站功能划分/6
　　3.2.1　景区百科/6
　　3.2.2　会员系统/7
　　3.2.3　消息系统/8
　　3.2.4　群组系统/8
　　3.2.5　关注系统/9
　　3.2.6　评价系统/10
　　3.2.7　标签系统/10
　　3.2.8　积分系统/10
　　3.2.9　分享系统/10
　　3.2.10　信息广场/11
　　3.2.11　智能推荐/12
　　3.2.12　搜索服务/12
　3.3　创新亮点/12
第4部分　市场竞争与分析/12
　4.1　宏观环境分析/12
　　4.1.1　在线旅游业快速发展/12
　　4.1.2　居民收入增长与消费结构的转变/13

　　4.1.3　中青年成为社交网络的主流人群/13
　　4.1.4　小结/14
　4.2　行业竞争分析(波特理论)/14
　　4.2.1　行业竞争五力模型/14
　　4.2.2　分析详述/16
　　4.2.3　在线旅游品牌各方面指标对比/18
　　4.2.4　小结/22
第5部分　发展战略/22
　5.1　总体战略/22
　5.2　公司使命/22
　5.3　公司宗旨/23
　5.4　发展战略/23
　　5.4.1　公司组建/23
　　5.4.2　初期(1~2年):宣传推广、树立品牌形象、培养用户习惯和迅速抢占市场时期/23
　　5.4.3　中期(3~5年):企业进入扩张时期,重点进驻广州以外的城市/23
　　5.4.4　后期:企业进入稳定时期,积极开拓新领域,争取上市/23
第6部分　市场营销/24
第7部分　融资方案与投资说明/24
第8部分　企业内部架构及管理/24
第9部分　财务与风险分析/24
第10部分　附录/24

思考题：
(1) 从上述计划书中你能发现什么问题？
(2) 从目录上看，撰写人主要写了哪些内容？

知道了创业计划书的写作原则，创业计划书的结构和内容也就清楚了。一般来说，创业计划书包含以下几个方面。

(1) 执行概览

执行概览要列在经营计划书的最前面，它浓缩了经营计划的精华。计划摘要涵盖计划的要点，以便读者一目了然，并能在最短的时间内评审计划并作出判断。

在介绍企业时，首先，要说明创办新企业的思路，新思想的形成过程以及企业的目标和发展战略。其次，要交代企业现状、过去的背景和企业的经营范围。在这一部分中，要对企业以往的情况作客观的评述，不回避失误。中肯的分析往往更能赢得信任，从而使人容易认同企业的经营计划。最后，还要介绍风险，企业家自己的背景、经历、经验和特长等。企业家的素质对企业的业绩往往起关键性的作用。在这里，企业家应尽量突出自己的优点并表示自己强烈的进取精神，以给投资者留下一个好印象。

介绍性材料或者执行概览，一般包含以下内容：
- 公司介绍；
- 主要产品和业务范围；
- 市场概貌；
- 营销策略；
- 销售计划；
- 生产管理计划；
- 管理者及其组织；
- 财务计划；
- 资金需求状况。

(2) 产品或服务

在进行投资项目评估时，投资人最关心的问题之一是：企业的产品、技术或服务能否以及能在多大程度上解决现实生活中的问题，或者企业的产品（服务）能否帮助顾客节约开支，增加收入。因此，产品（服务）介绍是创业计划书中必不可少的一项内容。在产品（服务）介绍部分，企业家要对产品（服务）作出详细的说明，说明要准确，也要通俗易懂，即使不是专业人员的投资者也能明白。通常，产品介绍都要附上产品原型、照片及其他介绍。

通常，产品介绍应包括以下内容：
- 产品介绍；
- 产品的市场竞争力；
- 产品的研究和开发过程；
- 发展新产品的计划和成本分析；

- 产品的市场前景预测；
- 产品的品牌和专利。

（3）产业分析

产业分析是评估一个有前景的商业机会价值的基本方法。企业所在的产业，基于其结构特征、历史条件、现实趋势，基本上决定了这个企业参与竞争的地位。一个完备的产业分析对一个新企业来说，也表明了企业可能达到的程度。一些企业，如电脑业的戴尔、特色餐饮业的星巴克，虽然通过引入新的商业模式，或具备胜过其他竞争对手的大多数产业优势，基本上使其所在产业发生了翻天覆地的变化，但是这些企业就常规来说仅仅是罕见的特例。大多数新创企业仍受到产业相当大的限制，它们的表现与你读完整个产业分析之后的预期基本一致。

产业分析就如同一个参照点，它展示了产业中一般企业的运行情况、产业的总体发展趋势。

市场分析包含以下内容：
- 描述创业企业所涉及的产业；
- 产业规模、增长速度和销售预测；
- 产业结构、产业参与者性质、产业关键成功因素；
- 产业环境趋势和商业趋势；
- 产业周期；
- 远期产业前景。

（4）市场分析

当企业要开发一种新产品（服务）或向新的市场扩展时，首先就要进行市场预测。如果预测的结果并不乐观，或者预测的可信度让人怀疑，那么投资者就要承担更大的风险，这对多数风险投资家来说都是不可接受的。

市场预测首先要对需求进行预测：市场是否存在对这种产品的需求？需求程度是否可以给企业带来所期望的收益？新的市场规模有多大？需求发展的未来趋向及其状态如何？影响需求都有哪些因素？其次，市场预测还要包括对市场竞争的情况——企业所面对的竞争格局进行分析：市场中主要的竞争者有哪些？是否存在有利于本企业产品的市场空当？本企业预计的市场占有率是多少？本企业进入市场会引起竞争者怎样的反应，这些反应对企业会有什么影响？等等。

市场分析包含以下内容：
- 市场状况、变化趋势及潜力；
- 竞争厂商概览；
- 本企业产品（服务）的市场地位；
- 市场细分和特征；
- 目标顾客和目标市场等。

（5）竞争分析

在创业计划书中，应细致分析竞争对手的情况：竞争对手都是谁？他们的产品如何？

竞争对手的产品与本企业的产品相比,有哪些相同点和不同点?竞争对手所采用的营销策略是什么?要明确每个竞争者的销售额、毛利润、收入以及市场份额,然后再讨论本企业相对于每个竞争者所具有的竞争优势,要向投资者展示顾客偏爱本企业的原因。创业计划书要使它的读者相信,本企业不仅是行业中的有力竞争者,而且将来还会是确定行业标准的领先者。在创业计划书中,还应阐明竞争者给本企业带来的风险以及本企业所采取的对策。

这一部分由以下内容组成:
- 现有和潜在的竞争者和替代产品分析;
- 找到合作伙伴;
- 扫清产品或服务进入市场的障碍;
- 划出竞争空间;
- 当前的竞争者及应对方案;
- 竞争优势和战胜对手的方法。

(6) 营销策略

营销是企业经营中最富挑战性的环节,影响营销策略的主要因素有:①消费者的特点;②产品的特性;③企业自身的状况;④市场环境;⑤营销成本和营销效益。对创业企业来说,由于产品和企业的知名度低,很难进入其他企业已经掌握的销售市场中去。因此,企业不得不暂时采取高成本低效益的营销战略,如上门推销,大打商品广告,向批发商和零售商让利,或交给任何愿意经销的代理商。对发展中企业来说,它一方面可以利用原来的销售渠道;另一方面也可以开发新的销售渠道以适应企业的发展。

营销策略应包括以下内容:
- 市场机构和营销渠道的选择;
- 营销队伍和管理;
- 促销计划和广告策略;
- 价格策略。

(7) 运营计划与产品(服务)开发计划

在寻求资金的过程中,为了增大企业在投资前的评估价值,企业应尽量使生产制造计划更加详细、可靠。一般来说,生产制造计划应回答以下问题:企业生产制造所需的厂房、设备情况如何;怎样保证新产品在进入规模生产时的稳定性和可靠性;设备的引进和安装情况,谁是供应商;生产线的设计与产品组装是怎样的;供应者前置期的资源需求量;生产周期标准的制订以及生产作业计划的编制;物料需求计划及其保证措施;质量控制的方法是怎样的;相关的其他问题。

这部分包括以下内容:
- 产品制造和技术设备现状;
- 原材料、工艺、人力等安排;
- 新产品投产计划;
- 技术提升和设备更新计划;

- 质量控制和质量改进计划。

（8）管理团队和公司结构

风险投资家会特别注重对管理队伍的评估。企业的管理人员应该是互补型的,要有团队精神。一个企业必须要具备负责产品设计与开发、市场营销、生产管理、企业财务管理等方面的专门人才。

管理团队和公司结构部分应包括以下内容:

对主要管理人员加以阐明,介绍他们所具有的能力,在企业中的职务和责任,过去的详细经历及背景。简要介绍公司结构,包括以下方面:公司的组织机构图;各部门的功能与责任;各部门的负责人及主要成员;公司的薪酬体系;公司的股东名单,包括认股权、比例和特权;公司的董事会成员;各位董事的背景资料。企业管理的好坏,直接决定了企业经营风险的大小。而高素质的管理人员和良好的组织结构则是管理好企业的重要保证。

（9）财务预测

一份经营计划应概括地提出在筹资过程中企业需要做的事情,而财务规划是对经营计划的支持和说明。因此,一份好的财务规划对评估企业所需的资金数量,增强企业取得资金的可能性是十分关键的。如果财务规划准备得不好,会给投资者留下企业管理人员缺乏经验的印象,降低企业的评估价值,同时也会增加企业的经营风险。那么如何制定好的财务规划呢?这首先取决于企业的远景规划——是为一个新市场创造一个新产品,还是进入一个成熟市场。

财务预测一般要包括以下内容:

- 经营计划的假设条件;
- 市场规模预测与增长预测,销售额预测;
- 不同阶段的成本预测;
- 预计的资产负债表;
- 预计的损益表,用于估计何时能够达到盈亏平衡,何时能够收回投资,估算投资回收期;
- 现金收支分析,用于分析现金收支及企业可以支配的基础资源(现金)情况;
- 资金的来源和使用;
- 融资需求,参考企业估值、公司治理和股权分配,确定融资结构。

（10）创业风险

创业的起始阶段,创业风险的不可预测性比一般企业都要大很多。因此,创业计划书必须说明,当风险出现时,创业者会如何面对,或者说创业者将如何把风险降到最低,这也是投资者最关心的问题之一。

需要注意的是,并非任何创业方案都必须包括上述的全部内容。创业内容不同,相互之间的差异也就很大,只能根据创业的性质和特点,创业方案的听众特点,以及各个团队的独立判断来设计方案内容和结构。

创业计划书的主要目的之一就是筹集资金,能帮助把企业推销给风险投资者。因

此,创业计划书必须说明:

(1) 创办企业的目的:为何要冒风险,花精力、时间、资源、资金去创办企业?

(2) 创办企业所需的资金:为什么要这么多资金?为什么投资人值得为此注入资金?

这部分包含如下内容:
- 市场风险;
- 竞争风险;
- 资源风险;
- 管理风险;
- 技术风险;
- 团队风险;
- 创始人风险。

3. 写好创业计划书的几个细节

(1) 为了确保创业计划书具备说服力,应该紧紧围绕以下几个重点来撰写

1) 关注产品特色,一定与需求对位;
2) 敢于竞争;
3) 了解市场;
4) 表明行动的方针;
5) 展示管理队伍;
6) 出色的计划摘要。

(2) 为了确保创业计划书通俗易懂,应该符合以下特征

1) 清楚明了;
2) 简明扼要;
3) 逻辑性强;
4) 真实可信;
5) 必要时辅以图表。

(3) 为了确保创业计划书能清晰传递,应该做好以下几个方面

1) 要第一时间让读者知道公司的业务类型,切勿在最后一页才提及。
2) 要声明公司的目标。
3) 要阐述为达到目标所制定的战略与战术。
4) 要陈述公司需要多少资金?用多久?怎么用?
5) 要有一个清晰和符合逻辑的让投资者收回投资的策略。

(4) 其他方面

1) 要陈述企业的经营风险;
2) 要有具体资料,有根据和有针对性的数据必不可少;

3) 要给企业计划书附上一个吸引人但得体的封面;
4) 不要任由某一方面因素控制你的写作思维;
5) 不要在创业计划书中使用过多让读者难以理解的技术内容和术语。

三、创业计划书的展示

故事：失之交臂

一位来自马来西亚的同学，报名紫荆谷创业培训中心，带着她的燕窝项目参加培训，写的创业计划书已经得到了一些同学认可，也在模拟路演上做了几次表达，大家都没有留意她的计划书中的缺陷。在毕业项目验收会上，她仍然用模拟路演时的 PPT，投资人在现场给她提出了很多批评，她认为根本没有戏了，抓紧最后一点时间去跑业务。路演结束时，投资人想起她这个项目还有希望，却没有联系方式。后来创业学院的项目管理人员好不容易找到她，但她已经回国，投资的事被拖了下来。

思考题：PPT 展示的意义在于什么？

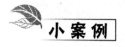

幻灯片展示案例

第 1 页：项目总结。一句话的项目总结，表达出"你要做的事情到底能够给人们的工作或者生活方式带来什么改变？"或者"你对某个行业的发展带来哪些改变？"用"改变"这个词而不是"改进或者改善"，是因为只有带来"改变"的新服务才有真正的新市场，也才会有更为明确的投资价值。

第 2 页：相应行业市场存在的关键问题及带来的市场机会。本页反映的是创业者的市场眼光，是仅仅能看到一个局部细分，还是能结构化地去看到一个市场的缝隙和机会。这点也是投资人考察创业者能力的重要指标，因为在一家公司的成长过程中，对商业模式做 2~3 次的重大调整，也是很正常的。而在市场的变革中，丢掉市场机会让竞争对手成长是最可怕的，因此，要求团队对市场分析要有远见、有深度，建议对这页内容花时间仔细研究，否则"眼光短浅"难成大事。

第 3 页：如何解决第 2 页提出的问题。在讲述时要措辞有力而不含糊。如果第 2 页没写对，第 3 页的解决措施就缺乏依据。在这个过程中，要特别提醒创业者的是解决的展示手法要有创意，要有智慧。

第 4 页：收入模式。谈到收入，有个问题非常值得探讨，那就是"规模倍增收入"和"项目性收入"的差别很大。千万别觉得创业项目有收入甚至盈利，就有投资价值。还有一个问题，也是很多创业计划中最常见的，那就是多元化的收入模式，一个方向有 8 个收入来源。这种计划的优劣不作评价，但是，有一个核心、倍增的收入模式才是投资者关注的重点。

第 5 页：团队。建议可以按照这样的顺序来介绍团队：公司方向/目标—需要的资源(经验值)—经验值对公司未来贡献的比重—对应的股权比例—对应的核心人才(团队)。这样的顺序是想让创业者重新审视自己的团队搭建是否合理。投资就是投团队,而这个团队最好具备如下条件:有一定的相关经验、有合作默契、有明确的核心、有适合的股权结构(所有人心甘情愿拿相应的股份)、有强烈的成功欲望、有坚决的执行力和效率。

第6页:执行状态。介绍你现在按照预期目标和策略,执行到哪个程度了,向投资人证明你们的执行能力。

第7页:融资规模与使用。钱不是越多越好,合适的钱会让投资者和团队未来保持和谐。这里面有很多P/E的算法和技巧,建议找懂得资产投资的人一起参谋。定价合理也是促进投资速度的重要因素。

第8页:融资后的未来财务预期。合适的钱花到合适的地方。

第9页:项目风险与规避。没有哪个项目没有风险,但投资者最不能接受的是人的风险:团队的诚信和团队的凝聚力。

第10页:小结——为什么要投资我们。对准确的市场结构分析、清晰的定位、倍增的收入模式、完整的团队、符合策略的现状、合适的钱、合理的资金使用、靠谱的回报、有准备的风险规避等进行总结。

思考题:

1. 案例给出了团队展示的建议,你认为大学生创业者还应该注意什么?
2. 展示创业计划的目的是获取风险投资者的投资,你认为创业者在展示中应该具有怎样的姿态?

1. 创业计划书展示前的准备

想让自己的创业计划书令投资者或者银行家感兴趣,创业计划书的展示是个相当重要的环节,很多创业者都是实干家,扎实肯干,但往往沟通、表达能力不足。沟通的本质在于思想传递,沟通方法不恰当,就会使得思想无法传递给他人(包括投资者或合作伙伴),致使失去融资或合作机会。

为了顺利且成功地展示创业计划书,建议做好两方面的工作:演讲准备和演讲技术的使用。

演讲开始前,第一是要了解路演性质,掌握听众情况、主办方和主要参与者情况,尽可能多地搜集听众信息,如要收集投资者、评委的姓名及背景资料,演讲时可以建立起关联关系。第二是演讲时间要严格控制,合理分配演讲和提问的时间。第三是要准备着装,一般情况下身着正装,特殊情况下,团队可以身着具有自己公司明显标识的衣服,带好名片。第四是要反复演练,提前了解场地情况,比如现场是否有投影设备、麦克风等设施,以便做好演讲方式。

演讲技术需要提前熟悉。第一要确定由谁来完成演讲,当然是选择有演讲才能的成员主讲,但是考虑到其对项目的熟悉程度,需要更多的成员参与辅助。第二是利用好幻灯片及口头描述,但幻灯片并不是关键,你和你的队员才是。因此幻灯片不用太详细,但要有框架。幻灯片的制作要简明扼要,可以用6-6-6法则:每行不超过6个单词,每页不超过6行,连续6张纯文字幻灯片之后要有一个视觉停顿(图、表),不要太花哨。一场二三十分钟的演讲不要超过12张幻灯片。第三是演讲要生动有趣,充满激情,介绍个人经历或奇闻趣事,保持幽默,通过手势和激昂的语调展现热情,邀请听众适度参与,展示产品的样品等。需要指出的是,演讲内容不一定要与计划书完全一致。

2. 创业计划书展示幻灯片

几乎所有的演讲所用的幻灯片都是从标题张开始的,创业计划书的展示也不例外。

(1) 标题张

(停留不小于1分钟,等待留下联系方式。讲什么呢?可以提出一个问题,或者把摘要中的问题简要介绍。)

公司名称/标志(大字)
• 创始人姓名 • 创始人联系方式 • 对演讲的听众表达致谢
日期

(2) 第一张:概述(如前一张已讲,可快过)

概　述
• 产品/服务的简要介绍 • 演讲要点的简单介绍 • 简要阐述成功创业后,可能带来潜在的积极效果(如商业、社会、财务)

(3) 第二张:问题(不少于五分之一时间)

问　题
• 说明亟待解决的问题 • 问题在哪儿 • 为什么顾客对现有结果不满意 • 此问题未来会得到好转还是会变得更加糟糕 • 通过调查研究以证实问题 • 潜在顾客的想法是什么 • 专家观点是什么 • 问题的严重性

(4) 第三张：解决办法

解 决 办 法
• 说明你的公司提供的问题解决方案 • 与其他解决方案相比,展示你的解决方案所具有的显著差异性 • 展示你的解决方案在多大程度上促使顾客生活变得更富足、更高效率或者取得更大效用 • 说明将如何设置进入障碍,防止他人短期内复制你的方案

(5) 第四张：机会和目标市场

机会和目标市场
• 清楚地表明目标市场的具体定位 • 分析商业和环境的变化趋势足以提供目标市场的推动力 • 如果可能,用图表展示目标市场规模、预期销售额（最少三年）和预期市场份额 • 说明怎样实现你的销售额 • 准备解答对于数据的疑问

(6) 第五张：技术

技 术
• 如果有需要,介绍你的技术,或是产品/服务的独特之处,不要太多地论述技术方法,你的描述让人易于理解 • 展示你的产品/产品模型的图片,或者加以描述。如果可以的话,演讲时展示产品的样品 • 说明可能涉及的知识产权问题

(7) 第六张：竞争

竞 争
• 详述直接的、间接的以及未来的竞争者 • 展示你的竞争者分析方格 • 以竞争者分析方格说明你与竞争对手相比的竞争优势 • 说明为什么你认为竞争优势具有持久性 • 如果退出策略是被某个实力更强的竞争对手收购,不妨在这里提出这种可能性

(8) 第七张：营销和销售

营销和销售
• 描述你的总体市场营销策略 • 描述你的定价策略 • 说明你的销售过程 • 说明行业内消费者(厂商)的购买动机是什么 • 说明怎样唤起消费者对你的产品/服务的注意 • 说明产品怎样抵达最终消费者 • 说明是自己培育销售力量还是与中间商合作

(9) 第八张：管理团队

这一张也可以提前到第二张，为了体现团队的中华文化，更需要先强调团队的合作基础。

管　理　团　队
• 介绍你现有的管理团队 • 介绍他们的个人背景与专业 • 介绍他们的背景、专长在成就事业中怎样发挥出关键作用 • 介绍团队如何展开合作 • 说明管理团队成员的空缺以及你打算如何来弥补此空缺 • 简要地介绍你的董事会或顾问委员会成员

(10) 第九张：财务规划

财　务　规　划
• 介绍未来3～5年你总体的收入规划及现金流规划 • 尽量把规划内容集中在一张幻灯片上 • 如果显示的字体太小，就换另一张幻灯片

(11) 第十张：企业治理现状

企业治理现状
• 强调到今天为止所取得的重大进展 • 介绍发起人、管理团队、前期投资者已经向企业投入了多少资金 • 说明资金使用情况 • 介绍企业现有的所有权结构 • 介绍企业的产权形式(如有限责任公司、非纳税公司、普通公司)

(12) 第十一张：融资诉求

融 资 诉 求
• 展示你的资金明细表 • 渠道和资金使用方式要尽可能具体地加以说明，尤其是资金的使用方式 • 介绍在资金筹得后，预期将取得的重大进展

(13) 第十二张：风险分析

风 险 分 析
• 经营风险 • 市场风险 • 财务风险 • 环境风险

(14) 第十三张：总结或愿景

总结或愿景
• 概括介绍企业最大的优势 • 概括介绍创业团队最大的优势 • 介绍企业成长路径与退出机制

3. 设计电梯式演讲

对一家新企业来说，一种十分有用的练习就是设计电梯式演讲。电梯式演讲是简短的、仔细构思过的表述。它对商业机会价值进行提纲挈领的归纳。为什么将它称为电梯式演讲呢？如果一位创业者进入25层大楼的电梯内，并且非常幸运地在同一个电梯里偶遇潜在的投资者，在从25层往底楼下行的时间里，创业者可以试图让投资者产生兴趣。多数电梯式演讲的时间在一两分钟内。

电梯式演讲可能在身边很多场合发生。例如，许多高校主办的创业研究活动，会邀请创业者和投资者参加。通常这些活动会专门设计让企业家与潜在投资者会面的茶歇时间，他们可以在一起讨论投资问题。为此，电梯式演讲需要新创建企业要做的一件事情是，准备一份设计十分简明、切中要害的商业机会描述性文稿或提纲，并烂熟于心，伺机灵活运用。新创建企业的电梯式演讲应当认真准备，经常练习。

以下列举的是一份60秒时长的电梯演讲提纲。

电梯式演讲的步骤：

第一步，阐述机会或可能需要解决的问题。

第二步，阐述你的产品/服务如何去满足机会，或如何去解决问题。

第三步，阐述你的资质和条件。

第四步,阐述你的市场。

四、案例精读

1. 企业综述

"老友记"合伙企业创业计划书基本结构

"老友记"是一家专门为老年人提供文化休闲服务的合伙企业。企业着眼于老年人市场,从"六个老有"的理念出发,旨在向老年人推广一种"健康、时尚、趣味"的休闲生活方式,为具有一定消费能力的老年人(准老年人)提供休闲娱乐的综合性平台。企业初创期的主营业务包括基础会员服务以及特色兴趣班,通过提供棋牌、茶座、舞蹈等休闲服务以及时下最热门时尚的兴趣课程,实现"玩"与"学"的结合,同时为会员提供人性化的电话聊天、知识讲座、老年旅游等附加服务,用"周全贴心"的服务吸引、留住顾客。随着企业的发展与壮大,"老友记"将新增家政服务等主营业务,同时,附加服务更为多样化,最终总体上实现由中低端向中高端乃至综合型老年人休闲娱乐服务产业的转变。

初创期企业的性质为合伙企业,在成长期转型为有限责任公司。作为由大学生组织创立的机构,企业拥有敏锐的嗅觉与活跃的生命力,旨在向老年人推广新的生活方式与观念,以理念引导潮流,以潮流带动消费。

(1) 企业理念

企业推行"先理念,后产品"的经营模式,理念不仅是企业文化的核心所在,同时也是产品的开发设置、市场营销与决策的宗旨、原则。从企业针对的消费群体以及本身的定位出发,"老友记"将企业的经营理念定位为"六个老有":老有所为、老有所乐、老有所养、老有所医、老有所教、老有所学。

(2) 企业目标以及战略

本企业的最终目标是成为一家具有自主品牌的多元化综合性老年人服务企业。在"六个老有"理念的指导下,企业对未来的发展作了相应规划。在未来各个时期,企业需要达到的目标具体如表7-1所示。

表7-1 企业不同时期的具体目标

初创期	快速平稳进入市场,通过提供优质内容,争取在顾客心中留下独特良好的品牌形象与地位,为进一步发展打下基础
成长期	进一步提高市场占有率,拓展业务并精细化业务,培养企业在广州老年人群体中的知名度与影响力
扩张期	占领市场进一步扩大,在前面阶段的基础上实现横向拓展,向其他地区拓展业务,建立自己的店面,同时改良服务团队
成熟期	在积累一定资金与经验后,开展与老年人相关的其他服务,如老年人旅游等,做到多元化服务;同时利用品牌知名度进行贴牌生产

2. 产品设置

在企业不同的发展时期,产品的设置会作出相应的改变,每个时期的产品设置具体如表 7-2 所示。

表 7-2　企业不同发展阶段产品设置

时期	基础会员服务	特色兴趣班	附加会员服务
初创期	歌舞厅、棋牌室、书画室、歌舞戏曲室、茶座	书法班——软笔楷书;舞蹈班——健身操课程;手工制作班——DIY 课程	老年人旅游、团体表演、提供家政信息、电话聊天、会员热线、知识讲座
成长期	歌舞厅、棋牌室、书画室、歌舞戏曲室、茶座	书法类兴趣班:开设入门班、提升班和亲子班;舞蹈类兴趣班:开设健身操、柔力球、简易交谊舞、拉丁舞、民族舞课程;手工 DIY 兴趣班:开设普通班和亲子班	老年人旅游、团体表演、提供家政信息、电话聊天、会员热线、知识讲座,新增:家政服务、专车接送、定期身体检查
扩张期	与成长期大致相同,会根据店面开设区域的不同,"因地制宜"做出修正,主要是对原有项目的改进和提升		
成熟期	寻找合作工厂进行贴牌生产老年人服饰、理疗保健品等产品,同时组建团队,自主开发部分老年人产品,还会并购小型旅游公司和服务企业,专门打造适宜老年人的人性化旅游路线和提供其他服务		

"六个老有,充实晚年"是产品设置过程始终秉持的理念,在这种理念的指导下,"老友记"对项目进行了筛选整合,从时效性、细化程度、人性化服务以及产品递延性出发,进行产品的开发与设置,使得"老友记"产品能够很好地迎合消费者需求,在市场竞争中凸显自身优势。

3. 企业竞争环境与 SWOT 分析

"老友记"一旦进入市场,必然会面对来自行业竞争者、供应商、购买者、新进入者、替代品等方面的压力与竞争。面对竞争,"老友记"是否能够很好地应对,实现自身的战略规划与目标,这与预先对所处的环境以及自身的发展情况的认识密切相关。下面利用SWOT 分析法对企业进行分析(图 7-1)。

经过调研,老年人市场挑战与机遇并存。"老友记"想要求得自身的进一步发展,就必须牢牢把握已有机遇,发挥内部优势,在不断的改进提升中扭转劣势,谨慎从容地应对威胁,保持敏锐的市场嗅觉。

4. 市场概况与营销策略

(1) 市场概况

随着社会的不断发展,老年人市场呈现出许多区别于传统看法的新特点,只有牢牢

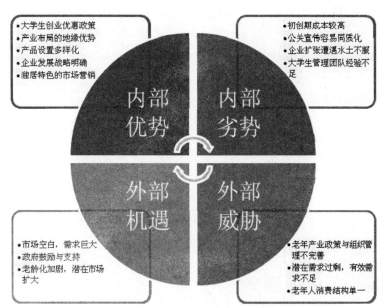

图 7-1 "老友记"的 SWOT 分析图

把握住老年人市场特点,才能实现有针对性的市场营销策略。老年人物质生活以及消费意识的改变所带来的需求提升,与现有产业零散所形成的巨大供需矛盾,为"老友记"的发展提供了很好的市场环境。

（2）总体策略

企业营销总体上遵循以"文化休闲服务"为主轴,由集中向发散、由简单向多元的战略部署。

横向发展：以休闲中心、特色老年人活动培训以及家政服务作为核心产业,实现由广州地区向珠三角地区扩张。

纵向发展：在经营核心产业的基础上逐步向外衍生,做到服务项目的不断丰富化与精细化,增加旅游、理疗以及贴牌生产等辅助项目,实现产业的多元化。

（3）分阶段营销策略

"老友记"企业是直接面向老年人及其子女这一消费群体的服务型企业,在企业营销过程中,针对不同消费群体的消费心理特征,从"4P"营销组合理念出发,制定企业各时期的营销策略。

5. 投资与财务

"老友记"是由大学生团队创立的企业,融资以及资金投放是值得关注的财务重点。

（1）融资

企业在规划期内对公司进行全面控股。在融资方面,通过合理的预算首次筹资 98

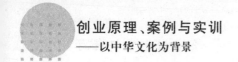

万元,在第四年继续向银行贷款 70 万元用于店面数量的扩充。

(2) 资金投放

(略)。

6. 企业管理以及核心团队

企业初创期为合伙企业;在成长期转型为有限责任公司。结合企业的实际,企业运营初期实行部门分工管理,设有总经理和行政部、业务部、财务部、营销部,部门分设部门经理和部门副经理。

案例思考题:

(1) 上述创业计划书是否讲清楚了计划投资的价值所在?

(2) 你认为在市场概况分析中还应包括哪些内容?

五、创业思维训练

完美展示你的创业想法

研究已经表明,人们在不到 90 秒的时间里就会确定他们是否想更深入了解一个创意。这通常需要 7~20 秒创建第一印象,接近 93% 的第一印象是建立在非语言沟通(坐姿、站姿、眼神接触、身体语言、语调和物理特征,如着装)之上的。当创业者过于软弱、缺乏激情、读幻灯片、躲避眼神接触、依赖技术术语或举止夸张时,投资者很快就会置之不理或拒绝。

学习目标

1. 学会展示新创业想法的基本架构,并能熟练向他人介绍创业想法。

2. 思考理解听众的期望和动机的重要性。

训练材料

1.《评分表》。此评分表是用来评价创业者展示新创业想法的表现,一般由教师根据展示创业计划的基本要求制订。

2. 展示者所需要的任何设备。

训练步骤

1. 学员分组,学员以小组为单位构建一个创业想法,并将其写出来,做成任何可以向观众展示的材料清单,并反复在小组内演练如何展示。创业想法应包含以下内容:①产品或服务;②目标客户;③满足顾客的什么需求;④怎样满足这些需求;⑤这是个好的创业机会吗?为什么?⑥市场竞争;⑦盈利点;⑧创业资源;⑨创业团队。

2. 每一组确定一个展示方案:时间、结构、谁来演讲。

3. 小组上台演讲创业想法。

4. 寻找裁判或者小组之间利用《评分表》互相打分。

六、课后思考题

1. 撰写创业计划书的原因是什么？为新创企业写创业计划书有哪些好处？
2. 撰写创业计划书的最重要原则是什么？
3. 展示创业计划书之前为什么要做好充分准备？
4. 什么是电梯式演讲？怎样设计电梯式演讲才有助于企业更有效地展示创业计划书呢？

第八章　创业资源与融资

本章从中华文化视角认识创业资源,介绍创业资源概念、作用与取得的途径,建立资源开发与资源转换的观念,重点介绍创业融资的方法。

关键词:创业资源;创业融资;创业资源开发;资源转换

段永平的事业

段永平从小霸王退出几个月后成立了一家属于自己的公司"步步高"。中国人知道,步步高的产品是一个电话广告:一位在方便的男士,因为电话铃声骤然响起,急忙提起裤子,接着画面还是那位男士,听到旁边的铃声响起,手里拿起电话,继续从容地方便。这就是他们的第一款产品,是与原来的学习机完全不在同一个领域的产品——"二哥大",可以让顾客理解成为家庭或者近距离的"大哥大"(移动电话),其实就是现在人们经常说的无绳电话。段永平自己创业也如同在给小霸王学习机打工时那样,一下子就获得了巨大成功。他选择了一个全新行业,能够容易让人理解,又在多数人生活的环境中成为一种重要商品的配套商品,这个环境恰好是中国快速发展的90年代中期的有线电话,这种产品的技术几乎是现成的,这些因素只是段永平的创业基础,是他看到的市场机会,他先拥有一项重要的资源,这就是渠道,是用他个人的人格与经营业绩树立起来的渠道商的信任。

思考题:

(1) 段永平利用了什么资源做第二次创业?

(2) 这个资源是如何为他所拥有的?

一、中华文化与创业资源

创业需要资源,没有哪个民族比中华民族更重视资源对创业的意义。在中国人看来,资源的可靠性比资源的数量多少更重要。积累资源,将外部资源内化为可以控制的资源,是中华民族的重要行为特征。

1. 持续积累

中华文化讲究日积月累、聚沙成塔、集腋成裘、积少成多、积水成渊,意思是所有的资源都需要积累,没有积累就不能视其为资源,不能小看每天的小积累,只有这样的积累才是最有意义的。这些几乎意思相同的成语表达了中华文化对资源的理解,不仅重视资源,还要为我所用,不仅拥有资源,还重视建设资源。

积累,是资源之本。许多人特别重视外部资源,然而,不论是内部资源,还是外部资源,都需要进行资源建设;没有人进行资源建设,就不可能形成资源,也就没有资源利用一说。那些只想利用资源,而不想建设资源的人都是假设别人在建设资源,然而,中华文化立足于自己建设资源,这才让世界有了资源。只想一蹴而就,资源从天而降,不是中华文化之所为。

积累,在于把渺小的、几乎不可能过眼的碎片资源积累成有价值的资源,这需要随时、随地积累。许多东西表面上看起来没有用途,它们分散、零星,然而一旦集中,就可以成为一个力量。资源只有达到一定规模才能称其为资源,否则无法利用,或者只能为他人所用。重视日常积累,为创业做好准备,一旦有了与资源相匹配的机会,就可以行动了。所谓的机会是给那些有准备之人的,即愿意积累资源并随时准备行动的人。

积累,能变废为宝,变无用为有用,不断扩大资源拥有范围。在很大程度上,判断是否是资源取决于人们认识事物的视角,视角改变,对象的价值就会发生变化。中华文化中化害为利、化敌为友、变腐朽为神奇的成语都包含了这样的理念。资源是客观的,但人是主观的,资源不可改,但人的视角是可以改变的。世界上没有无用人,也没有无用的东西,不可以轻易放弃,也不可以轻言无用。中华文化中的这一资源观对今天的世界意义特别重大,因为我们今天的世界面对着资源、环境的巨大压力,只有从新的视角积累资源,才可以让世界资源得到节约。

积累,会让资源形成所属。资源在建立过程中会形成属性,谁建立,就归属于谁,这是社会的基本道理。同时,也存在着资源的主动归属,特别是在加入了人格以后,资源会有人情,会有情感。在人力资源越来越被重要的今天,不积累资源,不把人力资源看成和物质资源一样的东西,经常会导致资源的流失,而中华文化以人为中心,长期建立,才能形成特有的资源观。

积累,才能做到心中有数,不会出现因为资源约束导致的创业失败。积累资源让资源在可控的范围内,明确知道哪些资源可用,有多少资源可用,在什么时间可用,在什么条件下可用。这些信息只有在资源完全可靠的情况才能够获得。

2. 量力而为,进退有据

中华文化重视稳中求进,不冒险,不贪恋,不脱离实际去做可望而不可即的事。这一行为特征,与创业文化似乎有所背离。的确,创业强调冒险和进取,而中华文化的先守成再进取,强化了内敛性,在今天的"双创"大潮中,这种文化有些落后。

尽管创业鼓励冒险,但也绝对不会鼓励单纯冒险,而是倡导量力而行,只不过创业理论会把力(资源)看得更外向,更积极。而中华文化则强调那些没有指望的资源是不能作为进取的根据,两者的差异在于如何看待力(资源)的范围。中华文化的形成,与农耕社会历程相关,中华文化也深深地打上了农耕文化的烙印。而创业理论多来自西方,深受近代工业化思维的影响,是借助市场经济制度进行理论构建和文化建设的。市场经济是分工的经济,是你利用我,我利用你的经济,因此,力(资源)往往以外部为主。中华文化主张的力(资源)略有保守,长期的农耕文化土壤和市场经济时间比较短,但随着市场经济在中国运行并取得了巨大的成就,中华文化的保守性也在发生变化,特别是各种与市场经济制度相一致的制度推进,中华文化的资源观已经出现了重大变化。同时,西方文化也绝对不会把根本无法利用的资源作为行动的前提。从这个意义上说,量力而行是世界不同文化共同的要求。

创业仍然要坚持量力而行、进退有据。损害基本生活质量的创业并不可取,应该做到准备时积极,行动时果断。但预期目标应与能力相匹配,其基本原则应该是,集中但要合理分配和使用资源,以生存为先,争取先机,留有余地;要积极发挥主动性,让资源尽快见到收益,形成资源的自我滚动;要内外结合,发展外部资源,最大限度地扩展外部资源。

3. 资源依赖

每个人都有自己的资源。如果认为缺少资源,多是对资源看法简单、片面和固化,缺少资源的辩证观。世界上不存在唯一的资源,也不存在只有别人的资源,没有自己的资源。三国时期,形成三足鼎立,是因为天时、地利、人和各在一方,每一方拥有自己的资源,发展了各自的事业。

创业亦是如此。当无法生存,山穷水尽时,自己的一点点技能就是资源。在深圳创业失败,想回老家的那位创业者,登上火车泪如泉涌,走出火车站,发现身上只有两元钱,肚子很饿,如果用于吃饭,就再也没有翻身的本钱了。他忽然看到,人们接站时要用接站牌,决定做"出租接站牌"的生意,他与卖烟卷的商量,用一元钱买下他的废烟盒,又买了一支笔,那天挣回来了能够活下去的钱,他会写字的技能发挥了作用。人不可能完全陷入绝境,需要的是从新视角重新认识自己和周围环境,将一切可能都看成是可以发展成事业的资源。

资源的价值在于利用,只有利用资源,资源的价值才能体现出来。所谓的"利用"就是把资源用于自己的想法上,借助资源放大自己的想法,将想法变成现实。所以,利用资源,一是要有创业的设想,不仅仅是抽象的创业目标,还要有具体的创业方案;二是要依赖资源,要基于可以控制的资源,灵活、辩证地将资源用于创业的设想之中。我们可以从创业设想出发去认识资源,也可以从资源出发,构建自己的创业设想。这个世界可以做的事情很多,但是缺少资源,则一事无成。靠山吃山,靠水吃水,一方水土养一方人,从可以利用的资源出发,做成事业,而不是等待和幻想,做与资源无关的事业,让周边的资源闲置,甚至成为负担。体现资源的价值,就是要积极利用资源,信赖和依靠资源,发展自己的事业,这是中华文化的精髓所在。让创业设想与资源之间充分地互动,在创业设想提出时,要更多地考虑资源的限制和潜力,以充分利用资源、体现资源的价值为导向。

传统中华文化存在着过度资源依赖现象,比如对吃不饱的恐惧,形成了特有的粮食文化和对土地的眷恋,把土地的作用只看成是出产粮食,没有发现其他有价值的作用,也就形成了相对保守的思维。计划经济时代给中国人造成对国家过度依赖的心理,也形成了错误的资源观。其实,创业活动在很大程度上是挖掘资源的活动,在无其他资源可以依赖的情况下,靠山吃山,靠水吃水,这只是生存的资源观,如果创业成功,天下许多资源都可以依靠。不想挖掘和放大资源,只想简单依赖现成的资源,比如依靠农民工资源、矿山资源、土地资源等获取财富并不是真正意义上的创业。同时,只是过度地利用单一资源,会透支资源使用环境,招致自然和社会的约束与报复,牺牲的成本远大于获得的收益,得不偿失。

二、创业资源及其获取

退休工人创业

老张从南京某化工厂退休回到镇江后,一直怀念化工厂,想念那里的日子。有一天他突发奇想,去镇江的醋厂看看,闻闻那里的味道。他进去时刚好遇到从里面出来的废料垃圾车,通过询问得知,工厂处理掉废料,每年要花不少钱。他记住这件事情,见到人就聊聊这事儿。有天遇到了一个懂得植物技术的专家,专家说很多花都喜欢酸性土壤,你可用酿醋后的废料改良花土。他真的信了,研究了一个配方,起名叫花土改良剂,用比较好看的包装,送到超市里出售。没有想到,他的产品卖得出奇好,自己也成了企业家,不久在山西也建了工厂。

思考题:退休工人是怎么发现自己的创业资源的?

1. 创业资源

资源一般是指对某一主体具有支持作用的各种要素的总和。这里的主体可以是政府、学校或企业等组织机构,也可以是官员、商人或老师等具体的个体。拿企业来说,客户是资源,因为客户是企业的最终支持者;渠道商是资源,他们支持公司的产品或服务流转;投资人是资源,他们出资支持企业;技术是资源,因为它们镶嵌在企业的产品和运营中;资金是资源,它们是公司运行的血液;人力是资源,他们支持公司发展等。

创业需要资源。就创业资源而言,资源是支持创业企业、企业项目或创业者生存和发展的各种要素。在创业初期,创业者拥有的资源有限,同时受其商业运作能力限制,创业者可获取或可支配的资源也有限,这就更增加了创业难度。尽管随着创业发展,后期资源压力有所缓解,但是资源束缚始终是创业者或创业团队面临的问题,只是不同阶段程度不同而已。正如哈佛大学斯蒂文森教授所认为的那样,创业者在企业成长的各个阶段都会努力争取用尽量少的资源去推进企业的发展,他们需要的不是拥有,而是控制这些资源。因此,创业不仅要使用好既有资源,更重要的是整合那些非拥有但可接近、可利用的资源。

2. 不同类别的创业资源

根据创业所需要的要素进行归类,创业首先需要人、财、物,由此有人力资源、资金资源、物质资源;创业过程还需要各种信息、技术,以及其他各种各样的关系,由此有信息资源、技术资源和关系资源。由此,将创业资源主要分为人力资源、信息资源、资金资源、关系资源四大类。

（1）人力资源

人力资源主要指创业过程中的创业团队、管理团队等的知识、能力、经验，也包括创业团队或个人的认知、智慧、判断力等。创业最关键的要素是创业团队，尤其是核心人物或灵魂人物，如微软的比尔·盖茨，脸书的扎克伯格，阿里巴巴的马云，京东的刘强东等，无不是其企业创业初期就成为企业团队的领袖。从某种意义上来说，这些核心人物的价值观、信念等认知代表了公司的使命、愿景，也决定了公司的发展方向。公司的技术人员、营销人员等均受到公司文化的熏陶从而间接受到核心创始人的影响，他们之间的有效配合形成了团队。

（2）信息资源

企业经营活动需要市场、项目、资金、政策等方面的信息，否则无法运行。市场信息是指创业企业既有产品或拟创产品的未来市场的总体容量、地区或行业分布等；项目信息是指拟创业的项目竞争者、后续展开需要的条件等；资金信息多指项目预期需要的资金以及如何获得这些资金等。信息并非因为是公开的就是公平的。对所有人来说，信息的含义并不相同，大家对信息的掌握程度不同，对信息的理解也不相同。所谓的信息资源化是指信息含义具有稀缺性，那些掌握并理解信息的人，可以更容易决策，决策的正确性更强，这就形成了信息优势。政府的信息要尽量做到公开、透明、易于理解，出台一些优惠政策，要具有普惠性，以吸引创业人才和创业项目。

网络和大数据的发展，现代社会信息比以往任何时候都多且容易获得，但也带来了难题，大量信息真假难辨，从中筛选有价值的信息更难，这就需要运用数据挖掘等方法，从大数据中找到所需要的有用信息，为创业决策提供支持。

（3）资金资源

资金犹如企业的血液，它们流淌在创业的各个方面、各个环节，以及企业的各个部门之中。资金资源主要包括现金、有价证券、厂房、设备、土地等，流动性依次递减，并散存于政府部门、有关企业和机构、朋友或家人中。现代创业环境中，资金缺乏与资金过剩并存。多数创业者难以获得所需要的资金，大部分企业因资金链断裂而失败，但也有大量社会闲置资金找不到合理应用的方向。仅仅依靠银行借贷，条件的苛刻又限制了创业者对资金的需求，由此催生了创业投资基金及其相关专业岗位，如投资经理、项目管理人等。

（4）关系资源

关系资源主要为创业企业或创业者拥有的各种社会关系，或者由关系派生出来支持企业发展的资源。这些资源并不会因为信任而转化为资金资源，而是有着较强的独立性。信任是商业的基础，因为对政府部门相关的政策与法规等制度的信任，人们才敢于投资创业；因为有着广泛的客户信息而很容易东山再起，例如段永平，因为有与某些特殊人物间的关系，可以获得担保，或者率先得到相关信息，或者有着更低的交易成本，这些都可以为他创业提供便利的行动、可靠的决策，增强承担失败后果的能力。关系资源也称社会资源，俗称人脉资源。无论在欧美等西方国家，还是在以我国为代表的东方国家，均存在关系资源。东方更加强调这种资源的作用,是一种潜在的、难以衡量也难以言状的资源,但它无时不在,经常成为制胜和起死回生的因素,以中华文化为基础的创业者会更加重视这种资源的作用。

3. 创业资源的获取

(1) 调配、购买和众筹

创业需要资源,而这些资源要么存在于创业企业内部,如内部创始团队,要么存在于外部,如政府部门、其他企业或机构。获取企业内部资源,需要不断地开发;而对于外部资源,要么通过市场行为购置,要么通过合作,如建立战略联盟、外包等。资源通常不是创造出来的,而是筹集获取的,是将目前暂时不用和闲置的资源汇集起来,通过适当方式交易获得资源的使用权,从而让资源发挥作用。

企业内部资源本来是最可控的,但经常散存于企业各部门,个别人脉资源散存于个人。出于本位主义,内部资源一般不愿与他人分享,从而导致资源部分积压或浪费。当一家创业企业开始出现这种情况时,这家创业企业就开始步入死亡的陷阱。创业企业需要集中资源,防止资源失控,一旦出现失控必须坚决给予制止。同时,创业企业也需要放大内部可控资源,如建立内部资金调配中心,或称之为"内部银行",在优先保证子公司或部门使用的前提下,将资金集中统一调配,大大地提高了企业整体资金使用效率。

获取外部资源的最简洁方式是市场购买,其本质是用通用资源换取专用资源。对于人力资源,高层管理人员可以通过猎头公司或市场招聘,邀请那些认同创始人或企业发展理念、有共同事业追求的人员加盟,共谋发展大计;对于中层管理人员和一线员工,可以通过人力资源部门直接从市场招聘。对于信息资源,也可以通过现金购买。尤其面对海量市场信息、产品信息等,更需要从专业公司购置。技术也是一样,人们通过技术转让等形式,运用市场行为实现技术产权的转移。由于技术多产生和存在于高校及科研院所,国外大部分高校都设有技术转移办公室,并配备专业人员,专职从事技术交易活动。所以拥有通用资源,才具有交换专用资源的条件。

合作也是一种获取资源的方法。斯坦福大学是一所创业型大学,早在1970年就设立了技术授权办公室,这成为它是一所创业型大学的标志。近年来,美国研究型大学在技术转化办公室下设概念证明中心,他们跨越研发成果与产品市场化之间的空白,建立校企合作转化网络。又如德国弗朗霍夫协会,由政府机构、科研机构和企业三方合作,平均承担协会经费,受中小企业委托开展应用与开发研究,推进成果转化。1991年成立的澳大利亚植物科学中心,邀请25家公司作为"联系成员",并进行成果迅速转化。为了鼓励科技成果转移,美国《联邦技术转移法》规定国家实验室技术转让费不再交给国库而归各实验室所有,发明者个人可以从技术转让费中得到约15%的报酬。创业者看到大学的这种变化,积极谋求与大学的合作,以期权或者收益分成等方式激励科学家参与创业,从而打开了一条盛行于世界创新强国的、以合作获得技术资源的途径。

从资源获取方法看,扩展已经成熟的商业模式更需要采取合作方式获取资源,连锁经营、特许加盟、战略联盟等形式都是获取资源和放大资源的方法。连锁经营的典型代表是诸如麦当劳、肯德基、永和大王等餐饮类企业。特许经营多以专卖店形式推广。而战略联盟则是两个或两个以上企业,为了共同的目标而在一定时期内结成战略同盟的行为,如房产开发商与运营商合作、高校与企业合作等。对外合作的主要目的,就是合理使用不同资源拥有者的资源,从而在实现各方利益最大化同时,提高资源的社会使用效率。值得注意的是,在合作中起主导作用的企业往往在创业之初,就已经设计了在某种资源达到一定的规模和成熟程度时,就可以与其他资源拥有者合作。

"众筹"也是一种获取资源的方法。在现实创业过程中,经常会出现,某一特定问题企业内部无力解决,而外部又不知哪所高校或哪个公司甚至哪个人可以解决。但是借助"众筹",以群策群力的方式解决此类问题。需求者将问题在网络上公开发布,由全世界的"高手"运用自己特殊的资源进行"攻关",直到问题解决。百度上几乎所有的问题都有人回答。为什么会这样?因为人类有一个重要特征就是挑战自我。当一个问题出现,即使没有回报,好奇心也会促使人们去解决。对于创业企业来说,明确地提出难题,在全球范围内整合资源,找到问题的解决之道不失为重要的获得资源的方法。事实上,包括IBM、宝洁、宝马等许多跨国企业,也越来越喜欢使用"众筹"来解决其资源短缺问题。如果创业者提出一个有召唤力的点子,也可以众筹到资金资源,比如某专题讲座,甚至是品牌建设。

(2)资源获取的影响因素

内部资源的获取可以动用行政手段,通过征用、划拨、借调等形式调配,而外部资源的获取则复杂得多。因为资源拥有主体不是内部而是外部,而主体或资源受到制度、组织、文化等多种因素限制,这些无疑增加了资源获取的复杂性和难度。

不同的国度、不同的组织各国有不同的制度,这些制度制约了资源获取,必须根据制度设计获取资源的方法。如某国禁止向他国出口技术产品或转让某种技术;一些企业以商业机密为由,阻止技术向外扩散,这些都给技术在不同主体间转移增加了壁垒。

市场环境不同,从市场获得资源的方式与难易程度也不相同。那些有着丰富创业投资基金的国家,可以形成有助于原始创新的外部资源支持,而那些只有间接融资通道的国家,只能支持拥有抵押能力的成熟企业,创业环境远不及那些创业投资基金较多的国家。

经济发展阶段的差异使外部资源结构有着很大的不同。经济发展初期,存在着大量外部的技术资源、装备资源和劳动力资源,却缺乏资金资源。而经济发展进入工业化中后期,资金资源逐渐不再紧张,技术资源变得越来越稀缺,相应的能够产生原创性贡献的资源更加短缺,如创意、营销能力等,变得越来越重要,因而也越来越稀缺。

在市场经济条件下,契约精神随着市场经济发达程度提高而上升。契约精神是在经验和教训中形成并走向成熟的。契约精神是理性的诚信,是以明确的规则,而不是以自觉性作为商业基础的精神,具有非常强的社会性。大多创业者"以诚信为成长力,诚信带来成功"为理念,这让社会契约精神得到加强;而不诚信获得财富,可能会导致社会走向瓦解。为了防止这样的可能,需要建立良好的遵守契约的机制,以制度来保证人们获得资源以后的承诺及时、有效地兑现。如果契约精神不够,创业者通过市场获取资源的能力也会受到限制。

政府的政策导向也会影响资源获取。政策在一定程度上是引导公共资源的再分配,当政府立足于发展某类产业时,政策会向这一产业倾斜,从而让这一产业容易获得资源(如补贴),或者减少承担公共责任(如纳税);一些公共政策也可以让创业者获得资源,孵化器通常由政府补贴兴办,它具有较强的公共属性,创业者利用这一政策,可以为自己节约多种资源。

影响资源获取的因素还有企业社会关系。个体或组织通过创新网络结识组织外部的资源,强化资源主体之间的联系。可以想象,如果组织中个体具有广泛的人脉关系,他就可以轻松地摆平一些问题。

4. 资源的转换与组织

创业者需要在充分利用自身拥有资源的基础上,巧妙地将外部各种资源"为我所用",进而得到创业所需要的资源,推进创业活动。国内外创业实践表明,许多创业者早期所能获取与利用的资源都很有限,但是优秀的创业者都善于创造性整合、转换和利用资源,特别是那些为企业带来持续竞争优势的资源。

(1) 转换与利用资源

既然在创业每个阶段都面临资源不足的情况,而创业者又要不断前行,这时只能是边行边做。即在创业活动中要不断地整合有限资源,并在整合中不断前行。根据创业者利用资源的实际情况,大体分为依靠自有资源、拼凑和利用杠杆三种途径。

A. 依靠自有资源

依靠自有资源是指创业者在资源受限前提下,在每个阶段只使用内部的自有资源,稳扎稳打。其要义是,在外部资源能力受限的情况下,最大限度地降低对外部资源的需求,最大限度地使用自有资源,并逐步培养从外部获取资源的能力,这被称为"步步为营"策略。

"步步为营"策略首先体现在节俭上,主要策略是成本最小化,以降低资源的使用量,进而降低企业成本。如今,很多企业运用"外包"策略,将一些非企业擅长而又必须展开的业务外包给专业机构,自己则专注于其核心业务。对于初创型小企业来说,将人力资源外包是一个明智之举,企业无须设专人从事人员招聘、培训、考评等事务性工作。有的企业甚至将财务交由外部财务管理公司,这适合于业务单一的小微企业。

一些学者(杰弗里·康沃尔为代表)将采用"步步为营"策略的理由概括为:企业不可能获得来自银行或投资者的资金;新创企业所需的外部资金来源受到限制;创业者想自己掌控企业;使可承受风险最小化;审慎控制和管理价值理念等9要素(见图6-1)。对于具有中华文化的创业者,最重视的是实现百年老店的目标,需要小心控制企业,掌握企业发展方向和坚持企业维持不变的文化,进一步让自己的创业实践变成一种精神,影响企业、影响员工,也影响市场和社会。

为了实现步步为营,创业者需要谋求节约。创业初期一项刚性的支出是办公用房,一旦租用就得定期支付不菲的租金,并且多会提前交纳押金。在世界各地都普遍出现了孵化器或创客空间,这一条件让创业初期财务状况紧张的创业团队得以轻松。这些机构不仅无房租或低房租,还利用公共空间为创业者提供其他的便利,以进一步节约开支。此外,还能够提供教育、培训、企业互助以及融资等服务,甚至一些高水平的孵化器,还为创业企业提供销售渠道以及供应链管理。

B. 拼凑

从字面上理解,拼凑就是拼拼凑凑,修修补补。国外有学者在拜访了40多家独立中小企业,通过160多次随机调研后发现,总有一些企业在资源的很少情况下运营并成长。拼凑大体有三层含义:一是通过加入一些元素以实现有效组合,从而改变资源结构;二是这些加入的元素往往是手边已有的,尽管不是最好,但可以通过运用一些小技巧或小窍门组合在一起;三是这些创新行为往往会带来一些意想不到的结果。从创业角度看,拼凑主要指尽量运用手边的资源,凑合着达到创业者目的。

① 收集手边资源。在实际生活中,一些表现为或者是物质,或者是一门技艺,甚至是一种理念的"零碎"资源,通常是免费的或廉价的;那些过期的专利和陈旧的技术,曾经流行的款式,一些被放弃的"浪子",都可以称为手边的资源。只要在手边,将它们"勉强"地加以组合,都有可能成为创业者的资源。习惯性地收集放在一起,是拼凑理论对创业者的要求,因为你不知道什么时候会有用。

② 整合资源。拼凑的重要特点就是为其他目的重新整合已有资源。因为市场变化瞬息万变,经常会提出一些以前没有遇到的问题,而这些问题需要快速解决,这已经变成创业者的使命,也是主观上的潜在"机会"。而解决这些问题一时也没有更多的资源,只能看手边有什么资源可用。这就要求创业者具有一双慧眼,同时还要有执行力,及时运用、转换和放大身边的资源,只要达到解决问题的目的,别在乎用什么资源。

③ 将就着用。任何资源的用途都具有弹性,也有多种属性,那些通常并不划算的资源往往被忽略,人们不视其为资源,但是,如果你没有其他资源,也只好凑合。比如人才,如果没有营销大师,创业者只能在团队内部找到一位更像是营销"大师"的成员担当此任,事后也许他就成了大师。但也可能在创业成功以后,有钱聘请更高水平的大师。办公地点、设备都可如此办理。

拼凑以后,可能会由此产生新的问题。由此产生了全面拼凑和选择性拼凑两个衍生方法。全面拼凑多指创业者在物质资源、人力资源、技术资源、制度资源等方面长期使用拼凑方法,并且在企业步入正轨后仍然沿用此法的行为。久而久之,企业会形成一种惯性,只是"头痛医头,脚痛医脚",处于一种无序的自我恶性循环状态。其结果是,既没有建立系统的紧急事件预警机制,也没有建立规范的制度和章程,任凭过去的经验来应对未来的不确定性。这种小作坊式创业思路,企业既做不好,也做不强。

与全面拼凑相对,选择性拼凑则是指创业者在拼凑行为上有一定的选择性,即有所为有所不为。在领域上,他们通常专注于某一两个领域进行拼凑,而不是普遍开花;在应用时间上,他们只是在早期创业资源紧缺的情况下拼凑,并善于在拼凑中积累资源,积累经验,完善制度,从而建立一套有效的应对办法,企业也因此逐步走上正轨。

C. 杠杆效应

杠杆指通过支点用较小力气撬动较大物体,后引申到其他领域意指用较小的投入获得较大的产出,从而产生杠杆效应。每个人所拥有的资源有限,一旦开始创业,需要使用大量资源时,资源不足特别明显。这就要求进一步拓展资源范围,开发那些他人拥有但自己可以使用的资源,借助现有资源来放大资源,发挥杠杆效应以实现这一目标。通常杠杆效应发生在用抵押物的未来所有权换取资源的使用权,典型的如贷款,是以现有资产为抵押物获得银行贷款,租赁和按揭是以现有资产为抵押的杠杆。如果创业者认真寻找,创业所需的所有资源都可能通过杠杆方式获得。

(2) 创业资源整合

创业者要有意识地整合资源,创造性地利用外部资源,以达到"不求所有,但求所用"的目的,这是创业者的基本功。整合资源需要从不同资源角度认识和预见整合以后产生"1+1>2"的效果,想象力成为整合资源的重要能力。虽然有些资源并不能完全为自己所拥有或控制,只要足够的想象力,描绘整合以后的情景,就可以吸引外部资源进入,实现资源的有效放大。整合资源需要有合作共赢,"利益共享、风险共担"共享的精神,双方坦诚相见,合理切割利益,仅靠小聪明,抖机灵,把别人当傻瓜,最终都会失信,也一定会失败。

三、创业融资

有一位学历不高的老板,创业经历了许多波折,却仍然保持着向善的社会责任心。一个偶然的机会,他遇到了一位正撰写博士论文的同姓年轻人,因为缺少经费支持,实验面临一些困难。这个年轻人开展的研究,老师也准备不足,他在学校的正规渠道找不到经费,刚好遇到了这位老板。老板倾囊相助,并答应博士,如果有了成果,毕业以后,不论他做什么工作,都要他做自己的技术顾问,并承诺给他足够的股份。两年过去了,博士获得了学位,老板按协议为他成立了一家公司,博士拿自己研发的纳米阻燃技术入股,然后在一家顾问公司的帮助下,该公司获得了广东某地级市在土地使用权和财政补贴方面的支持,博士的技术成果得以转化,纳米阻燃技术先后被推广到军队和民用领域。

思考题:
(1) 老板为何给咨询公司股份?
(2) 给博士实验的经费是什么性质的?

新企业创建伊始,技术研发、产品制造、市场推广、公共关系等均需要大量的资金支持。而在一个相当长的阶段,多数企业没有营收,唯有获取外部资金方能维持企业运转。小微企业初始融资自然困难,即便一些具有初步规模的企业也需要分阶段融资,否则会由于资金链断裂导致创业失败。从近年来共享经济的失败案例可见一斑,这也从另一个角度揭示融资的困难。正确分析融资难度,选择合适的融资工具,多方募集合理资金,以及管好用好融资,均是企业中不可回避的问题。

1. 融资难度分析

创业融资难,源于创业过程中的信息不对称,以及基于其投资决策的不确定性。创业企业各方面情况只有创业者最清楚,外部投资者很难获得详细信息。排除内部人有意隐瞒,有时连创业者都不明白企业未来,何况外部投资者,由此导致信息不对称。

融资发生涉及需求与供给两方,企业是资金的需求方,金融机构、风险投资机构等是资金的供给方。只有当双方达到一致意向时,才可能发生融资行为。许多人认为融资难,可能存在着金融环境约束问题,但缺少对融资性质和供求关系的认识,可能是更重要的原因。

借贷融资是间接融资,是通过银行进行的融资。企业初创期资产轻、有形资产少、价值不稳定,在传统有形资产抵押贷款模式下,因为投入与产出存在不确定性,加之企业前期业绩不突出,使资金提供者面临较大的风险。银行要求创业企业必须有抵押物或者担保人才能借贷,这些恰好是创业者所缺乏的。即使是快速成长的小企业,也会因为资金需求大,抵押物不足而感觉融资困难。这是客观的现实,尽管政府做出了许多努力,承担了许多责任,但难题仍然几乎无法化解。

商业租赁在本质上也是间接融资。在现代市场中,存在着大量租赁,只不过它是以专用资产方式进行商业融资。

股权融资是直接融资,是以投资方式进入企业。从财务角度上,股权融资成本最为高昂,因为企业赚取的所有利润都要按照同股同权原则分配,每股所分的利润就是其融资成本。但是,这种融资的好处在于它并不在意企业的抵押物,初创企业的不确定性恰好是这种投资者所追求的,因为这样会让股权占比更高,从而可以放大投资在企业中的权重。股权融资可以采取私募,也可以采取公募。私募没有多少条件限制,只要在法律允许范围内即可;而公募则不然,它通常受到的限制较多,条件也十分苛刻。

政府融资,政府以财政补贴和奖励的方式给予创业者,创业企业可以利用这一政策为自己增加资金。但这个资金数额较少,也存在着一定的政策易变的风险,完全依靠政策的扶持解决创业资金是不太可能的。

2. 阶段融资需求分析

一般可以将初创期细分为概念阶段、种子阶段、注册阶段和试运行阶段。

在概念阶段,创始人对某一种技术或产品感兴趣,出于个人的喜好希望尝试解决;或者受他人委托,运用自己的知识或能力去设计技术方案。

在种子阶段,创业者的兴趣更多在于解决问题。在创业者解决问题过程中,可能会有创建公司的念头出现,由此进入注册阶段。此时,一些人着手设立公司,并且考虑公司团队组建以致后来经营等事宜。

种子阶段是创业者开发技术或产品的时期,他们需要在外部调研的基础上进行构思。除去前期大量的知识储备和能力积累以外,单纯从资金上看,概念时期是不需要多少资金的,个人、家人支持可以维持。一旦产品概念形成进入研发期后即进入种子阶段,这时需要购置设备、租借场地、招募人员、试制产品等,为此将要产生人员、材料、场地等费用。如果设施或材料等昂贵的话,则需要大量资金。这是初创期第一个花费大量资金的时期。

一旦技术开发初步成功,实验室产品形成雏形之后,公司注册和试运行即提到了议事日程。假设技术开发成功,产品即将面市,为此要测试、产品的稳定性,以及市场的接受度。这一时期的主要费用是生产费用、市场推广费用。实验室产品走向市场需要量产化,需要购置仪器、购置或租赁场地、购买原料、招募人员等,每一方面均需要花费大量资金。实际上,这是初创期的第二资金需求时期。

试运行阶段,公司或者从技术上完善产品并批量生产,或者加以市场宣传推广,由此开始筹集资金以维护公司运行与发展。

虽然我们不能明确每阶段资金多少,但可以大致估算资金趋势,如图 8-1 所示。

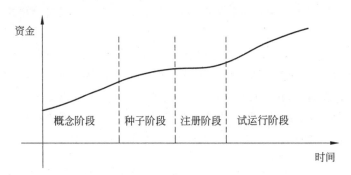

图 8-1 初创期不同阶段资金需求示意图

3. 主要融资渠道

创业企业主要融资渠道有 3F、众筹、银行贷款、政府引导基金、天使投资、风险投资等。以下根据融资难易程度逐一分析。

(1) 3F

3F 即家人(family)、朋友(friends)、创业者(founders)。无论在发展中国家还是发达国家,3F 往往都是初创企业资金的重要来源。在美国,3F 占初创期资金的 80%,因其获得最为容易。

(2) 众筹

众筹指汇聚散存在普通大众手中的微量或少量资金,以支持那些怀揣梦想的创业者或企业。它发源于欧美,后蔓延至全球。我国近年来也有以"众筹网""京东众筹"等为代表的一些网站为众多中小企业融资。对于初创企业,尤其是科技型中小企业来说,资金紧缺主要体现在技术研发、产品生产、市场运作方面。运用预先订购、大众借贷和股权融资三种众筹模式,可以部分解决上述问题。

预先订购是指在企业初创期,企业技术研发完成后面临着产品或服务量产化需要大量资金。这时,企业可以将产品或服务以项目化方式运作,项目信息发布后,支持者事先认购一定数量的产品或服务,支付相应的资金,达到项目启动资金要求后,项目随之启动。

这种预先订购众筹模式具有以下优势:一是适应面广。传统投资一般集聚于项目建设周期较长且无特定指向的项目,而众筹明确倾向于创新性且特定指向的项目,多分布在科技、艺术、环保等领域，尤其适合于一些极富创意的青年人创业。二是项目"短、频、快"。"短"指项目周期较短，通常融资期限一般不超过三个月，短的只有几周甚至几天。"频"指同一发起人可以多次发布项目，此外，支持者可以多次支持不同的项目。"快"指投资决策快。因为支持者个人决策无须冗长的会议讨论、逐级审批流程。三是手续简便。传统投资要求创业者提供详尽的商业计划书和支持其融资要求的预算，对所有权转让进行谈判，对企业的真实价值进行讨价还价。而众筹无须详尽的商业计划书，更不需要详尽的预算，项目完全属于发起人。四是投资门槛低。不仅投资额度小适合于大众甚至草根参与，而且投资者无须传统投资那样需要专业、丰富的经验，只要投资者觉得可行即可投资。

更重要的是，预先订购众筹模式不仅适用于单一产品或服务的企业，也适合于拥有不同产品或型号的中小企业。这时，企业可以将一个大的项目拆散成若干小项目，实行"碎片化"融资，这在现实中也有很多先例。此外，众筹也可以部分应对不确定性问题。因为初创期企业无法确知产品是否满足消费者需求，而预先订购这种模式很好地解决了这一问题。预先订购协助企业锁定了客户，此时企业实际上为这些客户"私人定制"，自然无后顾之忧。

也可以通过P2P向大众借贷，解决市场营销、人员招募、品牌创立等方面的资金需求。项目发起人通过网络平台发布项目信息、借贷利率以后，一些有兴趣的支持者可以根据约定利率对项目投资。资金一般通过第三方支付平台进入，项目结束后，发起人连本带利返还支持者。但众筹的利率要控制在国家法定范围内，同时要充分了解借贷方和运营方，保护借贷人的权益。目前已有百度金融、阿里贷、360金融等正开展此项业务。从融资用途来看，大众借贷不仅可以用于公司运营，也可以用于前述的产品生产。但此种模式也隐藏着违约等巨大风险，近年来e租宝等出现的问题就值得高度警惕。

股权式众筹是指公司发起人将公司宗旨、从事的领域和产品等相关信息公开发布后，接受大众认筹股金，这些大众即成为公司股东，以其出资额行使相应的权利。这一模式除有效解决资金不足以外，还可以聚集有识之士的智慧和经验，这些将是公司发展的不竭动力源泉。因为科技型企业在初创期技术创始人不熟悉企业战略、市场营销和品牌维护等，而这些富有经验的投资人则弥补了这一不足，通常可以很好地解决试运行期的资金不足。现实中，国内外很多地方已成功试水这种模式，但有非法集资之嫌，风险管理也存在诸多问题。

（3）附加条件贷款

附加条件贷款有比较苛刻的要求，其目的是在不影响公司正常经营和决策的前提下，约束创业者的资金使用和创业行为，或者公司经营不善时投资者拥有资产处置的权利。大体说来，有这样两种形式：一是约束创业者行为的条款，如约定未经投资者允许的情况下，创业者不得购买或出售公司的股份，以及要求创业者在特定时期归还投资者投资额的强制赎回权等，如创业者未经投资者允许，不得离开公司，或者离开时还保留新创企业的很多股份；二是投资者优先权利的条款，如投资者可根据自己的判断力选择可转换证券，或其他允许投资者将优先股转成普通股的金融工具。若创业者没有达到事先约定的一些要求,创业者应放弃对新创企业的部分所有权。

(4) 天使投资

天使投资是指自由投资者对有创意的项目或者小型的初创企业进行一次性的前期投资。它是一种非组织化的创业投资,一般在项目构思阶段进入,重在获取高额回报收益。天使投资有三个特点:一是直接向企业进行权益性投资,投资目标常常是"种子"技术或是一种构思或创意;二是不仅为企业提供资金,而且还提供知识和关系资源;三是过程简单,资金到位及时。天使投资者通常是两类人,一类是成功的创业者,他们不仅投资企业,还希望运用他人智慧为自己积累财富,而且用自己多年经商经验提携后生。另一类是企业的高级管理人员,或者高校和科研院所专业研究人员,他们拥有丰富的创业知识和洞察能力,在投资的同时可协助企业解决技术、生产等具体问题。当然,也不乏专门设置的天使投资基金。天使投资以低投入、高风险、高分散而著称。这种投资的失败率非常之高,达到99%,也就是在100项投资中可能只有1项获得成功,但是,它的成功收益可能会覆盖所有其他失败投资的投入,因此,这种投资也可以达到平均收益。虽然天使投资在功能上像天使一样,希望通过自己的资金和专业经验辅导去帮助那些正在创业的人,以自己的企业家精神来激发他们的创业热情,延续或完成他们的创业梦想,但作为创业投资基金的经营原则却是早期投入,甚至可能投入实验室的成果或者市场调查,以分散的小额投资,获得可能的未来高额回报。

(5) 风险投资

风险投资也叫"创业投资"(狭义),与天使投资不同,它多来源于金融资本、个人资本、公司资本以及养老保险基金和医疗保险基金等。风险投资有以下三个特点。一是风险高。风险投资的对象主要是刚刚起步的小微企业,这些企业没有固定资产作为抵押或担保。企业多处于起步阶段,产品没进入量产或大规模服务阶段,市场前景不明,故而风险较高。二是潜在收益高。风险投资是前瞻性投资,投资者预期企业高成长、高增值,一旦投资成功,通常会带来十倍甚至百倍的投资回报,因此具有潜在高收益性。三是流动性低。风险资本多在高新技术企业创立初期投入,通常经3~5年,甚至5~8年企业发展成熟后,才可以通过上市或转让等方式将股权变现,获取相应回报后再进行新一轮的投资运作,因此投资期较长。此外,如果风险资本退出渠道不畅,撤资将十分困难,因而风险投资流动性较低。风险投资与天使投资一样,失败率高,一般认为在90%上下。

(6) 政府资助

近年来在"大众创业,万众创新"背景下,各级政府为了鼓励创业相继出台了一系列资助政策,有的甚至提供一些无偿资助,目的是解决初始创业者资金的燃眉之急,帮助创业者轻松上路。如杭州市政府对大学如下创业实施无偿资助:一是针对大学生的项目;二是电子商务类项目;三是文化创意类项目;四是科技种子基金项目;五是流通行业;六是留学生项目。这些资助都可以通过立项申报获得。上海市政府人才发展资金也向创业大学生开放,新创企业中的法人代表和专业研发人员,将有机会获得5万~20万元的资助,用于开发核心技术和自主知识产权。上海市大学生科技创业基金会还启动了"创业见习"项目,鼓励大学生进入新创企业现场实习,既为大学生寻找创业灵感,也为这些初创公司降低人力成本。优秀实习人员在申请市大学生科技创业基金时还可获得加分。政府资助并非全国性,而是由各地政府根据自己的情况分别出台政策。总体趋势是,政府承担创新创业引导责任,鼓励创业,并更多地承担失败以后的政府义务。

4. 不同阶段的融资匹配

根据企业初创期不同阶段的资金需求,以及不同融资方式的特点,不难发现,在概念阶段,其融资方式的一般顺序是步步为营、3F 和众筹,其共同的特征是非股权类友情融资,科研项目,大赛奖励,甚至也可能是天使投资;而在种子阶段的融资顺序是 3F、众筹、政府引导资金,这时政府资金介入并不以营利为目的,相反更多是助企业一臂之力,也可能有早期的天使投资。注册阶段的主要融资方式是众筹和天使投资,除众筹以外,众筹与天使投资两种融资渠道的一个共同特点是索取回报。天使投资意在未来的经济收益。众筹则视形式而定,如果是预先订购模式,则回报是实物;如果是借贷形式,则回报是利息;如果是股权投入,则回报与天使投资一样,获取企业的股权,至于股权大小,因公司初创期市值而定,而这又需要企业与投资方商谈确定。在试运行阶段,企业技术已经转化为产品,生产已经开始,又有订单等,创业企业可以吸收风险投资,也可以从银行融资,这要视企业财务及公司治理需要决定。以上几种形式分析详见图 8-2。

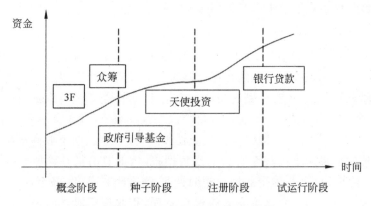

图 8-2 初创阶段融资匹配示意图

创业投资是市场经济发展到高级阶段金融创新的产物,多以股权方式进入创业企业,从功能上,分为两类投资人:一类是财务投资人;另一类是战略投资人。

财务投资人,是那些以获利为目标的投资人,其特征是注重短期的获利,对企业的长期发展不过多关注;注重直接的利益,更重视财务的可靠性,其好处是,对创业者没有过多的干扰,创业者可以不过多分散控制权,也不需要协调投资人与企业的关系。在公司价值评估方面,以财务投资为目的的机构投资者具有天然的调研、开发能力,参与认购的财务投资人深入公司一线调研,像投资银行一样进行数据分析,对公司治理、发展战略提出建议,挖掘公司价值,同时也可以为创业者提供一个外部相对客观的价值评估,是公司价值发现的过程。

换言之,财务投资人是仅以资本进入企业,并不向公司倾注更多的创业资源,也不成为公司成长的重要帮手。因而,公司也只希望获得资金支持,而不需要其他资源,甚至也不需要参与治理。

战略投资人,是指具有资金、技术、管理、市场、人才优势,能够促进企业增强创新能力,拓展企业产品市场占有率,致力于长期投资合作,谋求获得长期利益回报和企业可持续发展的投资机构。其特征是长期稳定持股,持股年限一般都在5~7年以上,追求长期投资利益;持股量大,一般要求持有可以对公司经营管理形成影响的一定比例的股份,进而确保其对公司具有足够的影响力;追求长期战略利益,对于企业的投资侧重于行业的战略利益,其通常希望通过战略投资实现其行业的战略地位;有动力也有能力参与公司治理,他们一般都希望能参与公司的经营管理,通过自身丰富先进的管理经验改善公司的治理结构。这些机构实力强大,创业管理功能齐全,对宏观经济运行趋势有较强的判断能力。

这些投资人多是机构投资者,因为市场对投资者的需求不同,同时也因为投资者的能力不同,从而形成了不同功能的投资人。创业者需要意识到不同投资机构的诉求差异,可以将它们恰当地组合起来进行融资。

四、创业资源的开发与分配

蒙牛的资源开发

企业独立经营力量十分有限,需要整合各方面资源才能做大。牛根生是这方面的牛人。牛根生开始只是伊利的一个洗碗工,凭着自己的勤奋和聪明做到生产部门总经理,后来由于各种原因从伊利辞职。他去北京找工作人家嫌弃他年纪大,没有办法又回到呼和浩特,邀请原来伊利几个同事一起"叛逃出"伊利出来创业。人有了,但问题是没有奶源,没有工厂,没有品牌,每一项都是致命的。

牛根生开始资源整合。首先他通过人脉关系找到哈尔滨一家乳制品公司。虽然这家公司设备都是新的,但是生产的乳制品质量有问题,同时营销渠道环节又没有打通,所以产品一直滞销。牛根生马上找到这家公司的老板:"你来帮我们生产,我们这边都是伊利技术高层,技术上可以把关,销售铺货我们也承包了。"这位老板一听马上答应下来,公司解决了生存问题。

第二个问题,没有品牌怎么办?在乳制品这个行业,品牌代表着安全可靠。牛根生借势伊利打出口号:"蒙牛甘居第二,向老大哥伊利学习。"口号一出,伊利既难堪又哭笑不得,一个不知名的名牌马上跻身全国前列。不仅如此,牛根生还把自己和内蒙古的几个知名品牌联系起来,"伊利、鄂尔多斯、宁城老窖、蒙牛为内蒙古喝彩!"因为前三个都是内蒙古驰名商标,自己放在最后,给人感觉就是内蒙古的第四品牌。如此,牛根生没花一分钱,让蒙牛成为知名品牌。

第三个问题,没有奶源怎么解决?如果自己去买牛养,第一个牛很贵;第二个也没有那么多人员。为此,蒙牛整合农户、农村信用社和奶站三方面资源。信用社借钱给奶农,蒙牛担保且承诺销路,奶由奶站接收。蒙牛还钱给信用社,把利润交给奶农。趁机喊出一个口号:"一年10头牛,日子比蒙牛老板还牛。"

思考题:

(1) 从蒙牛整合资源受到什么启发?

(2) 蒙牛的资源最初从何而来?

1. 创业资源的开发

资源重在开发,重在为我所用,而不在于为我所有。资源储而不用,不仅浪费了资源,也磨损了资源的价值。

(1) 激发人的活力

人永远是第一位的创业资源,因为人的潜力无限,其成本不变,而创造力则可能无穷,挖掘人的潜能,激发人的活力,是放大创业资源的最重要的途径。

① 自信与激情

领导者的自信可以为团队提供前进的动力,可以稳定队伍,形成合力,建立秩序和文化,可以让自己和团队成员看到希望,形成发展的合力,可以动员大家积极寻求可能利用的资源。没有自信,就缺乏存在与发展的基础,因此,自信是创业者自我开发的第一要务。一个连自己都不信的人,如何能够取信于他人?又如何领导团队?在一个人的道德、才能没有变化的情况下,自信便成为重要的自我开发手段。自信是队伍稳定之本,自信也是创业企业活力之源。只有自信,才敢于克服困难,也才能够确信自己能够克服困难,而不被困难所吓倒,这样的精神才能够让大家找到办法。自信能够开发创业者个人潜力,并动员出可能的周围资源。一个自信的人,往往会形成成就感,其重要原因是他们很好地开发了自己。

创业需要激情。激情让不可能变成可能,让梦想成为现实。激情激发了人们的想象力,开拓了人们的视野,强化了人们的自信。不论对创业蓝图的描绘,还是对员工未来的期许,都要在一定程度上超越现实。中华文化中不乏激情的表达,"大漠孤烟直,长河落日圆""大江东去浪淘尽,千古风流人物",不仅让事业成就了人生,也因为美而放大了人生,没有"大风起兮云飞扬,威加海内兮归故乡,安得猛士兮守四方"的豪情,也许就没有刘邦创业的成功。

② 用人之道,在于用

对自己要用,对团队成员亦然。用进废退,充分地、深度地使用,才能够让人不成为废人,甚至有可能成为精英。人不是生而知,而是后知,尤其是在创新创业之中,许多问题并非来自书本上的传统问题,也不是工程上的常规问题,多是一些新问题。新问题的归纳与明确,需要对知识的重新整合,建立新的结构,也需要找到新的解决方法,探索新的答案,形成新的知识。这个过程是对人的使用,在使用的过程中形成了人的能力、思维习惯和工作方法。如果不使用自己的知识,不调动自己的能力,不仅不能进一步让知识更加深入和灵活地运用,也会因为别人的进步,让自己失去机会,甚至是能力。一名创业者必须看到,企业深入利用人力资源,不仅是为了企业的利益,更是为了员工的成长,在成长中获得巨大的人力资源回报。

③ 用文化激发人

所有人都处于人群之中,而人群必然会有文化,向上、自强的文化会激励每个人努力进取,如果这群人又能够彼此团结,主动协同,这群人就会无往不胜,这是建立团队的效果指标。换言之,团队建设的根本是要形成一个有利团队成长——形成绩效和每个成员都能够获得成长的文化。这一文化的功效在于每个成员自觉地自我开发潜能,而无须过多的外部约束与管理,一旦这一文化形成,它会不断地同化那些新加入的成员,使之尽快服从这里的"潜规则",知道应该如何工作。有了这样的文化,便挤走了其他文化,开发自我成为一种公司内部流行的思维模式,可以通过这一模式教育员工,而不必付出过多的精力去管理。将这一文化导向于创新,主动发现问题,概括并明确问题,用创意去解决问题,是这一文化得到利用并获得强化的重要方向。创业企业要保持持续改进,需要不同层次的员工共同努力。只有动员了所有员工的创造力,不断发现问题并改进问题,才有可能让创业走向成功。

鼓励自我开发的文化如何形成?不可能创业第一天就能够建立起来,也不可能由某位员工带来,只能是由主要领导者带领创业者通过日积月累,逐渐形成。创业者不仅要率先垂范,刻意地建立这一文化,还要树立典型,制止与此相悖的行为,也可以适当使用经济手段鼓励这样的文化建设,如针对文化建设进行奖励,但最重要的是创业者必须坚持下去,不可半途而废。中华文化有一个重要的传统,叫"将在外,君命有所不受",其作为民族文化的重要内容传播得十分广泛,人们普遍接受这一原则,其主要原因是它是一个自我开发的、因势利导、分散决策的工作原则,也成为一种文化。它要求创业企业应该在这一文化的基础上,充分信任和授权;没有这一文化的授权,可能会出现企业失控的危险。同时,充分地信任和授权,并产生成效是建立和强化这一文化的手段与方法。创业者需要把握好这一尺度。

(2) 创业企业信息资源开发

对创业者来说,面对信息的稀缺和选择的困难,创业者只能凭借充分开发信息资源来解决这两个问题。

信息稀缺是永远的。对创业者来说,他们没有现成的信息渠道可以利用,且信息片面而不及时。因此,零散的、杂乱的、感性的信息会进入创业者视野,让缺少经验的创业者往往面临难以选择和难以判断真伪的困境。虽然这些困难所有企业都会遇到,但创业者生存压力大,一旦判断失误就可能面临灭顶之灾,他们只能利用手边的信息,在充分开发的基础上,尽可能地放大信息资源的作用。

① 以开发信息为导向,获得创业的信息资源

创业的信息资源有下列几种。一是市场需求信息,即创业者作为顾客,体会到的市场信息。除其个人的信息,还有家人、朋友以及他所能够观察到的所有人的需求信息,分为问题信息,即消费中存在着产品或服务瑕疵;数量信息,价格上涨或供给不足的信息;凭借想象而形成的未来市场信息。二是项目信息,不论创业者根据打工过程中发现的需求端对项目的需求,还是创业过程中,不断有客户询问形成的项目定制,都可以举一反三,变成创业企业的主干业务,这种信息更加具体、准确。三是技术信息,包括非专利信息和

创业项目需要的技术信息。创业企业的重要推动力是先进技术研究，特别是从实验室出来的科技人员参与的创业往往是技术开发在先，市场应用在后。开发实验室的技术信息，使之成为知识产权，进一步将其变成可以让市场接受的产品或服务，是科技资源的开发，它需要科技信息的沟通。创业者在明确问题以后，需要借助技术解决问题，需要明确市场上领先技术是什么，哪些公司是技术上的领导者，技术对所解决问题的可靠性如何等。四是政府信息，对此类项目有什么具体的规定和要求，是否存在进入壁垒，进入有无税收减免等。政府的需求信息以及产业政策信息等，也需要创业者进行二次开发。比如，只要创业企业进入孵化器，就可以获得政府多项服务的便利与政策性税费减免。

以开发的态度获取信息，可以让信息更加有效，在最大范围压缩信息需求量的同时，增加信息的有效性。信息如同证据链条，相关信息越多，对创业决策越有利，否则无关信息越多，创业者越会无所适从。沿着有效的信息路径，有意识地搜集获取信息，是创业成功的重要原因。

商业观察和好顾客管理都是以信息开发的原则获取有效信息的方法。商业观察是把日常生活中各种信息按是否"火"以及"火"的程度进行分类。发现那些应该"火"却还没有"火"的创业企业，固化其业务，重新制定商业模型，收购或与其合作，开展新一轮的创业。

好顾客管理是将现有顾客的建议和意见作为创业企业改进的基点，通过争取做到"没有最好，只有更好"，把顾客作为重要的信息来源，把消费作为发现企业的问题的活动，让信息更加贴近市场。

② 创业企业内部信息开发

将可能掌握的信息充分利用起来，需要动员全体员工的信息开发意识与能力，挖掘他们的观察和信息分析与判断能力，从现有的少量信息中获得宝贵的决策信息，这是创业企业的一项基本功。观察、集中、探索信息，以开发信息为导向管理信息。

观察，不仅是信息获取的方法，也是一种深化认识信息的方法。将观察到的信息本质化、联系、推断和意义化，以确定信息的含义，明确信息对创业企业意味着什么，包括是否意味着可以决策，是否意味着有更大的意义，是否意味着创业可以得到更大的市场认可等。

集中，是创业企业弥补信息不足的重要方法。每位员工都可能掌握有意义的信息，但缺少集中的渠道，而忽略了信息的价值，无法将信息联系起来。集中的过程，需要"由内而外、由表及里、去粗取精、去伪存真"粗加工，再运用网络爬虫等大数据方法，以及其他专用处理软件，经过深加工获得所需的数据或信息。

探索，是将信息所有应用的可能性提出并加以讨论，使那些看起来没有意义的信息变成有重要意义的信息。

头脑风暴法是开发信息的有效方法，它不局限于现有答案，可以充分动员参与者将碎片信息整合起来，更为重要的是它可以将每个成员平等并受到尊重的感觉变成公司文化，当然也可以汇集为有价值的信息。

（3）创业企业关系资源的建立和开发

关系资源是创业企业的重要资源，恰当认识并开发自己拥有的关系资源，能延长创

第八章 创业资源与融资

业者"手臂"。有效应对初创期和成长早期资源不足,甚至在企业整个生命周期中都发挥重要作用。

① 政府资源的利用与开发

创业企业与政府的关系既不是对立关系,也不是亲密合作者,而是相互支持的关系。首先要清楚,创业可以为政府作出贡献,不仅政府应该清楚,创业者也应该清楚,就业、税收以至于经济与社会的稳定全要依赖创业;其次,政府是集中社会资源解决公共问题的主体。经济规模的扩大,意味着税收规模的增长,政府总会有许多新的公共服务出台。因此,创业企业可向政府恰当地反映自己的需求,以便让政府财政支出更加有效,促进改善自己的创业环境。

政府拥有一些管制权,这些权力会增加企业的成本。如果信息不通畅、权力边界不清晰,就会让创业企业感到政府不作为,甚至会怪罪政府的管理水平,而实际上有可能是因为信息不透明,或者不理解。广东一家企业新聘用的海归博士,不大熟悉内地的情况,老总让他去政府找某位科长,以获得项目的批复,博士十分为难,认为这是大材小用。老总耐心地告诉他,这是内地,需要与政府搞好关系。然后告诉他,去看一下,并和他聊聊天,主要是讲你是直接到企业报到的,还没有回家看望老人,让官员推荐一些具有乡土特点的特产,打算这几天带回老家去。实际上这是代表企业向官员通报,有一位海归博士到任,企业招聘来的海归博士也比较了解中国。没想到这位官员竟然给这位博士亲自购买土特产,博士到处讲当地政府官员如何清廉,如何爱惜人才。结果不仅博士感受到中国内地创业环境的进步,企业也十分受益,与政府的关系越来越好。虽然企业用不着每天看政府的脸色,但尊重政府和促成有效率的政府也是一种社会责任,也肯定会给自己带来好处。

政府的产业政策需要深度解读,这些政策"信息浓度"较大,其中蕴藏较多内容,非认真研读不能理解其意。囿于创业者的知识背景和理解能力,他们有时难以把握其中的精髓。为此,一些机构和个人在相关部门授权下举办一些培训班或讲座,指导帮助创业者。参加此类培训与学习,也是一个不错的选择。

国家也经常会成为最具号召力的背书者,尽管政府可能并不是这样的,但市场通常会有这样的反应。比如一些创业企业或领导人能够加入国家组织的考察团,成为随行人员,一些国家领导人的视察,一些国家级的表彰和国家报刊的登载,进入具有标志性意义的单位,如人民大会堂等都可以为创业者带来品牌担保。

② 金融资源的开发

创业企业多数缺少资金,需要金融部门的支持。金融部门纷繁复杂,产品类别要求千差万别,这给创业企业带来困扰。创业企业应借助中介机构和咨询机构,不断增加融资经验。

对于新兴的金融机构,因其市场认同不高,创业企业可以率先接触,以支持者的身份获得这些机构的支持。随着互联网兴起并附着于一些知名企业的金融机构(如网商银行、微众银行等),形成互利发展。

对传统金融机构,则需要了解政府及金融机构的政策,借助金融机构大量金融专业人员具有的丰富融资和投资经验,为企业提供服务。

企业在商业往来中,会积累各种信誉,也可以成为创业企业的融资根据,咨询机构和理财专家也可以帮助挖掘这些资源。

③ 社会资源的开发

创业企业一旦成立,就是社会的法人成员,与社会存在着千丝万缕的联系,维护和利用好这些联系,可以帮助企业放大资源,扩充信息渠道。

企业既是社会成员,必然要承担社会责任,其一言一行也要受到社会的监督。人们通常会有一种"好企业,才会出售好产品"的观念,因此,创业企业应该利用一些机会,通过社会营销完成"好企业"或者"好企业家"形象的树立。"赢在中国"创业大赛,对长期作为主评嘉宾的马云和牛根生的事业有重要帮助,以"中国制造"为题的广告,对格力的发展也起到了重要作用。企业需要树立为社会做事、放大自己事业的意义,以争取社会的好感来推进自己的事业。这是社会化营销。

创业企业也可以借助行业协会或商会的支持,强化自己的业务能力,通过共同组织展会、学习、研讨,共同引进技术,共同治理环境,提出有社会影响力的号召等方式来加强初创期的资源,也可以将自己融入当地社会,了解周边环境。

2. 创业企业的资源分配

创业企业需要在降低生存风险前提之下图谋未来发展,这是中华文化的精髓,虽然中华文化也讲"勇",但并不主张盲目和忽视风险,而是把生存放在第一位,发展放在第二位。这也可以解释为何中华文化有 5 000 年的文明而且经久不衰。

资源是企业生存与发展的根本,没有资源一切都无从谈起。但是企业的资源从来就与需求存在着矛盾,企业永远感觉资源不足,这就要看创业企业如何分配资源,把什么放在第一位了。以中华文化的思维,肯定是先稳定,决定了把资源放在生存上,而后再谋求未来。比如创业企业在前两年没有打开局面,缺少足够的现金收入,应该把资源的重点放在企业的生存上,甚至可以不考虑发展。但是当两年以后,企业事业有了一些起色,这样就可以放松一些生存的资源分配比例,将发展所需要的资源按 20% 以上进行分配,如果业绩越来越好,还要不断提高这一比例。

这里仍然存在如何在生存或发展资源内部开发资源的问题。在谋生阶段,需要企业将注意力全力投入市场对企业服务以及产品的认可上。这里把产品放在第二位,把服务放在第一位,是因为再好的产品也需要服务的配合,产品竞争往往不及服务的竞争,在产品功能没有太大差异的情况下,企业贴心和诚恳的服务就成为产品获得认可的关键要素。对企业更为有利的是,服务并不需要投入太多资源,只需要员工对工作流程进行改进。

在发展阶段,企业不能做守财奴,小富即安,把利润全部分掉,而要安排好资源,投入到未来。在生存期,创业者必须要认识到企业是有未来的,如何在发展到一定阶段把资源调整到成长基因上去,为企业未来扩充规模、复制自己而投入资源。企业自我培育成长基因,并不会投入太多,因为创业者的重要任务是构造商业模型,但是创业企业不可以在这方面掉以轻心,而要在适当的阶段进行投入。相反,在发展阶段所需要的资金、土地、人力等资源并不需要企业过多操心,因为有许多外部资源正寻找能够成长的基因,那时企业只需要开放企业边界,吸纳外部资源进入即可得到快速发展。

第八章 创业资源与融资

五、案例精读

金风科技:风电产业的价值链整合者

金风科技股份有限公司(简称金风科技)成立于1998年。该公司具备深度开发国际市场的能力。公司在深交所(002202)、港交所(02208)两地上市。公司目前专注于风电系统解决方案、可再生能源、新业务投资孵化。金风科技致力于推动全球能源转型,发展人人可负担、可靠、可持续的未来能源,凭借科技创新与智能化、产业投资及金融服务、国际开拓三大能力平台为人类奉献碧水蓝天,给未来留下更多资源。

金风科技主要为市场提供智慧风电场解决方案、海上风电整体解决方案、智慧能源解决方案、资产管理解决方案、金融服务解决方案。主要业务包括风电价值链中的四大领域:风机研发与制造、风电投资、风电服务、零部件研发与制造。

金风科技董事长武钢曾说:"我在和同事创立金风科技之前,还办过软件公司、自动设备厂、通信公司和加油站、吊装公司,这些都是百分之百的民营企业。我做通信公司的时候受过一个很大的刺激。当时我们4个人创业,大家的品质都很好。那时我们在开发'二哥大',研究怎么把对讲机接到电话网里,实现'大哥大'的功能。这个小伙子真的开发出来了,成本才800块钱,我们当时都被震惊了。但在把这个技术商品化的时候,我们遇到了很大的难题,始终难以攻破。直到有一天我去北京,见到北交大的一个老师才知道,这是一个国家课题。前后一年多,这个小伙子每个月拿四五百块钱工资,天天研发到夜里一两点,晚上我们俩推着自行车边走边聊一起回家。最后他坚持不住了,去了深圳,结果一入职就拿到了3 000块钱的月薪。"

这件事让武钢悟出一个道理,在新疆这个地方不适合做技术的原始研究、基础研究,要在这里做高科技产业,就要研究它的规律。金风科技根据中国独特的产业格局和市场环境,结合自身的特点摸索出一条"以研发、市场为核心,整合制造资源"的发展之路。

从产业价值链来看,金风不直接介入零部件的制造,而是根据风机零部件专业性强、产业空白的情况,寻找具有类似技术,生产经验和能力的厂商,建立合作伙伴关系、提供技术支持,获得零部件供应保障。

根据自身的发展战略,金风科技选择以向客户提供系统解决方案作为市场定位。事实上,作为一家风机制造企业,仅仅向客户提供风机是远远不够的。但因为在国内市场,风电产业仍处于发展初期,金风科技的客户在风场建设、风场运营维护方面缺乏足够的经验,客户潜在的需求成为企业提供产品服务的方向。

金风科技的核心业务是整机制造,其每年95%以上的营业收入来自于风力发电机组。风电机组所需的零部件供应来自不同的产业,且制造工艺要求复杂,难以完全自给自足,因此零部件制造完全外包。风电产业的技术专用性要求较高,对零部件的质量有严格要求。对此,金风科技使用了"金风提供信息,制造商提供产品"的运营模式。零部件供应商的产品必须严格按照金风科技的技术标准制造;部分核心零部件,如叶片、电机等,则会同供应商协作设计,通过建立专家库和技术顾问体系,共同解决在零部件设计、工艺和检验过程中出现的各种问题。

金风科技的成功关键在于"整合价值链",而"整合价值链"的核心就是整合能力,中主要包括两个部分:其一是研发整合能力;二是供应链整合能力。在风电市场竞争并不激烈的初期,良好的研发能力是获得订单的保证,而得到订单后,相应型号的风机产品完全可以交由合格的制造厂商加以生产。

然而,不涉及零部件制造的整合制造往往也意味着对零部件供应依存度很高,企业的供应链整合能力成为能否实现生产的关键点之一,如何保证供货稳定与供货质量呢?目前金风科技是国内最大的风电零部件需求商,利用自身的市场影响力,与许多零部件供应商都保持着长期合作关系。尤其是核心零部件供应商,金风科技一直都对其给予信任与支持。

为了达成向客户提供系统解决方案的产品和服务,在外部条件和自身资源能力的约束下,金风科技将重点放在了价值链的整机制造环节,并逐步向客户端延伸。在研发环节上,金风科技强调整机设计工作,同时充分利用来自各方的研发资源,为关键零部件和整机制造提供技术支持,为供应链体系夯实合作基础。金风科技在战略体系中明确提出,不深度介入零部件制造环节,通过为供应商提供协作平台、开展紧密的技术合作,保持稳定的市场供应。在整机制造环节,金风科技围绕国内主要风能市场合理布局产能,以获得更经济的物流运输成本。在风场开发环节,金风科技利用对风场前期开发的丰富经验,通过拓宽外部资本资源开展新的风场开发投资业务。在运营维护环节,金风科技在原有客户服务的基础上成立相对独立的公司,开展风场运营维护业务。通过除零部件制造环节外的风电产业价值链布局,金风科技努力将自己定位为综合风机制造商系统解决方案。

从收入结构来看,金风科技的主要营业收入来自风机销售业务(整机制造环节)。从商业模式的整体布局来看,金风科技的收入来源还包括服务收入(运营维护环节)、风场投资开发收入(投资开发环节)以及技术咨询收入(研发环节)。

[1] 李彤. 金风科技:好日子有多长[J]. 商界(评论),2008(2).
[2] 严睿,宋清华. 武钢解析下滑内幕:金风科技,风电龙头能否止跌[J]. 英才,2009(7).
[3] 朱武祥,魏炜. 金风科技:全外包的商业模式[J]. 深圳特区科技,2008(3).

案例思考题:
1. 为什么金风科技要选择"整合价值链"作为自己的主导战略?
2. 选择"整合价值链"作为商业模式需要具备怎样的资源能力?

六、创业思维训练

24小时资源大挑战

24小时资源大挑战活动主要以开展商业生存挑战的形式锻炼学生的白手起家能力,或者非资源型创业者的资源整合能力。互动形式强调自主性和参与性,要求学生自己组成创业团队,自己发现创业机会并做好商业计划书。

本活动在挑战开始前两个小时通知规则,创业团队在开始前产生创业想法,做好人

第八章
创业资源与融资

员分工、营销计划、财务支出计划、商业计划等前期准备。宣布项目开始后,每个团队在队长的安排下领取500元借款,此借款没有利息,但活动结束后必须足额还款。领到借款后开始商业行动,行动过程中可以根据实际情况调整商业计划,但必须遵守法律和活动规则。

本活动的直接评价指标是学员在24小时内尽可能赚取尽量多的利润。24小时结束后,将对利润率进行盘点,进行此次活动的创业汇报,赚取利润最多的队伍获胜。但整个过程带来的体验才是最应该关注的重点。

学习目标

1. 发挥团队精神,选出领导者,并对团队做好分工。
2. 做好商业计划并能灵活执行。
3. 体验创业过程中发生的各种不确定性风险。
4. 做好启动资金预测和现金流掌控。
5. 证明可以用很少的资源创造出价值。
6. 鼓励创业者最后再考虑使用现金。

训练清单

1. 每个团队领取一个装有500元(可以更少,如50元)的信封,信封内有一张纸,纸上写一句话:你如何白手起家?

2. 24小时资源挑战活动说明:

发放创业贷款500元,活动过程中所有学员必须只是用这500元预案启动资金,不可以借助任何其他手段获得资助,否则视为违规。宣布竞赛开始后,参赛团队可以在校内外的任何地方自由活动。

活动过程中只能依靠自身资源和纯粹的商业行为获得收益,不可以强买强卖,不可以借助亲朋好友,也不可以自卖自买。

每一团队设有一位观察员同行并跟进、打分。观察员只负责对活动进行观察,不能参与团队的任何商业活动,也不能使用或资助团队任何经费,要客观记录,不能隐瞒。

挑战结束时间由团队自行决定,但最迟不能超过24小时,最早不能少于20小时,超时视为迟到并被扣分。当学员返回培训室后,首先要做的是把500元还给活动助理,亏损的部分需要学员自掏腰包。凡是收益为正的小组,视为挑战成功,否则挑战失败。自此,整个挑战流程结束,进入总结汇报阶段。

活动结束后,进入小组总结汇报环节,每个小组有5~10分钟时间进行汇报。由评审团根据汇报情况进行评价及打分。总结汇报后公布比赛成绩,评选出优秀团队及优秀个人,举行颁奖仪式并颁发证书、奖金等奖品。

总结

在汇报总结会上,学员可以先以小组为单位讨论挑战过程的整个流程,帮助他们梳理问题并从中学到知识。总结的内容包括:

1. 如何看待最终的利润?
2. 过程中使用了哪些自有资源?
3. 启动资金是如何分配的?利润率是多少?

4. 如何看待领导力？今天的领队哪些做得比较好？
5. 你自己在挑战过程中是不可或缺的吗？
6. 资金流动了几个周期？成本控制重要还是资金流动重要？为什么？
7. 挑战成功/失败的最重要因素是什么？对你有什么启示？
8. 行动力对今天的挑战起到了什么作用吗？
9. 整个活动存在哪些问题？
10. 由谁来汇报今天的总结？

七、课后思考题

1. 为什么说对于创业来说，资源整合至关重要？
2. 假设你想开展某项校园创业项目，需要得到哪些资源？
3. 在创业过程中，如何去整合校外资源？
4. 与同学分享你在工作或生活中，是如何整合其他人的资源的？

第九章 企业法律形态与股权设计

本章介绍企业的法律形态,及不同法律形态下的企业特点,创业者对企业形态的选择,股权设计考虑的因素,讨论了企业股权设计与公司治理。

关键词:企业法律形态;股权结构;股权设计;公司治理

不欢而散的创业

大学毕业的刘同学与王同学觉得室内装修很有市场,准备合伙开一家室内装修设计公司。为了避免以后发生纠纷,双方签订了一份合伙协议,约定双方共同出资创办合伙企业,共同经营,并按照出资比例对收益进行分配,任何一方对合伙企业作出任何决定都必须通知另一方,并在协商一致后实行。

刘同学和王同学找了店面,开始进行装修。就在装修即将完工的时候,王同学突然提出退伙的要求,并让刘同学返还他在合伙企业早期筹备时的资金投入,共计8万元整。刘同学极力劝说王同学不要退伙,并拿出了当初二人签订的协议,要求王同学必须履行上面的内容,且立场坚定地表示绝对不拆伙。

遭到拒绝的王同学随即停止了所有的资金投入,使得合伙企业的筹备工作无法继续进行。由于企业的地址选在了闹市区,房租非常昂贵,看着一天又一天迟迟不能营业的合伙企业,投入了大量心血的刘同学无奈之下,只得另觅合伙人。然而合伙人找到了,王同学却拿着当初的协议拒绝新合伙人的加入,并提出如果刘同学不返还他的8万元钱,他就既不增资,也不退伙。面对王同学的要求,刘同学十分生气,想着自己辛苦筹建的企业和投进去的钱,可能不会有所回报。刘同学感到很郁闷,他不知道面对这种窘境还可以做什么。

思考题:

(1)设立合伙企业是不是必须签订合伙协议?

(2)选择合伙形式创业有何优缺点?

(3)合伙创业当事人如何处理合伙事务?当事人如何退伙?

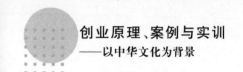

一、企业的法律形态与特点

1. 企业的法律形态

在市场经济条件下,企业是法律上和经济上独立的经济实体。任何一个企业都要依法建立。投资人在创建一个企业时,都面临企业法律形式的选择问题。企业的法律形式有很多,主要包括以下几种:个体工商户、个人独资企业、合伙企业、中外合资企业、中外合作企业、外商投资企业、国有独资企业、无限责任公司、有限责任公司、股份有限公司等。创业企业一般是小型企业,从工商部门统计数据来看,个体工商户、个人独资企业、合伙企业、有限责任公司四种企业法律形式是我国当前创办企业最常见的企业法律形式,下面分别阐述各企业形式的定义及法律特征。

(1) 个体工商户

个体工商户是指有经营能力并依照《个体工商户条例》的规定,经工商行政管理部门登记,从事工商业经营的公民。

个体工商户是个体工商业经济在法律上的表现,具有以下特征:

① 是从事工商业经营的自然人或家庭。自然人或以个人为单位,或以家庭为单位从事工商业经营,均为个体工商户。根据法律有关规定,可以申请个体工商户经营的主要是城镇待业青年、社会闲散人员和农村村民。国家机关干部、企事业单位职工,不能申请从事个体工商业经营。

② 自然人从事个体工商业经营必须依法核准登记。个体工商户的登记机关是县以上工商行政管理机关。个体工商户经核准登记,取得营业执照后,才可以开始经营。个体工商户转业、合并、变更登记事项或歇业,也应办理登记手续。个体工商户只能经营法律、政策允许个体经营的行业。

③ 对其所负债务承担无限责任,即个体工商户个人经营的,其所负债务由个人财产承担;家庭经营的,以家庭财产承担,而不是仅以投入经营的财产承担。个体工商户一人领取营业执照,家庭成员共同经营的,可以认定为家庭经营,债务以家庭共有财产清偿。个人申请登记的个体工商户以家庭共同财产投资,收益供家庭成员共同使用的,视为家庭经营,其债务以家庭共同财产承担。

(2) 个人独资企业

个人独资企业是指依照《个人独资企业法》在中国境内设立,由一个自然人投资,财产为投资人个人所有,投资人以其个人财产对企业债务承担无限责任的经营实体。

个人独资企业具有如下法律特征:

① 是由个人创办的独资企业,其投资人是一个自然人。自然人只限于具有完全民事行为能力的中国公民。国家机关、国家授权投资机构或者国家授权的部门、企业、事业单位等都不能作为个人独资企业的设立人。

② 全部财产为投资人个人所有,投资人(也称业主)是企业财产(包括企业成立时投入的初始出资财产与企业存续期间积累的财产)的唯一所有者。基于此,投资人对企

第九章
企业法律形态与股权设计

的经营与管理事务享有绝对的控制权与支配权,不受其他任何人的干预。个人独资企业就财产方面的性质而言,属于私人财产所有权的客体。

③ 投资人以其个人财产对企业债务承担无限责任。所谓投资人以其个人财产对企业债务承担无限责任,包括三层意思：一是企业的债务全部由投资人承担；二是投资人承担企业债务的责任范围不限于出资,其责任财产包括独资企业中的全部财产和投资人的其他个人财产；三是投资人对企业的债权人直接负责。换言之,无论是企业经营期间还是企业因各种原因而解散,对经营中所产生的债务如不能以企业财产清偿的,则投资人须以其个人所有的财产清偿。此外,如投资人在申请企业设立登记时明确以其家庭共有财产作为个人出资的,应当依法以家庭共有财产对企业债务承担无限责任。

④ 是一个不具有法人资格的经营实体,其民事或商事活动都是以独资企业业主的个人人格或主体身份进行的。尽管独资企业有自己的名称或商号,并以企业名义从事经营行为和参加诉讼活动,但它不具有独立的法人地位。

（3）合伙企业

合伙企业,是指自然人、法人和其他组织依照《中华人民共和国合伙企业法》在中国境内设立的,由两个或两个以上的合伙人订立合伙协议,为经营共同事业,共同出资、合伙经营、共享收益、共担风险的营利性组织。

合伙企业具有如下法律特征：

① 以合伙协议为成立的法律基础。合伙协议依法由全体合伙人协商一致、以书面形式订立。合伙协议是合伙成立的依据,也是合伙人权利和义务的依据,必须以书面形式订立,且经过全体合伙人签名、盖章方能生效。

② 作为一个整体对债权人承担无限责任。按照合伙人对合伙企业的责任,合伙企业可分为普通合伙和有限合伙。普通合伙的合伙人均为普通合伙人,对合伙企业的债务承担无限连带责任。有限责任合伙企业由一个或几个普通合伙人与一个或几个责任有限的合伙人组成,即合伙人中至少有一个人要对企业的经营活动负无限责任,而其他合伙人只能以其出资额为限对债务承担偿债责任,因而这类合伙人一般不直接参与企业经营管理活动。

③ 经营活动由合伙人共同决定,合伙人有执行和监督的权利。合伙人可以推举负责人。合伙负责人和其他人员的经营活动,由全体合伙人承担民事责任。换言之,每个合伙人代表合伙企业所发生的经济行为对所有合伙人均有约束力。

④ 合伙人投入的财产,由合伙人统一管理和使用,不经其他合伙人同意,任何一位合伙人不得将合伙财产移为他用。只提供劳务,不提供资本的合伙人仅有权分享一部分利润,而无权分享合伙财产。

⑤ 在生产经营活动中所取得、积累的财产,归合伙人共有。如有亏损亦由合伙人共同承担。损益分配的比例应在合伙协议中明确规定；未经规定的可按合伙人出资比例分摊,或平均分摊。以劳务抵作资本的合伙人,除另有规定者外,一般不分摊损失。

（4）有限责任公司

有限责任公司是指由1个以上50个以下的股东出资设立,每个股东以其所认缴的出资额对公司承担有限责任,公司以其全部资产对其债务承担责任的经济组织。有限责任公司包括国有独资公司以及其他有限责任公司。

有限责任公司是一种资合公司,但是也有人合公司的因素,它有如下特征:

① 股东仅以其出资额为限对公司承担责任。

② 股东人数,有最高人数的限制,我国《公司法》规定,有限责任公司由 1 个以上 50 个以下股东共同出资设立。

③ 不能公开募集股份,不能发行股票。

④ 是将人合公司与资合公司的优点综合起来的公司形式。

2. 不同企业法律形态的特点

不同法律形态的企业特点如表 9-1 所示。

表 9-1　四类企业法律形态的特点

组织形式	个体工商户	个人独资企业	合伙企业	有限责任公司
成立的法律依据	《个体工商户条例》	《个人独资企业法》	《合伙企业法》	《公司法》
责任承担	无限责任	无限责任	无限连带责任	有限责任
投资人	1 个人或家庭	1 个人且必须为中国人	2 个人以上	由 2 个以上 50 个以下的股东组成
注册资本	无数量限制	无数量限制	无数量限制	有法定资本最低限额限制
成立条件	① 个体工商户可以起字号 ② 投资人要有相应的经营资金 ③ 投资人要有相应的营业场所 ④ 可以根据经营需要招用从业人员	① 投资人为 1 个自然人 ② 有合法的企业名称。独资企业的名称应当与其责任形式及所从事的营业相符合 ③ 有投资人申报的出资 ④ 有固定的生产经营场所和必要的生产经营条件 ⑤ 有必要的从业人员	① 有 2 个以上的合伙人,且都是依法承担无限责任者,法律法规禁止从事营利活动的人不得成为合伙企业的合伙人 ② 有书面的合伙协议 ③ 有各合伙人实际缴付的出资 ④ 有合伙企业的名称 ⑤ 有经营场所和从事合伙经营的必要条件	① 由 1 个以上 50 个以下股东共同出资成立 ② 有限责任公司注册资本的最低限额为人民币 3 万元,一人有限责任公司的注册资本最低限额为人民币 10 万元 ③ 股东共同制定公司章程 ④ 有公司名称,建立符合有限责任公司要求的组织机构 ⑤ 有固定的生产经营场所和必要的生产经营条件

第九章 企业法律形态与股权设计

续表

组织形式	个体工商户	个人独资企业	合伙企业	有限责任公司
利润分配及转让	资产属于私人所有,自己既是财产所有者,又是劳动者和管理者	财产为投资人个人所有,投资人既是所有者,又是经营者和管理者	依照合伙协议,合伙经营,共享收益,共担风险	① 股东按出资比例分配利润 ② 不公开募集和发行股票,股东出资不能随意转让
优势	① 申请手续较简单,仅需向登记机关登记即可 ② 所需费用少 ③ 经营起来相对灵活	① 企业在经营上的制约因素少,企业设立、转让、解散等行为手续简便,仅需向登记机关登记即可 ② 投资人独资经营,经营方式灵活 ③ 个人独资企业只需缴纳个人所得税,不需双重纳税 ④ 技术和经营方面易于保密,有利于保持自己在市场的竞争地位	① 出资人较多,扩大了资本使用来源和企业信用能力 ② 合伙人具有不同的专业特长和经验,能够发挥团队作用,各尽其才 ③ 由于合伙企业中至少有1个负无限责任,使债权人的利益受到更大保护 ④ 由于资本实力和管理能力的提升,增加了企业扩大经营规模的可能性	① 公司股东只对公司承担有限责任,与其他个人的财产无关,因此投资人的风险不大 ② 可以吸纳多个投资人,促进资本的有效集中,促进决策科学民主化 ③ 公司所有权与经营权分离,可以聘任专职的经理人员管理公司
劣势	① 规模小、难以扩展业务 ② 只能由出资人以个人借贷方式筹集资金,市场竞争力小 ③ 信用度和知名度比公司低	① 企业规模小,业务范围有限 ② 个人承担无限财产责任,经营风险较大 ③ 个人独资企业受信用限制不易从外部获得资本,如果企业主资本有限或经营能力不强,经营规模难以扩大	① 合伙人要承担无限连带责任,使其家庭财产具有经营风险 ② 转让财产受限。在合伙企业存续期,如果某一合伙人有意向合伙人以外的人转让其在合伙企业的全部或部分财产时,必须经过其他合伙人的一致同意	① 公司设立程序相对复杂,创办费用较高 ② 不能公开发行股票,筹集资金的范围和规模一般不会很大,难以适应大规模的生产经营需要 ③ 产权不能充分流动,企业的资产运作也受到限制

资料来源:潘玉香,吴芳.创办新企业.北京:中国经济出版社,2012.

3. 企业法律形态的选择依据

一般而言,小企业在选择企业的法律形态时,需要依据以下几个原则。

(1) 创业资金准备情况

在我国,根据相关法律规定,个体工商户、个人独资企业、合伙制企业对注册资金实行申报制,没有最低限额要求。对于有限责任公司,法律规定了资本最低限额要求。鉴于这些情况,创业者在选择企业法律形式时就要考虑自己创业资金的准备情况。

(2) 经营风险

企业法律形态不同,在经营过程中所承担的风险也不同。有限责任公司比私营企业风险要小。因为有限责任公司对外承担有限责任,不会以企业以外的个人资产抵债;而承担无限责任的私营企业,如个人独资企业、合伙企业,一旦经营失败,不但要以企业的全部资产用于抵债,同时企业以外的个人资产也要用于抵债。合伙企业的合伙人也要承担无限连带责任。鉴于这种情况,创办企业要权衡利弊,充分考虑经营风险。

(3) 税赋因素

税赋对于一个企业产生的影响非常大。国家为了鼓励一些行业的发展或者限制一些行业的发展,在制定税法时,分别采取了不同的法律规定。对于公司企业而言,其经营利润首先应按照税法缴纳企业所得税,然后才能将税后利润作为股息或红利分配给投资者;而投资者取得的股息或红利,根据税法的规定还须缴纳个人所得税,对创办企业的创业者而言,就存在双重纳税的问题。对于个人独资、合伙企业而言,由于不将其作为公司企业看待,企业的经营利润就不需要缴纳企业所得税,而是按照个体工商户的生产经营所得缴纳个人所得税。

(4) 技术因素

创业者往往掌握着不同的专业技术,所注册的企业如果符合注册高新技术企业的条件,可以充分利用国家对高新技术企业的扶持政策,注册高新技术企业,使企业更快地发展起来。另外创业者如有专利技术,在创业初期可以考虑采用合伙企业的方式,以便更好地保护专利技术。

(5) 产权转让便利性

在建立企业时,创业者也应预想到未来企业所有权转换、继承、买卖的问题。例如,有限责任公司股东出资一经交付公司,即不得主张退股,但却保证出资转让方相对自由地转让其出资;而合伙企业出资份额的转让则受到严格限制。

(6) 筹资的吸引力

在个人独资企业和合伙企业中,创业者筹资能力大小取决于经营上的成功和创业者的个人能量,且由于投资者必须对企业的债务承担无限责任,这两种形式的企业筹集大额资金相对困难。而有限责任公司投资者仅需承担有限责任且产权主体多元化,筹资相对容易。

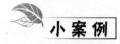

兰州大学甲、乙、丙、丁四位大学生毕业后策划在兰州市成立一家有限责任公司,经营房地产业务,在一切工作准备就绪之后,四人商定应该为公司取一个响亮而吉祥的名称,以利于公司以后的发展,于是每个人为公司取了一个名称,分别为"兰州大地发展公

第九章
企业法律形态与股权设计

司""兰州广厦房地产有限责任公司""兰州999房地产有限公司""兰州金星房地产股份有限公司"。另外,四人认为公司成立应该向社会公告,以便从事经营活动。

资料来源:http://law.lzcc.edu.cn/jpkc2/page/Documents/anli/num.htm.

思考题:

(1) 你认为哪一个名称可以采用?为什么?

(2) 设立该公司是否需要办理名称预先核准登记?

(3) 预先核准登记应向公司登记机关提交哪些文件?该公司成立是否需要向社会发布公告?

二、股权设计与公司治理

张硕的股权设计

张硕创业后经顾问辅导,已经得到两个投资基金的口头承诺。以下是公司顾问准备打印协议时与张硕的对话。

"你们三位创始人,你和田江都全职了,另一位陈大鹏,之前你说他拿到天使投资就全职加入,定了吗?"

"他现在还出不来。"

"那他30%的股份怎么安排的?"

"工商登记,那30%是在他名下的。因为在项目刚开始的时候,大鹏和我们的投入一样多,而且他商业经验最丰富,投资人都是他介绍的。"

"他没有全职,股份就已经在他名下,这是个巨大的风险。协议现在我还不能给你,你和大鹏必须谈一下。我的建议是他的股份转到你名下代持。等他全职之后,再进行正式分配。希望大鹏从公司的大局着想,是他的终归是他的。"

张硕接下来一周进行了痛苦地谈判,其挫折感远远大于他和投资人谈融资。其间,顾问也和陈大鹏直接打过电话,尝试让他全职加入或者股份转让给张硕代持,或者至少是部分转让,但是都被拒绝了。投资人无法继续推进投资。张硕非常痛苦。两个月后,张硕被其他两个创始人逼出局,被迫离开公司。

一颗定时炸弹,让团队崩盘,张硕近半年来的心血付之一炬。由此可见创始人间的冲突时有发生。但早点发生也好,不然枉费更多青春。张硕后来创业,顺利拿到融资。

思考题:

(1) 你是如何看待股权分配?什么时候分合适?

(2) 你是如何看待"干股"?

新的企业经过三五年生存后便顺利度过了最困难时期,随后步入发展阶段。然而发展也并非一帆风顺,可能还会遇到艰难险阻。如何在更高的起点上更上一层楼,不断成长乃至后期上市,是创业者面临的重大问题。

1. 股权设计

（1）股权设计的意义

合理分配股权是企业能够健康持续发展的一个重要前提。创业团队注册公司后，面临的第一个问题就是股权设计。通常，大家要么平均分，要么以出资多少，要么以资历分配。对于初期创业者，团队忙于开发、搭团队、找融资，往往对股权分配懵懵懂懂。创业团队具有"梁山"气息，考虑兄弟感情，对谈利益、谈权利羞羞答答。可一旦后期利益形成，前期隐藏的矛盾相继出现，团队分崩离析也是迟早的事。有的公司为此受损甚至失败，有的创业者败走，有的还锒铛入狱。事实表明，创业早期的股权分配，既可以成为公司高速增长的发动机，也可以成为埋在企业的定时炸弹。

股权分配属于初创企业顶层设计的问题，而且股权的问题不可逆。股权分配必须从一开始就要进行安排，通过有效的股权架构设计，可以对企业未来产生的价值进行合理地分配，可以吸引优秀的合伙人加入，可以有效地进行股权融资，做好股权激励的设计和安排。

（2）股权分配安排

创始团队分配股权，本质上是基于每个创始人对公司未来的价值贡献来进行分配。股权分配的基本原则是"谁创造价值，谁分配收益"。因而股权分配需要厘清企业价值创造的要素，回归价值创造的本质。

从当前企业价值创造的要素来看，主要涉及三类：人力、资金、资源。人力方面主要涉及创始团队、核心团队的股权分配，同时需要考虑未来人才的储备；资金方面主要涉及启动资金、流动资金以及未来发展涉及的股权融资问题等；资源方面主要涉及企业所需的各类资源、人脉等。

明确了企业价值创造的三要素，具体可通过以下几个步骤进行股权分配的落地实施。

① 梳理三大要素发展主线。股权架构的设计，要着眼于公司的长远稳健发展，为战略服务，人力、资金、资源的规划要与公司发展战略和规划相匹配，公司发展各阶段"要做什么、需要怎样的资源和人才、需要多少资金"要有明确的安排。

② 定出三大要素股权的权重。对资源驱动型企业而言，典型代表是垄断型国有企业，资源是价值的主要创造者，资源占股比例应比较大；对资金驱动型企业而言，典型代表是风险投资资金，资金是价值的主要创造者，资金股占比应比较大；对人力驱动型企业而言，典型代表是百度、阿里巴巴、腾讯等互联网公司，人力是价值的主要创造者，人力股占比应比较大。

资金是一次性投入，属于固定贡献，确定其权重相对容易，人力股、资源股属于可持续投入，是可变贡献，其股权通常设置为限制性股权。限制性股权的特点一是股权，二是权利限制，权利限制主要体现在分期成熟、分期兑现方面，主要采用股权成熟模式来进行股权分配。通常人力股可以按照时间来约定股权成熟期，资源股可以按照公司商业项目的节点约定股权成熟的分期。

第九章
企业法律形态与股权设计

③ 人力股分配方案。人力股是针对全职的核心人才的股份,分配的原则仍然是按照对公司未来发展的贡献,谁的贡献大,谁的占比高。人力股分配的关键是价值和回报的匹配,动态地评估价值与贡献。人力股的设置要能激发核心人才的动力,能够对人力进行激励,但同时也要考虑合伙人或核心人才流失对企业运行造成的损失,因而人力股设置需要考虑激励约束的问题,人力股通常按照时间来设置股权成熟时间,常见的做法有以下四种。

第一种为每年成熟 1/4。

第二种为第一年成熟 10%;第二年成熟 20%;第三年成熟 30%;第四年成熟 40%,逐年递增,360 软件公司即按照类似的模式设置。

第三种为全职满 2 年成熟 50%;第 3 年成熟 75%;第 4 年成熟 100%,小米即按照类似的模式设置。

第四种为第一年成熟 20%,剩余 4 年内,每月成熟 1/48,该模式国外较为常见。

创业团队成员中途离职,还面临股票回购的问题,需要确认回购价格。对于没有成熟的股票,建议以原始价格回购。对于已经成熟的股票可以不回购,如要回购可以参考以下价格进行确定:一是按照购买价格的溢价;二是按照公司净资产的溢价;三是按照公司近期一轮融资估值的折扣价。折扣价的确定要考虑其合理性,如设置不合理,可能出现公司的融资不足以弥补一个重要合伙人离职所需资金的情况。

④ 资源股的分配方案。资源股主要涉及供应链上下游关系、行业人脉关系、潜在客户等。对资源提供方的股权合作需要慎重,毕竟股权合作是深度合作,而资源提供方只是在项目成立之初贡献比较大,项目后续贡献越来越小,是否要进行股权合作需要进行探讨。资源股的分配方案,一般采用资源股按照公司商业项目的节点约定股权成熟的分期,根据资源提供方导入的资源以及实际效果确定具体的股份。针对资源提供方的合作,比较推荐的方法是通过平等的外部合作,投入多少资源,支付多少服务费的方式来进行。

⑤ 资金股分配方案。资金分为内部资金和外部资金,内部资金股通常针对创始股东,可考虑启动资金的需求,估值由创始股东协商确定,一般按照出资比例进行股份的分配。外部资金股,主要考虑外部股权融资所涉及的股权,需要根据市场情况、融资情况等多方面因素进行确定。有部分创业团队初期为外部融资预留股权,该部分预留的股权通常由创始人代持,如果投资人出资,是创始人给投资人卖老股,是创始人的个人变现行为,钱进不了公司的账户,这与投资人、公司的利益相冲突。建议的操作方式是,投资人进入后,给投资者增发股票,同比例稀释之前股东的股权。

有时由于公司和商业项目还没有做起来,在股权的处理上,投资机构和创始人可能会有所分歧,可采取如下方法进行设置。第一种是债转股。投资人以债券人的方式介入项目,但同时具有转股的通道,待项目运作起来后,投资人可以按照投资机构估值的折扣,提前优先把债权转化为股权。第二种是业绩对赌。在公司成立之初还没有业绩,可以在创始股东合作协议中约定,等业绩做起来后,做到多少业绩就允许单方增资的方式来调整股权。第三种是溢价回购。在创始股东合作协议中约定,创始股东和投资人在公司成立之初可以同股同价,但是在等创始股东人力投入后、公司做大做强之后,有权利在一定时期对投资人手中持有的股权进行溢价回购,这样既可以保证投资人挣到钱,也能让创始股东的贡献及回报有所保证。

A、B、C 合伙做项目,A 是 CEO;B 是 CTO,C 是 COO,股权比例为 5∶3∶2,约定所持有的股权,分四年成熟,每年成熟 25%。如在四年内任一合伙人退出,其未成熟股权由其他合伙人回购。

项目启动后刚好满一年,作为 COO 的 C 不干了。那么,C 成熟的股权为:20%×1/4=5%,余下 15% 股权属于未成熟的股权,即 C 离职后,仍可以持有 5% 的股权,未成熟股权由 A、B 合伙人按股权比例回购。如此,一方面可以承认 C 对于公司的贡献;另一方面可以用回购的未成熟股权吸收新 COO 合伙人。

以上采用的是分期成熟模式,实践中也有约定按项目进展进度,分期成熟,比如产品测试、正式推出、迭代、推广、总用户数和每天活跃用户数等阶段,也有按融资阶段分期成熟,也有按项目运营业绩递增情况分期成熟。

关于回购价格,常见的回购价格确定方式包括预先设定的股权价格、按利润预估 PE 倍数等方式。但这些必须在创业合伙协议下明确约定,不能等发生该等情形后再协商回购价格。

思考题:如何调整股权结构?

(3) 分配中注意的问题

在分配比例时,通常考虑以下几个因素:

① 出资。如果所有合伙人都同意按比例出资,各方资源优势基本相当的,则可以直接按出资比例分配。如只有部分合伙人出资,则其应取得比没有出资的合伙人相对多的股权。

② CEO 占比大。因为 CEO 是合伙事业的灵魂,对公司负有更多的担当,所以 CEO 取得相对多数的股权,才有利于创业项目的决策和执行。

③ 综合评估。即综合评估每个合伙人的优势,根据其资源占有情况确定股权比例。

④ 贡献。即科学评估每位合伙人在初创过程中各个阶段的作用。创业项目的启动、测试、推出等各个阶段,每个合伙人的作用不一样,股权安排应考虑不同阶段每个合伙人的作用,以充分调动每位合伙人的积极性。

⑤ 拉开档次。即必须要有明显的股权梯次,绝对不能是均等的比例。如果是三个合伙人,最为科学的比例结构是 5∶3∶2。

2. 特殊退出的股权处理

在创业过程中,可能会遇到合伙人离婚、犯罪、去世等情况,导致合伙人退出。为此,应提前设计法律应对方案,避免对项目造成严重影响。

① 离婚。如合伙人未作夫妻财产约定,则股权依法属于夫妻共同财产。如 A 合伙

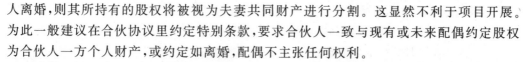

人离婚,则其所持有的股权将被视为夫妻共同财产进行分割。这显然不利于项目开展。为此一般建议在合伙协议里约定特别条款,要求合伙人一致与现有或未来配偶约定股权为合伙人一方个人财产,或约定如离婚,配偶不主张任何权利。

② 犯罪。如B合伙人犯罪,被追究刑事责任,则其不能或不适合继续参与项目的,应强制退出,并参照上述股权成熟机制处理。

③ 继承。公司股权属于遗产,依我国《民法典》规定,可以由其有权继承人继承其股东资格和股权财产权益。但由于创业项目"人合"的特殊性,继承人继承合伙人的股东资格显然不利于项目事业。因此,为确保项目有序、良性推进,公司章程应约定合伙人的有权继承人只能继承股权的财产权益,不能继承股东资格。

3. 不宜参与股权分配的人员

一般来说,以下人员不宜参与初创股权分配。

① 非持续资源提供者。有些项目的启动需要诸如电信运营商、旅游、文化和交通等行政资源,而这些关系资源需要依靠某人私人关系取得。由于存在不确定性,他们不能作为合伙人。但可以以顾问形式参与。

② 兼职者。创业是一个长期过程,需要全身心投入。非资金投入的兼职者,不能全身心投入,自然不适合当合伙人。

③ 专家顾问。有些创业项目的启动和顺利运营,需要特定专业顾问。尽管有些顾问提出不收顾问费,换股权,但并不可取。因为顾问也可能以后因故"不顾不问",若占有股权非但不能发挥应有作用,还会对项目造成负面影响。

④ 早期员工。有些初创团队,为了留住人才,可能会给予小比例股权,甚至会用小比例股抵工资以减少工资支出,这些都不可取。因为早期股权非常珍贵,不能轻易给予。并且初创公司的股权在员工眼里也不值钱,起不到激励作用。

⑤ 三观不合者。即那些不认同合伙事业发展理念,或不能长期坚持创业,不能同舟共济的人。

4. 公司治理

(1) 新创企业合法性

合法性是指在特定社会范围内,一个实体的行动是否合乎期望及恰当性、合适性的认识。它反映的是外部环境对于组织特征或行为是否符合外界的价值观、规范、要求。事实上,许多创新事物的发展都经历了一个合法性从无到有的过程。如传统购物是去小店,当人们后来去沃尔玛、家乐福超市购物后,人们就习惯于超市购物形式。类似地,随着网络的普及,现在人们习惯网上购物、网上订餐、网上购票,也习惯网上支付、理财。这些全新的虚拟消费方式极大地背离了传统认知,人们对此逐渐适应、认可,越来越认可此类交易的正当性和合法性。

对于新创企业来说,其合法性主要体现在管治、规范和认知三个方面。管治合法性来源于政府、专业机构、行业协会等有关部门的制度性规定。有的以法律形式固定强制企业执行,有的则以行业规范形式建议企业执行。新创企业按上述要求经营,它就获得了相应的管治合法性。如果没有它,新创企业很难通过合法、合规途径去接近、获取创业资源。如企业不满足银行贷款要求,就不能从银行贷到款。贷款后不按银行要求披露报告信息,就可能达不到合规要求而受到银行的处罚,如逾期罚款等。

规范合法性也指道德合法性,它源于社会价值观和道德规范,它反映的是社会公众对企业"正确地做事"的判断。其依据是是否有利于增进社会福利,是否符合广为接受的社会价值观与道德规范。如商业经营中的诚信、守约、公平、互利等。

认知合法性是指人们对特定社会活动的边界和存在合理性的共同感知。当针对某种技术、产品或组织形式的知识被普遍接受,并认为"理所当然"时,认知合法性就很强,难以改变。人们初期不认可电子商务,后来才渐渐接受。网上银行一开始大家也不放心,后来随着安全问题的解决,人们渐渐也认可了。

对新创企业来说,认识到合法性固然重要,但更重要的是获得这些合法性。为此,创业者一般通过以下两种路径:一是对自身进行改变,如建立完善的组织结构、管理团队等;二是对所在的环境进行改变,比如通过广告和公关来改变管制环境等。

(2) 新创企业治理

现代意义上的企业治理就是企业法理,核心是建立规范的公司治理结构。完整意义上的企业法理体现为产权和竞争的有机结合。产权是指在企业内部形成有效的各方制衡机制,竞争是指通过市场进行外部制衡。在市场经济条件下,企业治理重点是企业内部治理结构建设,即选择科学的法人治理结构,以提高创业效率,加快新创企业成长。

企业内部治理的核心在于,使企业各利益主体在责、权、利方面形成制衡关系,建立一套基于企业绩效的经理人奖罚机制。即解决企业管理中的所用权与管理权问题。因为在企业经营中,企业聘请职业经理人管理企业。囿于经理人的自身利益,他们作为代理人与企业所有人的期望总有差距。为此,要设计一套制约双方的治理结构,这就是公司的"三会"制度,即董事会、经理层与监事会制度。董事会作决策,经理层执行决策,监事会监督决策执行情况。

对于新创企业而言,在产权安排时要注意兼顾各方利益。既要有完整的法人财产权利,又要有利于凝结创业团队,还要有利于获取企业所需要的自己尚未掌控的关键资源,以及关键人员掌握企业的管理权与拥有权,以提高创新的效率。

5. 股权控制权与公司治理

真功夫之殇:世上最差股权结构

2013年12月12日,中式快餐真功夫原董事长蔡达标等人被控职务侵占罪、挪用资金罪、抽逃注册资本罪一案宣判。

广州市天河区法院认定蔡达标职务侵占和挪用资金两项罪名成立,判处有期徒刑14年,没收个人财产100万元。

第九章
企业法律形态与股权设计

在被捕前,蔡达标曾告诉媒体,他很崇拜刘邦。因为刘邦在战争初期,还只有屁滚尿流、望风远遁的份儿,可就这么一个亭长出身的小人物,最终开创了西汉基业,正因为他看重后勤的这两道线:人力资源线、粮草运输线。

可惜的是,蔡达标还是在成就"刘邦式"的商界伟业的路上折戟了。目前,真功夫公司由蔡达标前妻的弟弟、真功夫副董事长潘宇海任代理董事长执掌运营。

蔡达标虽然被判刑了,但是其在真功夫的股权还是合法的。目前他还是真功夫的大股东,没有人能够剥夺,这是受法律保护的,和国美电器董事局原主席黄光裕一样,桥归桥,路归路。

真功夫是一家典型的中国式家族企业。经过多年打拼,蔡达标和潘宇海把原本不起眼的小店发展成了年收入15亿元的大型快餐连锁企业,蔡达标也为真功夫规划了2010年上市的蓝图,但内部的股权纠纷和家族矛盾却打乱了蔡达标的"上市梦"。

"真功夫事件"发生后,很多人认为这是家族企业所导致的,而蔡达标和潘敏峰的离婚是关键。但有专家剖析,真功夫的问题不在于家族企业,而在于股权结构,家族矛盾只是进一步加剧了股权结构不理想所导致的矛盾。

全世界最差的股权结构就是两个股东各占50%,如果两个股东意见一致还好,不一致就很麻烦。而真功夫正是这种情况,蔡达标离婚后,蔡达标和前小舅子潘宇海各占50%。即使引入PE以后,蔡达标和潘宇海的股权比例仍然是47%对47%。

企业的每个股东对企业的贡献肯定是不同的,而股权比例对等,即意味着股东贡献与股权比例不匹配,这种不匹配到了一定程度,就会造成股东矛盾。另外,这种股权结构没有核心股东,也容易造成股东矛盾。因此说,这种股权结构,出问题是早晚的事。

资料来源:真功夫之殇:世上最差股权结构,据《华夏时报》《南方都市报》(中国网 www.china.com.cn)。

思考题:为什么说股权平等不是好事?

公司控制权是创始人掌握企业的根本权力,它决定公司的命运。受中国传统思想的影响,"亲兄弟明算账"的理念并没有在中国人身上得到充分的贯彻,在创业过程中,尤其是在创业初期,创始人往往忽略了股权控制权对于公司治理的重要性。

在有限责任公司中,控制权对企业治理的影响主要是通过三层治理结构实现的:股东大会、董事会和公司经营管理。其中股东大会主要解决公司战略性事务,属于最高层次;董事会是决策机构,属于第二层次;公司经营管理一般由公司总经理具体负责,属于第三层次的治理机构。要想从这三个层次对公司治理产生决定性影响,需要了解公司控制权的三条股权比例。除股东在公司章程中作特别约定之外,股东的股权比例决定了其表决权的大小,简言之,在通常情况下,股东的股权比例决定了其在公司话语权的大小。

三分之二:超过此比例,股东具有绝对控股权。《公司法》第四十三条规定,股东会议作出修改公司章程、增加或者减少注册资本的决议,以及公司合并、分立、解散或者变更公司形式的决议,必须经代表三分之二以上表决权的股东通过。具体而言,有限责任公司必须经三分之二以上绝对多数通过,股份有限公司必须经三分之二的相对多数(以出席本次股东大会股东所持表决权为基础)通过。此比例对公司治理的极端重要性主要体现在对《公司章程》的修改上。一般认为，公司创立初期需要保障创始人的绝对控股，也就是说，创始人最好掌握三分之二的股权。

二分之一：超过此比例，则成为相对控股股东。《公司法》第七十一条规定，股东向股东以外的人转让股权，应当经其他股东过半数同意，公司的普通决议，包括向其他企业投资、为他人提供担保、创立大会，须经出席会议的股东所持表决权过半数通过。相对过半数，是指相对于出席会议股东所持表决权而言过半数，不出席会议的则不统计入内。相对过半数表决形式是比较宽松的简单多数表决方式，因此，其表决事项不及绝对过半数表决规则所规定的事项重要。在创始人无法成为绝对控股股东，实现对公司的绝对控股的情况下，持股超过半数也能在很大程度上掌握公司的话语权。公司进入正常运营后，创始人拥有相对控股权是能够保障各项业务按照创始人意愿开展的基本要求。

三分之一：超过此比例则拥有对公司重大事项的一票否决权。《公司法》默认，只要拥有三分之一以上股权，股东就会拥有对公司的增减资、合并、分立、解散等事项的一票否决权。该比例的意义还在于可以阻止其他股东持股比例超过三分之二形成绝对控股。另外，在股份有限公司中，三分之一席位董事可以提议召开临时董事会。等到公司进入成熟期后，创始人能够拥有三分之一的股权，可以保障公司不违背创始人创办公司的初衷。

创业团队治理机制是决定创业企业成败的关键。社会上许多企业因为创业团队矛盾、内讧和分裂导致创业失败的案例举不胜举。在创业的前5年里，创始伙伴之间产生的大量不满通常会成为新创企业的一个大问题。近年来中关村每年的企业倒闭率在25%左右，其中很重要的一个原因，就是创业团队内部不团结。

创业团队的治理主要包括企业股权的设计、成员的权责分配、管理机制的建立等。

① 企业的股权架构设计可以明晰合伙人的权、责、利

公司是由人组成的。如何设计员工岗位职责、如何分配岗位权利、如何制定岗位业绩考核指标等，这些涉及权、责、利的问题，是一个人说了算，还是下面的人说了算，还是需要制定一套系统，由规则说了算？每个创新企业都对此感到头疼。这些都涉及企业的股权架构。因此，企业的股权架构设计成为了企业做大的基石，企业不是因为做大了才需要股权设计，而是因为设计了股权架构，才有机会做强做大！

② 企业的股权架构设计有助于创业企业的稳定

了解股权架构设计，你会知道有限责任公司法律红线是人数不得超过50人，股份有限公司人数不得超过200人。这个红线一旦触碰，不仅公司不稳定，而且涉及违法！股东持股比例达到67%（绝对控股）：拥有对外担保、对外借款、变更经营范围、增资扩股、修改公司章程等权利；持股比例达到51%（相对控股）：拥有更换董事长、董监高、调整薪资的权利；持股比例达到34%（一票否决权）：对于公司的所有事项拥有一票否决权的权利；持股比例达到10%：拥有申请解散公司的权利。如果你不懂这些，公司还能稳定吗？所以企业的股权架构设计有助于创业公司的稳定。

③ 企业的股权架构设计可以影响公司的控制权

股权结构设计是以股东股权比例为基础，通过对股东权利，股东会及董事会职权与表决程序等进行一系列调整后的股东权利结构体系。公司决策来源于股权，同时又影响

第九章
企业法律形态与股权设计

公司管理的方向与规模。有些投资者仅仅是投资而不参与公司管理,有些投资者则同时参与两项。而股东只要有投资,就会拥有一定的决策权利,差别在于决策参与程度和影响力。所以,股东的意见能否形成影响公司管理运作的决策意见是非常重要的,而取得决策权的首要基础是股权比例。绝对控股必须达到51%的股权,不论外部如何影响股权变化,都不会改变控制权。但是,企业也可以在绝对控股以下的比例以相对控股权控制企业。所谓相对控股就是在所有股东中占有最大的股权比例,但这会带来风险,比如全部股东联合,就可能导致企业失控。企业不失控,是企业保持战略方向不会改变的基础,特别是人事安排的问题,企业不可以轻视。

三、案例精读

国美电器股权之争

2021年2月16日,国美电器创始人黄光裕正式获释。回顾这十年国美股权争夺战后偃旗息鼓的颓势,既无法和后起之秀京东相比,也被对手苏宁甩在身后。因股权之争而元气大伤的国美,在黄光裕"王者归来"后,未来是否会力挽狂澜,扭转颓势,一切未知,但十年前的那次股权之争足以让他们吃尽苦头。

1. 国美、永乐的合并

国美电器成立于1987年,2004年在香港实现上市,上海永乐电器创建于1996年,2005年在香港上市。

2006年,黄光裕收购了陈晓的永乐电器,合并后黄光裕担任新国美电器集团的董事局主席,陈晓担任总裁。在黄陈二人的携手之下,国美踏上新台阶。2007年,国美将大中电器收到旗下。连续将排名第三的永乐和排名第四的大中拿下,国美牢牢巩固业内第一的优势。

2008年,在火爆全网的阿里巴巴销售额达到30亿元时,国美的销售额已达到难以置信的1 200亿元。当时看来,国美前景一片大好。

但不久局势急转直下。2008年11月,身家已达430亿元的黄光裕因涉嫌股价操控、洗钱、行贿、空壳上市、偷税、漏税等犯罪被北京警方拘捕,最终被法院判处有期徒刑14年。

2. 黄、陈股权之争

锒铛入狱的黄光裕,一方面指派自己"最信任"的陈晓出任国美董事局代主席;另一方面通过特殊通道——以文书形式传递给法律顾问,遥控国美的"一举一动"。

然而,黄光裕的入狱极大地打击了国美的商誉,银行抽贷,供应商也不愿意供货,国美的资金链近乎断裂。在此时,陈晓引入了贝恩资本,缓解了国美的困境,同时也成为黄、陈股权之争的导火线。

在入狱前黄光裕持有国美电器33.98%的股份,陈晓持有国美1.47%。陈晓为了激励和稳定管理层,提出股权激励与引入外资贝恩的计划,但遭到黄光裕的强烈反对。

随后黄光裕公开指责陈晓乘人之危,企图变国美为美国电器。他斥资4亿港元购1.77亿股,增持国美股份至36%。此时,陈晓方面也紧锣密鼓地与各地投资者进行谈判和增发股票的路演。

由于贝恩资本的引入,黄光裕的股权被稀释到32.47%,国美电器第二大股东的贝恩所持国美股份接近10%。黄光裕以微弱的优势仍可占据第一大股东的位置,但位置岌岌可危。按照这样的股权结构,若黄光裕股权降到30%以下,要想重新获得30%以上的股权,按照《公司法》,他可能要对公司进行全面的股权要约收购,这是黄光裕不能接受的。

本来黄光裕和他的太太杜鹃都身陷囹圄,但杜鹃出狱,这个事件对黄派阵营的人具有很大的激励作用。

同时陈晓也没有坐以待毙,他抛出了一个重磅"炸弹",提出公司要增发20%的股权作为激励之用。如果这个措施实现的话,那么黄光裕就彻底地丧失了大股东地位。

在黄、陈的股权争夺中,黄光裕有两张王牌:

第一张,由于在成立过程中,国美这两个字是被黄光裕注册下来的,实际上是被国美集团授权使用的,所以黄光裕一旦输了官司,他可立即收回"国美"两个字,那么国美集团将因改名而损失惨重。

第二张,在国美的管理过程中,国美的门店分两种:一种是由上市公司控制;另一种是由非上市公司控制,叫集团控制。由于黄光裕掌握大股东,所以他非上市的门店400多家,也是由上市公司来监管,这个对经营、采购、管理都是有好处的。

如果股东会议不按照黄光裕的计划进行,黄光裕可要求将非上市的门店独立出来,不由上市公司代管。这张牌能对国美集团和股东造成致命一击。

因为这两张王牌,黄光裕在这场股权争夺战中大获全胜,黄光裕提出的决议也被通过,第一是股权增持,并将自己的亲信渗入董事会;第二是否决陈晓提出的增发20%股权的议案。

3. 国美股权之争结局

陈晓和黄光裕之争的结局,最后的胜利者还是黄家。

2011年3月,陈晓卸任董事局主席,由大中电器创始人张大中出任董事会主席,国美的发展逐渐步入黄光裕的轨道。

吸取之前的教训,黄光裕意识到必须掌握公司控制权。黄光裕将他的非上市门店注入上市公司,此时黄光裕的股权已经超过51%,实现了他对公司的绝对控制。

在这场一波三折的股权之争背后,虽然黄光裕最后还是守住了控制权,但元气大伤,和同期成立的苏宁相比,不仅在门店数量上不及苏宁,在经营利润上也被甩在身后。近年国美一直在推出新的商业模式,但营业额不尽如人意。面对京东、天猫的冲击,国美在新零售行业的转型上,还会有很远的路要走。

在这场国美股权之争中,作为职业经理人的陈晓,引入资本初衷是为了缓解现金流,

第九章 企业法律形态与股权设计

但随后增发的大规模的股权导致黄光裕的股权被极大稀释,不能不让人怀疑其用心。在股权设计中,股权规则和潜规则可以在一定程度上弥补人性的不确定因素。但人性规则也不能被忽略,找到志同道合的合伙人,能让创业事半功倍。

资料来源:http://www.sohu.com/a/298403137_100244828。

案例思考题:

如何设计股权可更好地避免创始人控制权的丢失?

四、创业思维训练

沙沙互联是北京一家物联网技术公司,公司的物联网技术在数字音响、艺术、餐饮、航空、出版等行业具有广泛的应用价值。为了推动这项技术在行业中的应用,公司决定成立沙沙互联母公司,母公司持股70%,在整个运营过程中扮演一个天使角色,投入技术和天使轮资金(以注册资本的形式),同时设计激励制度,授予管理及运营团队一定比例的股份,以吸收、激励并保留人才,保障公司高速发展。母公司创始人决定以这项技术入伙占股70%,成立各行业的子公司,并在音响领域首先试点。公司邀请了国际工业设计大师设计创意音响,增加品牌背书。目前需要根据公司业务发展进行股权分配设计。

学习目标

1. 品牌设计师是否占股权?如果可以,但不可以超过5%;
2. 要考虑未来的两轮(A轮20%、B轮10%)融资;
3. 考虑股权激励,可以使用实股、干股、期权三种组合拳或者单独激励形式。

请根据以上条件,设计公司股权分配方案。

各小组自查资料,对以上股权进行分配,并对分配方案进行详细介绍。教师点评。

五、课后思考题

1. 观察你所知道的企业,研究它们都是什么法律形态。
2. 复习不同法律形态企业的优缺点。
3. 创业者选择企业的法律形态时应该考虑哪些因素?
4. 股权对公司的重要性有哪些?
5. 总结股权设计与公司治理的关系。
6. 股权控制权对创始人来说有哪些作用?

第十章　企业成长与企业发展战略

本章从广义的创业角度，把企业成长作为创业，介绍了初创企业到成长阶段需要考虑的因素，特别是企业以创业为动力的成长规律，比如风险管理。

关键词：企业成长；资金预测；利润计划；风险管理；内创业管理

郭台铭的竞争观

郭台铭是台湾著名商人，当年曾得到一次百万元大单，员工为他高兴，以为他会准备大干一番。结果郭先生出乎意料地将一部分订单交给了竞争对手，董事会成员全部不同意，他说服大家说，日子现在都很艰难，不能眼睁睁地看着这些企业倒下去。虽然大家不情愿，但还是被他说服了。后来，他的企业遇到困难时，其他企业都帮助他，大家这时才明白，当年的他有着非常英明之举，这就是分钱的胸怀。

思考题：企业能够做大，最重要的是什么？

一、企业成长及其途径

1. 初创企业成长及其管理

（1）企业成长阶段

根据企业一般成长规律，可以将企业发展过程划分为初创期、成长期、成熟期、衰退期，每个时期的长短因行业、企业而有所不同，各个阶段如图10-1所示。

初创期的企业由胚胎进入创立，这时的企业家将创意推向实施。企业表现形式为注册登记后的公司，创业团队也已组成，有的已经开始展示产品甚至有一些零星收入。当然，这时的产品还需要进一步完善，商业模式还需要进一步改善，创业团队需要进一步整合，市场战略也需要进一步调整和充实。

成长期是企业发展壮大阶段。这时，第一代产品技术研发基本完成，正在完善第一代产品，研发第二代产品，同时构思第三代产品。企业商业模式基本确立，市场拓展正在深化，管理也逐渐走上轨道。

成熟期产品和技术基本稳定，新产品或换代产品源源不断被开发出来，技术队伍和能力趋于稳定。商业模式已经成熟，大多数产品成熟并具有一定的品牌效应，对外建立

第十章
企业成长与企业发展战略

了良好的销售网络,企业有了源源不断的现金流。但这一时期也露出不思进取的迹象,顶峰即意味着衰落的开始,并由此转入衰退期,如图10-1所示。

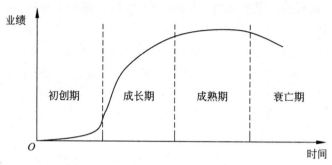

图 10-1　企业发展阶段和对应的投资方式

企业进入衰退期后,技术开发乏力,技术人员创新不足甚至人心思动。产品老化,缺乏想象力;市场开拓缓慢,市场份额萎缩,其直接后果是销售收入下降,企业甚至出现负增长。

(2) 企业成长中的死亡

创业企业时刻面临死亡,不管是在孕育期,还是在初创期,死亡会随时发生。创业企业度过初创期,会相对安全许多,但并不意味着此后企业不会死亡,企业很有可能在进入成长期后也面临死亡。过快的膨胀、管理失控、竞争加剧等都可能导致企业死亡。

对创业者来说,如果有企业对进入成长期的企业进行兼并不意味着被兼并企业死亡,它只是从一个管理人手中转移到另外一个管理人的手中,创业者完成了自己的历史使命。但是,如果行业蒸蒸日上,而企业却江河日下,时刻面临现金流中断或资金链断裂的情况,企业即将死亡。当年个人电脑业务获得快速发展,王安电脑公司却在高速成长中戛然而止,不久倒闭,表明死亡对步入成长期的企业来说,也是不可避免的。并非是行业成长,企业必然会成长,而是会有企业成长,但不是全部企业成长。对处于在行业成长中没有获得同步成长的企业来说,发展停滞也是一种死亡,只不过是慢性死亡。

什么样的企业会在行业成长中失去发展机会甚至走向死亡呢?第一种,过度参与竞争,导致成本快速上升,利润和资金被耗竭。那些轻率竞争的公司总会以为不论使用什么手段,只要能够快速扩大市场,就可以让自己进入成长期。但是如果市场中每家企业都如此,结果必然是竞争惨烈。第二种,在标准竞争中失去了主动权。一些行业最后都会形成市场标准,那些标准壁垒过高的行业,又在竞争中失去了自己的主导标准的企业,死亡在所难免。第三种,内耗过大,管理制度建立迟缓。不论是决策权分散,还是主要领导者不清晰企业愿景或者管理制度不适合企业,都会让管理低效,成本上升。第四种,精力不够集中,资源准备不足,盲目扩张。过多地参加不同类型业务,或者在没有成长资源前提下扩张,都可能因为质量问题而失去顾客。第五种,勇气不够,坐失发展机会。以传统发展思维看待已经到来的行业成长机会,没有抓住时机,被挤出市场。

(3) 成长中创业的管理原则

① "优育"原则。行业成长是由企业成长要素推动的,一家企业能够获得成长是因为

它拥有优秀的成长基因,而这个基因不可能来自某家企业遗传,需要自我培育。为此,企业在初创期不仅要本着"生存第一"和"现金第一"的生存原则,还要在初创期优化自己的成长基因,把满足顾客的需求放在第一位,并且不断将其流程化和制度化,才能够不断地优育自己的成长资源。

② "持续改进"原则。持续改进可以让企业与市场需求保持一致,也让自己的收益与利润空间不断增加。通过持续改进,提升业务水平和管理水平,进而影响成长能力和成长基因。没有持续改进基因,企业便不能得到优化。持续改进原则是为了保证优育原则。只不过是在具体业务完善与迭代中完成的,使创业企业既能够探索出更有前景的业务及其工作方式,也能够让这些业务及改进习惯成为企业的基因。

③ "管理至上"原则。成长是基因与外部资源配合,将外部资源转化为内部资源的活动。不仅业务方向与业务持续改进需要管理,基因培育也需要管理,为了成长而投入管理是保证业务改进,也是保证基因持续优化的根本。管理既是分配人财物等资源,也是明确目标、安排步骤。管理至上的原则要求:在企业成长阶段,要把更新业务和培育基因放在企业首位,保证对成长基因培育的资源投入,以清晰的节奏逐步建立和扩大成长资源,先确定这样的管理思想,才有可能让企业进入成长。

④ "借机成长"原则。只有内部管理还不足以让企业获得成长,因为成长也是一个与外部协调,利用外部资源并将其内部化的过程。外部的资源不能为企业所左右,企业只能利用它,也不能创造它。因此,要敏锐把握机会,特别是要创造性地认识外部资源,其过程类似于创业机会识别。企业有很好的基因,却不能获得成长,其重要原因可能是没有成长基因的认知。换言之,他们并没有把业务活动归结为成长的基因,比如麦当劳,是克洛克发现其具备了初步的成长基因,经过调整和完善,形成了基因,借助人们开始追求"快"生活的需求和一些资本拥有者与创业者需要成长基因,用加盟方式获得了成长。

(4) 成长方式的选择

已经具备了成长基因的企业是否一定会获得成长呢?不见得。不然就不会出现企业收购。企业收购的重要动因是买卖双方对企业的价值认识存在差异,卖者认为企业没有多少价值,而买者则认为企业价值连城。能够主动培育成长基因,再加上能够主动利用成长基因,这样的企业多会获得成长。

成长基因是成长本身,虽然在试错和基因培育过程中,可能会有业务成长,但是企业只有让成长基因与外部资源整合起来,才能够获得成长。也就是说,企业成长本质上是将成长资源与其他资源整合。没有成长资源就不可能成长,没有其他资源转化为企业资源,企业也不可能获得成长。因此,所谓的成长方式选择就是其他资源与成长资源配合。

① 创建分店(厂)。如果企业有足够的财务能力,比如能够获得贷款,或者有足够的现金,以及有可能获得股权融资,那么企业可以通过建立分店的方式把总店的模式拷贝过去,或按总厂的模式办分厂。那些连锁企业就是通过这种方式把成长基因注入可以控制的资源之中,转化为企业的资产,表达和体现企业的成长。

② 特许、加盟。如果企业自己没有足够的财务能力,却拥有足够强大的成长基因,可以吸引其他的资源进入企业,在不改变资产所有权的前提下,改变资产的用途,将其转化

为承载成长基因的资源。这些加盟企业可以用相同业务来表达成长,也可以用相关业务,但只不过是从旗舰企业中分化出去的业务,在运行中需要用制度和合同控制这些加盟企业,以保证成长以后的业务运行。单一业务加盟与产业链条加盟都需要核心企业的成长基因,它们是主角,外部资源都是配角。

③ 多元化业务拓展。企业可以在内部组织创新,由那些研发部门完成技术研发并获得成熟。通过小试和工艺成熟化以后,企业必须考虑增加一个部门。这样的业务可以与企业有关,也可以无关,是企业多元化的活动。企业创新的动力来自对市场需求满足的突破,其结果通常会形成企业的多元化。对创新活动而言,企业可以运用创业理论来指导,这样的企业既是在内部创业,也是在组织创新,从而不仅实现了企业的转型,也实现了企业的业务增长,也是业务领域的扩张。以创业指导的企业创新,其理论根据是外部机会,而没有创业理论指导的创新,则多会关注原来业务的规模经济性与产业发展前途。当年李嘉诚从塑胶花转行到房地产,虽然不算创新,但他已经意识到塑胶花市场前景不好,尽管他不懂房地产,还是增加了一项新的业务,没有想到后面的业务却给他带来了一生的财富。

2. 初创企业步入成长的管理

(1) 初创企业步入成长的管理原则

对许多初创企业来说,把盈利作为公司管理绩效的唯一考核指标是非常正确的,因为只有活下来,才有可能思考成长管理。初创企业步入成长阶段的管理原则如下。

① "现金为王"原则:现金流对于企业而言,如同血液对于人体一样重要,初创企业的资金链一旦断裂,会使刚刚成立的企业遭遇挫折甚至破产。"现金为王"原则要求:第一,创业者应当定期评估企业的财务能力,务必要求对企业现金流状况做到了如指掌;第二,创业者对现金的使用要做到精打细算,节约控制成本,要努力开源节流,加速资金周转,控制企业发展节奏,避免入不敷出;第三,可以采用"早收账,迟付账"的办法来实现现金流的正常运行。

② "分工协作"原则:初创企业的员工虽然进行了初步的分工,建立了一个组织架构,但在现实中,平时分工明确,各负其责的模式在遇到突发或紧急情况,如人手不够时往往需要大家齐心协力,团结一致地去应对最紧要的事情。也就是说,初创企业的人员分工相对大企业而言比较模糊,企业员工之间处于一种"既分工,又协作"的状态。

③ "事必躬亲"原则。初创企业人员少,资源缺乏,一切都处于萌芽阶段,所以创业者必须亲自做很多事情,比如,亲自向客户推销产品,直接参与谈判,处理财务报表,制订薪酬计划,从事广告策划宣传等。这个阶段的创业者切忌把自己当成"大老板"而目空一切,眼高手低。这个时候,往往要提倡"事必躬亲"的敬业精神,创业者需要熟悉企业各个环节的运作情况,做到对各部门了如指掌,心中有数,只有这样才能使企业平稳过渡,稳步成长,逐渐做强做大。

(2) 初创企业管理体系构建

伴随企业成长,企业相应建立和完善管理体系,由此走向正规化和组织化。一般来说,初创期基本上建立了企业运营的框架,但这时还谈不上什么管理,因为这时的公司运作多依靠创业者个人和团队成员通过人与人的协调来完成,很少有成文的规定和制度,其间需要花费大量的人力、物力来组织、协调、跟踪、评估等。比如人员招聘,可能是创业者觉得不错就录用了,工薪也就是一句话的事。这时,决策相对简单随意,没有什么招聘流程,更谈不上考核和薪酬设计。

企业在初创期完成了管理体系基础。随着产品和市场的成熟,也获得了财务、技术、人力等资源,这时业务发展进入快车道。但这时管理仍多处于初创期的粗放管理。这就要求企业建立一套规范的管理系统,把计划、组织、领导控制、人才培养等纳入企业管理框架中。这样各部门、各模块就能规范化与流程化,渐渐形成较为完善的管理金字塔体系。其中,最上端是企业文化、信念、愿景等,它统领整个公司的发展方向,如图10-2所示。

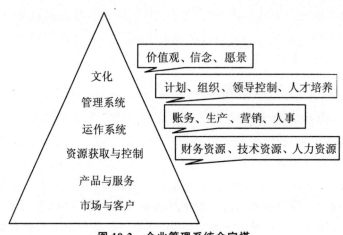

图10-2　企业管理系统金字塔

管理体系建设的核心内容是流程化与标准化。流程化是指管理有序不乱,一切均按部就班地进行。每项工作有部门管,有人负责,也就是说建立了日常管理流程,不致出现事情无人管的地步。标准化则指事情有质量标准,而不是敷衍了事。每件事什么时候了结,办到什么程度都有明确的规定。当然,流程化与标准化都是相对而言的,起初相对草率,随着业务的展开,管理也需相应地提升。当然,这里有一个从自发到自觉的过程,直至将自觉内化为企业从上而下的行动。

(3)初创企业步入成长的路径

根据创业是创业者为客户创新价值这一核心定义,再加上前面商业模式分析,企业成长大体沿产品创新、商业模式创新和整合资源三条路径。做好产品是创造客户价值的根本,而商业模式则是企业创造价值的桥梁,整合资源成为客户和企业创新价值的保障。

① 产品创新。产品是创业的根基。通过新产品开发、产品改进、扩大产品线,以及提高产品渗透力等,不断进行产品创新。

一是新产品开发。从产品设计、研发、工艺等方面创新产品,产品以功能取胜。在产品设计中,可从新功能开发、功能整合,乃至外观设计等方面,设计质量好、外观美的产

第十章
企业成长与企业发展战略

品,技术镶嵌在其中。可以通过科研开发提高产品的科技含量,让用户体验更多科技,直至将最新科技融入产品中。同时也要优化生产工艺,提高产品的性能与质量,提高产品的性价比。

二是改进既有产品。即从产品功能、性能、外观等方面,对既有产品进行改进。如苹果手机等在硬件方面提高质量、提升容量等,又如微信、支付宝系统、小程序软件版本更新等,这些提高了用户体验,给用户带来更大价值。

三是扩大产品线。即设纵横两个方向,在品种、规格两方面形成系列产品。从横的方面——品种增加来看,就是生产多种产品,如苹果系列的手机、笔记本电脑、平面电脑,还有iPad、iTunes等,而每一种产品又沿纵向拥有不同型号,两个方面并举,形成了庞大的苹果家族。其他产品也可沿类似纵横两方面发展,不断丰富产品线。

四是提高产品的渗透力。销售也可从横向和纵向两个方面,提高产品的渗透力。横向即通过广告、网络、口碑等渠道,提高产品的地域渗透力。同时也可从品牌维护与推广等角度,提高品牌的知名度与美誉度。上述两方面共同作用,将扩大产品的影响力,反过来,这无疑也会为客户创造更大价值。

② 商业模式创新。商业模式如前有9个模块,任何方面的创新均可能影响企业成长。但这里我们侧重于联结客户与创业者的渠道通路与客户关系两个方面。从渠道通路来说,就是尽可能多地建立两者之间的通道,尤其是设计更多的盈利方式,这样便可在为客户创造价值的同时为企业创造价值。为此,可以延长既有通道,也可以拓宽既有通道,使两者之间利益交换更通畅。至于客户关系,则通过全面深入的客户关系管理,在既有渠道通路的基础上,建立两者密切联系,增强客户黏性,提升客户转移成本,提高客户的忠诚度。如此,通过拓展既有通道,密切既有通道,从而更加密切客户与创业企业间的联系,为二者创造更大的价值,最终促进企业成长。

③ 有效整合资源。企业与客户都不是独立地存在,而是彼此相连形成纵横交错的产品关系、社会关系与信息关系。企业拥有的资源是有限的,其利益相关者或合作伙伴的资源也是有限的,而在利益相关者彼此之间、战略合作者彼此之间,以及利益相关者与战略合作者之间进行资源整合,必将极大地放大资源倍增效应。因此,可以通过充分联合各种各样的服务主体,整合他们的各种资源,达到为客户创造新价值的目标。企业也通过资源整合,提升整合能力,提高企业价值,实现企业高质量成长。

(4) 企业成长的管理传承

在企业成长过程中,核心创业者往往也是第一代管理者。然而随着企业的发展,引进职业管理人是必然趋势。毕竟创业与运营所需的专业知识与技能不一样。尽管部分创业者对其管理能力充满自信,但创业者并不一定适合从事管理工作。因为两种角色无论在愿景、创新、利益追求上均有很大差异,所需技能要求也不一样。创业者关注企业愿景,关注长远发展,而管理者多关注眼前,关注个人利益;创业者关注创新,为顾客提供创新性产品或服务,而管理者多是例行事务处理,更多关注流程。这些天然的差异使二者在诸多方面认知不同,利益不一致。正是因为不一致,企业管理层自然存在更迭,由此涉及管理传承。

企业管理者来源,大体可分为四种类型:换手型、禅让型、援手型和空降型。

换手型。即创业初期企业内部人员接替。其优点是接替者熟悉公司工作,自然交接顺畅。不足是内部人员之间信息冗余,导致创新不足。再者,从任用角度看,内部如果竞争者多,既难以取舍,又可能导致"小团体"等矛盾,甚至导致创业企业崩溃。

禅让型。指成长期企业内部的让贤举能,是从员工中发现能人,如格力选择董明珠。这种方式的特点是创业者放弃一线的管理责任,退居投资人或者监督人角色,把企业管理作为专业管理,交给那些在成长初期参与企业,却不是最初的创业者。这里的关键问题是如何定义"贤",格力是以业绩置换为股权,通过股权获得权力置换,中华文化传统相对浓厚的企业则多采取老股东推举的方式。但是,如果前后任利益的安排让一些创业者感受利益落差较大,则会造成矛盾,也可能存在后期前任不配合的情形。为创业者在进入成长阶段培养什么人是我们企业的"贤"的文化。

援手型。指企业初创期开始引进外部人员,由这些高管人员逐渐接替公司的管理。其优点是接替者与内部人员利益关系简单,且管理理念、方法相对开放,从而保证了新颖,能给公司带来新气象;缺点仍然是如果公司缺少发展的文化,变成权力竞争,可能会出现权力斗争。

空降型。这是创业后期从外部人员选派得力人士接替公司高管的现象。空降是因为外部强大的控制力量认为现有创业者不足以达到他们预期目标,从而对企业管理层进行改组。在中国,如互联网公司,所有人员都是青年人,他们容易接受发展和成长至上的理念影响。但传统公司认为空降的风险非常大,一个重要原因是其文化的认同感不强。

二、企业发展战略与资金、利润计划

互联网分析师许单单一度风光无限,从分析师转型成为知名创投平台3W咖啡的创始人。3W咖啡采用的众筹模式,向社会公众进行资金募集,每个人10股,每股6 000元,相当于一个人6万元。那时正是玩微博最火热的时候,3W咖啡很快汇集了一群知名投资人、创业者、企业高级管理人员,其中包括沈南鹏、徐小平、曾李青等数百位知名人士,股东阵容堪称华丽,引发了中国众筹式创业咖啡在2012年的流行。几乎每个城市都出现了众筹式的3W咖啡。3W很快以创业咖啡为契机,将品牌衍生到了创业孵化器等领域。

3W的游戏规则很简单,不是所有人都可以成为3W的股东。股东必须符合一定的条件,强调互联网创业和投资圈的顶级圈子。而没有人会是为了这6万元未来可以带来的分红来投资的,更多是3W给股东的价值回报——圈子和人脉价值。试想如果投资人在3W中找到了一个好项目,那么多少个6万元就赚回来了。同样,创业者花6万元就可以认识大批同样优秀的创业者和投资人,既有人脉价值,也有学习价值。很多顶级企业家和投资人的智慧不是区区6万元可以买得到的。

其实会籍式众筹股权俱乐部在英国的M1NT俱乐部也表现得淋漓尽致。M1NT在英国有很多明星股东会员,并且设立了诸多门槛,曾经拒绝过著名球星贝克汉姆,理由是当初小贝在皇马踢球,常驻西班牙,不常驻英国,因此不符合条件。后来M1NT在上海开

第十章
企业成长与企业发展战略

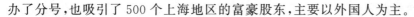

办了分号,也吸引了 500 个上海地区的富豪股东,主要以外国人为主。

思考题:

(1) 3W 咖啡众筹需要什么条件?

(2) 3W 咖啡靠什么赚钱?还有哪些可行的盈利方式?

(3) 设想 3W 咖啡众筹后期管理中会遇到哪些问题?查找资料印证你的分析。

1. 企业发展战略

(1) 企业发展战略概念与意义

企业发展战略是关于企业如何发展的理论体系。发展战略是指一定时期内对企业发展方向、发展速度与质量、发展点及发展能力的重大选择、规划及策略。

企业发展战略包括四个部分:愿景、战略目标、业务战略和职能战略。愿景为企业指明了发展方向,战略目标明确了企业的发展速度与发展质量,业务战略明确了企业的战略发展点,职能战略确定了企业的发展能力。通过四个相互支撑的组成部分,形成了能够解决企业发展问题的发展战略理论体系。

企业发展战略可以帮助企业指引长远发展方向,明确发展目标,指明发展点,并确定企业需要的发展能力。战略的真正目的就是要解决企业的发展问题,实现企业快速、健康、持续发展。

(2) 缺少发展战略的创业企业面临的问题

许多创业企业缺少发展规划,表现为它们只对业务内容十分热衷,到底在追求什么?未来将建成什么样的企业?是否是团队主要成员的价值追求?什么是应该做的?什么是不应该做的,思维混乱。在机会到来的时候,大家会变得盲动,企业规模不大,业务范围却很多。也有的创业企业过度参与竞争,资源消耗过快。还有的创业企业不专注投入资源,没有在一个方向上成为专家。甚至有一些企业连为何融资都不清楚就去融资,更多地把挣钱当成了事业,变得"见利忘义"。没有发展规划,企业就会迷失自己。为什么创业者会这样呢?主要原因是:

① 缺乏时间。大家关心业务,忙于事务,缺少对未来发展愿景思考的时间安排;

② 缺乏学识。创业者不熟悉规划的信息来源与规划的方法,不了解发展规划的过程与概念;

③ 缺乏专业人才。创业团队多是通才,没有人愿意和有能力思考未来的企业究竟应该办成什么样子;

④ 缺乏信任与坦诚。一些有价值的外部咨询意见,包括顾客的意见和建议都会被警惕和具有防守心理的创业者所拒绝。

除摆脱这些影响创业者发展的干扰因素外,创业者还应该有意识地强化中华文化中"有所不为,才能有所为"的理念,建立"预则立,不预则废"的信念,才有可能提高创业成功率。

(3) 行动与战略

创业需要行动优先。不管怎么样,都要行动。只有行动才能够检验创业构想是否有

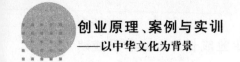

道理,是否能够达到预期的效果,还有可能发现新的机会,在探索中实现验证、放大、寻找;才能够体现决心,也才能够吸引和整合资源,特别是人才资源,也才能够建立资源,特别是无形资产。

但是,行动如果没有愿景的指引,行动的意义会变得十分模糊,或者把社会上流行的价值观变成了自己的追求。比如,为了利润而创业,为了上市套现而创业,企业也就没有可以区别于其他企业的价值观和目标,也没有办法树立鲜明市场形象,得到的尊重也会大打折扣。

企业的发展战略是由那些有着理想的一群人提出并通过一系列行动实现的构思和安排。发展战略是方向,是做什么和不做什么的规定,是一个把控创业团队的行动指南。实现持续发展的创业企业,一定会有一个愿景明确的战略,正是这个战略引导创业企业走向成功,成为一家成熟企业。

过于严格的战略安排并不有利于创业成功。但是过于随意的行动,也会让企业发展遇到资源瓶颈,会总是感到资源不足,而且在规模扩大的过程中,形象越来越模糊,无形资产建立越来越困难,依靠无形资产获得成长的可能性越来越低。

一些企业误以为竞争战略就是发展战略,陷入竞争战略陷阱,企业越是想通过建立竞争优势来打败竞争对手,企业越会陷入价格战、低利润、慢发展等艰难境地,这与中华文化的传统相去甚远。中华文化主张"和而不同""上善若水",坚守做一家好企业,能够跟踪需求,用自己对科技和对需求趋势的理解开展商业行动,这样的行动会有意义。创业企业可以通过这样的行动和大地武士的战略目标,找到自己未来生动形象的愿景,并用愿景指导企业成长的行动。

主流竞争战略理论越来越不适应企业的发展要求。企业应该如何解决价格战、低利润、慢发展等发展难题,实现快速、健康、持续发展呢?

(4) 企业发展战略的内容

企业战略的本质是发展。企业要实现发展,需要思考四个问题:

① 企业未来要发展成为什么样子?(发展方向)
② 企业未来以什么样的速度与质量来实现发展?(发展速度与质量)
③ 企业未来从哪些发展点来保证这种速度与质量?(发展点)
④ 企业未来需要哪些发展能力支撑?(发展能力)

企业战略是一定时期内对企业发展方向、发展速度与质量、发展点及发展能力的重大选择、规划及策略。企业战略可以帮助企业指引长远发展方向,明确发展目标,指明发展点,并确定企业需要的发展能力,战略的真正目的就是要解决企业的发展问题,实现企业快速、健康、持续发展。

一个系统解决企业发展问题的发展战略框架,是一个能够与中华文化相互兼容的思维框架安排,它由愿景、战略目标、业务战略和职能战略四大部分组成。

① 愿景:企业未来要成为一个什么样的企业?
② 战略目标:企业未来要达到一个什么样的发展目标?
③ 业务战略:企业未来需要哪些发展点?要在哪些产业、哪些区域、哪些客户、哪些

第十章
企业成长与企业发展战略

产品发展?怎样发展?

④ 职能战略:企业未来需要什么样的发展能力?需要在市场营销、技术研发、生产制造、人力资源、财务投资等方面采取什么样的策略和措施以支持企业愿景、战略目标、业务战略的实现?

企业成长的逻辑也是发展战略的结构,即把愿景作为企业发展的起点,它指引企业发展方向;把战略目标作为企业发展的要求,它明确了发展速度和发展质量;把业务战略,包含产品战略、客户战略、区域战略和产业战略作为企业发展的手段,它指明了企业的发展点;把职能战略作为企业发展的支撑,它确定了企业的发展能力。愿景、战略目标、业务战略和职能战略构成企业战略自上而下的四个层面。上一层面为下一层面提供方向与思路,下一层面对上一层面提供有力支撑,它们之间相互影响,构成一个有机的发展战略系统。

2. 资金、利润计划

(1) 创业资金预测

创业和企业成长都需要资金,资金可以转换成其他资源,其他资源不足多与资金不足有关。资金往往是约束企业成长的重要方面,管理好资金是企业创业和成长过程中的重要问题。

① 创业资金

创业资金是指企业在筹备和运行初期所需要的资金,它将用于企业的各项开支,从而将其他资源转换成为企业所希望的资源,比如人力资源、专用资产购置与维护。创业者的一个重要难题是,到底多留一些资金用于成长,还是将资金花掉,满足眼下的需求,再通过眼下的创业成功获得未来的成长资金呢?这通常是一个两难选择,投资人经常会从降低企业资金风险角度,给企业足够的资金,但是这种提供足够资金却经常是以企业牺牲股权为代价的,虽然不一定会导致公司失控,却可能会让企业未来的股权灵活性大大下降。居安思危,这个中华民族的一个重要思维特质,有可能会发挥作用。

② 资金分类

企业资金转换成资产,才可以让资金发挥作用。准备转换成什么样的资产,就需要对应哪种资金。按资金的流动性分为固定投资资金(固定投资)与流动投资资金(流动资金)两类。固定投资是指投资在固定设施方面的投资,如厂房、机器、设备等。它们一旦投入短期内不可撤回且难以转为他用,以折旧等方式计入成本。流动资金是指企业日常经营所需要的资金,主要用于购买生产资料、招聘员工、产品生产加工、宣传推广、物流等,它有一定的流动性。但也有专用性,也会因为不能移为他用而失去流动性。

从用途来看,创业资金主要由以下几部分组成:

- 建筑:包括房屋、装饰、水电煤管路铺设、木工与电工修理固定设施等;
- 设备:包括生产、生活、办公设备,以及其他工具等;
- 预付款:包括房租、水电、经营许可(如连锁加盟)费用等;
- 经营周转:包括原料购置、支付工资、广告投放、日常维修、短期偿债等,一般要求应付公司三四个月的经营周转用;

- 存货：包括成品、半成品、在途原材料占用等；
- 现金：用于员工薪酬支出和其他临时支出。

③ 固定投资预测

在现代市场经济环境下，创业企业可以选择购置固定资产来增加企业的财务稳定性和专用性，也可以选择租赁资产来增加流动性，前者会节约一些财务费用，后者则会降低一些经营风险。

创业需要场地，可以选择建设或租赁，不论厂房、办公用房，还是铺面，其建设所需资金量大、建设周期长。买房相对快捷方便，短期即可使用，资金量与建房相差不大，但结构不能自己决定。租房灵活，且很快可以开业，需要资金很少，但租房享受不到土地增值的红利。另外一种就是时下小微企业，采用的证照分离，有些咨询、投资类公司无须正式办公场地，在孵化器申请执照，在家办公。资金需求最大的部分是房屋的建设和购置，由当地建筑成本决定。

关于设备，购置什么品牌、规格以及数量等则要根据企业需要（主要是确定的生产能力进行测算，比如电脑、仪器和其他办公设备），创业者也可以使用租赁方式来降低设备类的固定资产需要。

④ 流动资金预测

多数企业创立后处于"死亡之谷"，一方面研发和前期运作需要大量资金；另一方面产品没有上市无营收，这种资金需要与资金准备之间形成的差异，多会造成企业资金捉襟见肘。企业更多依靠前期自有资金、天使投资或风险投资支撑，一旦钱"烧光"又无后续接应，企业就免不了失败的命运。一些高科技企业尤其如此，其原因来自创业者对资金需求估计不足。

一般来说，企业的流动资金主要有以下用途：

- 原材料和成品储存：根据最低存货量、资金回收时间以及是否可以赊账等情况而定；
- 促销：尤其是开业之前推广产品或服务；
- 工资：企业员工、管理者收入；
- 租金：用于租房（地），考虑到预付半年以上；
- 保险：企业相关物品与业务的保险；
- 其他：如水电费及其他临时费用。

流动资金预测方法一般遵循"六三一黄金法则"，即六成开办成本，用于店面租金、装潢、经营设备购置等；三成运营费用；一成用以保障企业无营业收入期间能正常运行，以备不时之需。但科技创新公司则相反，六成用于研发及运营费用；三成用于固定资金；一成或一成以上备用。

⑤ 创业资金的估算方式

对于不谙公司及管理的创业者来说，如何获取上述资金需求的真实信息？一般来说，可以通过以下方式获得一些真实的数据和信息：

- 同行：通过考察行业，访谈业内相关企业家等，对资金需求有个大概了解；
- 供应商：供应商是未来的合作伙伴，他们的意见值得参考；

第十章 企业成长与企业发展战略

- 相关企业：如特许经营、连锁加盟机构，以及其他利益相关企业；
- 行业协会：加入行业协会，收集行业相关信息，尤其与领先企业或企业家交流信息；
- 退休企业高管：他们熟悉行业情况，是企业经营的专家，对资金运作有切身感受；
- 政府部门：收集相关产业政策和金融信息，预判后期资金供应情况；
- 金融机构：与银行保险甚至证券机构保持联系，建立人脉关系，熟悉政策，网罗人才；
- 相关文献：收集相关公报、年鉴、白皮书等，掌握基本事实，收集相关学术文献，了解发展趋势；
- 创业顾问：他们以其资深的管理经验和洞察能力给企业提出建设性意见。

100位成功创业者筹启动资金5种惯用方法[①]

创业是一种资本家游戏。阿·斯林尼瓦森在其《我们是如何做的：100位企业家分享他们的奋斗故事和生活经验》一书中分享了他们如何筹集足够的资金来启动创业梦想。以下是他们分享的5个筹集启动资金的建议。

（1）认识很多人

很多人都是从家人和朋友那里得到创业第一笔资金的，但是在大多数情况下还是不够。总部设在丹佛的UrgentRx公司创始人和首席执行官乔丹·艾森伯格警告说，在找到足够相信的人为创业企业融资之前，你将需要"亲吻许多青蛙"。

乔丹·艾森伯格恪守一个习惯，一个星期至少6天，每天至少认识一个新人。虽然这些人中大多数没有资格为企业提供资金，但是乔丹·艾森伯格每遇到一个人都会要求他们将他引荐给更有价值的其他人。艾森伯格说，他最大的投资人都是他通过这个"蜘蛛网"找到的。

（2）投资于梦想

把你的个人储蓄都兑换成现金是可怕的，但是这是许多创业者坚持实现梦想的唯一途径。

当莫妮克·塔特姆开创了她的公共关系咨询公司时，按照老牌企业惯例，客户不愿意预先支付聘用费。她把40.1万美元积蓄都兑换成现金解开了这个鸡和蛋的难题。事实证明这是个不错的做法。现在，她位于纽约的"Beautiful Planning"，是增长最快的公关公司。如果没有投入40.1万元，她也许已经退出了商业领域。

另一个利用自己的个人储蓄来为他的企业提供资金的企业家是Bakers' Edge公司创始人马修·格里芬。"当你表示不再需要他们时，外部投资者才会对你感兴趣。"他说："我们的创业资金主要来自个人储蓄，我们用房子和汽车作为抵押从本地银行贷款。"马

[①] 根据阿·斯林尼瓦森的《100位成功创业者筹启动资金5种惯用方法》(http://capital.cyzone.cn/article/260634/)内容改写。

修·格里芬说:"我们的经验是只有在你有相当大吸引力的时候,外部投资人才会注意你。具有讽刺意味的是,企业只有在不需要创业资金的时候,才拥有对外部投资的吸引力。"

(3) 产品预先订购

当你所拥有的还只是一种产品概念或者产品原型时,外部投资者不会为你的企业投资。为测试和验证想法的可销售性,预先订购是从投资人那里得到必要资金的一个好方法。

如果预先订购不能支持你获得投资,不必灰心。以色列创业企业 Pixdo 的创始人伊芙塔·奥尔认为,这也足以让你去构建一个高效团队和产品。反过来,高效团队和产品也可以给你足够时间去建立客户基础,并且在稍后阶段吸引更多资本。

(4) 创新支付方式

在托管行业中,老牌公司坚持与客户订立长期合同。所以当 Rackspace 公司首次推出时,他们提出每月支付模式并且积极推广客户服务承诺。

公司创始人莫里斯·米勒说,每月支付方式给 Rackspace 注入了成功所需要的资本。现在,他还运营另一家公司,主要制造为医疗保健设施进行消毒的机器人。

(5) 兜售公司未来

PayPal 首席产品官希尔·弗格森建议,既要有关于公司产品的清晰愿景及其未来发展规划,也要将各个阶段发展进度目标呈现给投资者,而不只是单纯出售愿景。阶段目标是吸引更多资本、得到必要资金的一个好方法。但租房享受不到土地增值的好处,虽可撤回但难以转为他用,即使以折旧等计入成本,也难选择投资人。

相对创业资金而言,成长资金的需求测算相对容易,其主要根据是前期已经运行的经验。我们把成长定义成自我复制,因此,除要考虑当地价格要素以外,其他按复制对象所需要的资金估算即可。由于规模的作用,一些成本可以通过规模获得节约,所以成长所需要的资金会呈现边际递减,这成为测算成长资金的主要根据。

3. 利润和现金流计划

现金流与利润是企业的生命,越早产生利润,对企业吸引投资,增加股权控制,实现企业成长,扩大企业资源越有意义。虽然现金流很重要且利润是在现金流下的结果,但是利润是净的企业所得,是企业成长的前提。所谓的利润计划,就是要求创业者能够讲清楚,什么时间能够盈利、盈利多少?以保证资金测算有所依据。

(1) 利润

利润是指收入减去成本、税费等开支后的所得,它是指在一定时期内的企业净利。有人经常用毛利代替利润,其原因是企业可以掌握那些现金,做一些策略安排,必须扣除的是保证基本生产的,如购买原材料、动力。随着对员工利益的保护和税收监管力度的加强,企业越来越没有毛利之说。企业能够有收益(销售收入,也是现金流入),这是企业能够成长的关键一步,它由预计的市场规模与价格所决定。

(2) 市场容量与销售额

确定收益的另一要素是市场容量,即真实付费客户人数。容量通常由创业者在前期

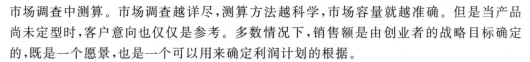

市场调查中测算。市场调查越详尽,测算方法越科学,市场容量就越准确。但是当产品尚未定型时,客户意向也仅仅是参考。多数情况下,销售额是由创业者的战略目标确定的,既是一个愿景,也是一个可以用来确定利润计划的根据。

(3) 成本

把前期固定资产投资分阶段安排后变成年度的折旧额除以产品量,再加上单位制造成本,可以大体测算单件产品成本。固定资产折旧是一种特殊成本,它是设备、工具和车辆等不断耗损贬值而产生的一种成本,它不是以现金形式支出,但要计入成本,这是为了保护投资人的利益,也是给企业减少纳税的一个正当理由。我国根据不同企业类型在法律上形成了从百分比(从2%到20%不等)或年限(5年至50年不等)有关折旧的规定。为了加速再生产过程、促进创新,国家税法也规定了固定资产折旧的最低年限。

(4) 税金和净利润测算

税金是企业的一项重要支出,流转税包括增值税,是由营业活动决定,所得税由营业额扣除成本和流转税决定。根据测算的销售额和成本计划中的材料、人工等费用以及开业、保险、促销、公办等间接费用,再考虑到不同物品,固定资产的不同折旧率,计算税金和净利润。

(5) 制订现金流量计划

现金是企业的血液。现金流量可以显示企业每月现金的流入和流出数量,以此确定企业的活力。现金流量计划要按发生时间和数量编制,通常要按月,可支配现金=月初现金+销售总收入+贷款+业主投资,现金总支出=采购+工资+贷款利息+保险+维修+其他费用,月底现金=可支配现金-现金总支出,本月月底现金=下月月初现金。按这些定义分时段进行编制。

三、创业风险与控制

小老板承担了大风险

十年前,一位自由发明人几乎已经家徒四壁了,他没有工作,也没有收入来源。他把家里所有的钱都投入个人发明之中,一个偶然机会,他遇到了一位开汽车维修店的小老板。听说发明人的故事,了解到他的发明中有一项叫本草果酸的东西可以取代化工原料,也不会给水质带来污染。他想帮发明人,于是他们成立了一家公司,由发明人把自己的专利注入公司,资金由这位老板提供,发明人到公司专门做研发,把他所发明的原料做成可以应用的产品。每当有客人到来,小老板都会拿出他们的产品让客人试用,但是,至今这家公司仍然需要由小老板的洗车维修店养活,小老板有点怀疑自己当初的决定是否正确。

思考题:
(1) 小老板决策的依据是什么?
(2) 创业的风险都会体现在什么方面?

风险是指在一定环境、一定时间内,影响决策目标实现的不确定性或是某种损失发生的可能性。新企业在成长和发展过程中,会遇到各种各样的风险或危机,因此,如何去面对并化解风险和危机对创业者来说是一个很大的挑战。企业成长过程中往往会付出一些代价,表现出一些症状包括:管理薄弱、计划失败、方向失控、偏离目标、沟通困惑、培训欠缺、过度乐观或紧张、决策盲目、质量失控以及创新和长期投资被忽视等。

这些症状会导致创业企业陷入成长中的危机。危机是指危及企业形象和存在的突发性或灾难性的事件,如不事先进行控制和防范,极易给企业带来无可挽回的损失并严重破坏企业形象,甚至使企业陷入困境乃至破产。风险或危机作为一种不确定性的事件,具有突发性、预知性、破坏性以及紧迫性。有利的一面是风险可能演变成一种机会,不利的一面可能就是一种危机或灾害。为了理解风险,我们先将风险进行分类。

1. 创业风险的种类

(1) 机会风险

机会风险是指创业者放弃原来从事的职业,而选择创业或者在选择不同创业方向时所面对的风险。

小李原来在诺基亚公司从事财务管理工作,2002年她走上创业之路,创办了北京爱心教育信息咨询有限公司。如果不去创业,她会拥有一份体面、高薪的职业,各种保险、退休金、住房福利一应俱全,也许过几年可以做到财务总监的位置,但如果创业失败了,她还得重新求职,这样不仅损失几年的时间、精力和金钱,而且也失去了几年的工作经验。但她选择创业还可以有其他项目,比如做老本行,当财务顾问,所以她宁愿损失掉自己的经验,也要做喜欢的教育产业。

可见,机会风险的概念与机会成本的概念有相似之处,是指创业者为了选择某种创业机会而放弃的另一项创业机会或工作机会所能获得的收益。

(2) 技术风险

这是指在企业产品创新过程中,因技术因素导致创新失败的可能性。技术风险包括:技术成功的不确定性、技术成果商业化的不确定性、技术效果的不确定性以及技术寿命的不确定性等。创业者重视技术专利的申请通常并不能代表创业开始,相反有可能存在着创业陷阱。

一家机电类新创企业拟开发一种远程病情观察系统,原本以为很快便可以实现最初的技术构思,结果花了两年时间,也没有实现预期的研发效果。无独有偶,某医药研发企业开发的一类新药,耗费巨资,研发周期长达10年之久,但到了4期临床阶段时,发现药物的副作用太大,没有通过药监部门的审批。

某地曾花了很大力气推动镍氢电池的国产化生产,投入巨资,一些材料科学家创造性地解决了新型储能材料的关键技术问题,但由于忽视工艺配套、设备配套,没有进行产品创新之后、批量化生产之前的技术整合,结果耗时数年之后,这一项目也没有取得预期的进展和效果。本节开头的故事也是讲技术成果商业化的不确定性。

技术不仅指从实验室里出来的技术,人们生活中的技巧、常识,只要能够商业化运用

第十章
企业成长与企业发展战略

也都是技术,它们的风险会低一些。

(3) 市场风险

这是指市场主体从事经济活动所面临的盈利或亏损的可能性以及不确定性。它包括市场需求量、市场接受时间、市场价格与预测的差异,还有竞争激烈的程度与预测的差异。某一产品或服务的面世会遇到同行业的模仿、假冒伪劣产品的冲击等问题,因此新创企业的产品或服务如何克服这些问题并提升自身竞争力,是创业者应重点考虑的问题。

(4) 资金风险

企业为什么会死去?一个根本原因是企业没钱了。资金风险就是指因资金不能适时供应而导致创业失败的可能性。从风险控制角度来说,止损是一种常见的自我保护策略。例如,某医药公司研发一种新药,由于对开发新药的资金风险估计不足,在研发进入临床阶段时,发现研发资金不足,由此不得不停止研发,终止项目,这就是一个典型的止损案例。具备止损意识的创业者,资金风险较低。

(5) 管理风险

这是指创业者在决策和管理方面的不当而引发损失的可能性。通常指高层管理者在战略决策上出现的失误。这些失误对内表现在对创业团队管理不当,对外表现在对机会的判断和把握失准。

(6) 环境风险

这是指创业企业的产品或服务由于所处的社会、经济、政策、法律环境变化或由于意外灾害发生而造成失败的可能性。创业环境总是在不断变化,创业企业所做出的准备永远不能与环境完全一致,它会给创业者带来风险。

2. 风险预防与控制

风险管理从风险预防开始划分为四个阶段,即风险预防,风险识别,风险控制以及风险化解。

(1) 预防意识

风险管理教育强调的是危机意识,"赢"字中,"亡"就是代表了风险及危机意识,能够赢,先要有危机意识,否则很快会死掉。创业者必须长期进行自我风险教育,比如为何要进孵化器?是为了提高创业成活率,借助别人的管理能力降低自己的创业风险,牺牲掉一些利益,换来的却是成活率的提高,这就是一种危机意识的体现。

(2) 建立预警机制

预警机制关注的是预警指标,预警指标包括可量化的和非量化两种,创业者需要通过这些指标的变化做出风险判断。企业的危机来自资金链的断裂,所有与此相关的直接因素都应该成为创业者关注的对象。创业阶段不同,关注的视角会有差别,比如同样是零售企业,创业初期应该关注让自己活下来的"单位面积销售量"的量化指标和顾客口碑的非量化指标。而对于进入成长期的企业,资金周转率、库存周转率则是关键指标,那些负面新闻、银行对其评价等级也是比较关键的指标。预警是发生风险,负责这个管理职能的可能要经常放大并分析指标的含义,提醒创业者注意。

(3) 建立定期风险评估和检查机制

企业可以建立部门风险评估与检查小组,部门包括生产、研发、维护、销售、财务等部门,以评估和确认风险。一旦出现对风险的判断失误,企业面临的损失就会很大。总体上,由于创业企业必须面对更大的风险,所以要积极听取那些年轻、乐观人员的意见,而对经验老到的员工,则要兼听之。

(4) 风险回避和化解

创业,特别是那些不确定性高的创业是利用"风险"创造利益的活动,其假设是因为存在着风险,所以没有人敢于行动,而创业者看到了风险并提出了化解风险的方案,因此,他们可以把竞争对手抛在后面。风险回避不是躲避,而是设法降低风险,比如可以慢一点,准备得再充分一点,或者分析风险的关键所在,投入精力控制风险因素形成,也可以转嫁和分摊风险,让更有实力的企业一起分担风险。这需要企业整体的相互配合,比如设计商业模型时,增大利益相关群体,增强抗拒风险的能力。

四、内创业管理

前面我们在不同章节分别讨论了内创业原理和团队管理,它不仅可以为那些具有创业精神的员工有机会在企业内部实现理想提供可能,也可以通过扩大企业业务范围推进企业转型,通过多元化,降低企业经营风险。在本质上,内创业是企业成长和员工成长的重要方法,有一系列的特殊问题和特殊管理规律,需要进一步加以讨论。

1. 内创业的特征

我们把内创业特征概括如下。

① 内创业过程是一个现有组织中的创新继续,特别是由创业者组织的创新创业活动,更体现了创业者永不止步的进取心。他们可以用管理的思维扩大企业影响力,也可以用创业的思维发展企业,似乎一切像是重新开始。

② 内创业不仅指的是新事业单位的创建,也指其他的创新活动和意向,如新产品开发,新技术创新,新的服务和新的管理方式的发展以及新的战略等。

③ 内创业应当被看作基于行动或者是行动导向的概念,它在组织边界内运作并把当前组织的产品、服务、技术、规范、结构和操作等向新的方向的延伸,以期创造更大的业绩。

④ 内创业不局限于大企业,也适合于各种中小型公司,它是一种思维方式和组织方式,而结果经常与管理思维接近。

⑤ 内创业具有打破常规追求机会的特点。内创业因其多基于企业已经成熟而拥有抗拒风险的能力,它有可能成为创造机会的活动。

第十章
企业成长与企业发展战略

2. 公司内创业的模式

公司内创业既可以在公司现有部门内开展,也可以成立独立的新部门。公司内部开展新业务主要强调两个方面:一是这种新业务是否与现有的业务具有一定的相关性,从而可以充分利用公司各方面的资源;二是这种新任务是否能与公司整体战略相一致,是否有利于增强公司的核心竞争力。内创业主要有四种:项目小组创业、内部创业、创业孵化器以及风险投资。

(1) 项目运作模式

项目运作模式就是采用项目制的方式,以任务为导向,按照公司战略规划的整体部署,从技术和理念等方面对公司现有业务进行持续创新和改进。以项目运作模式开展创新活动,有下列特点:一是它要服务于公司的整体战略构想,与现有公司业务有密切的相关性;二是它具有明确的可以界定的目标,即一个可以预期的产品或服务成果;三是项目的资金投入需要公司支持,而且项目执行过程中需要公司各部门的协同和合作,可以充分利用公司资源;四是按照项目管理的运作模式,有具体的时间,成本和质量管理控制。与传统管理方式相比,项目运作模式更有利于公司战略的执行,资源的合理利用以及公司各部门之间的协同。

(2) 公司内成立企业

对创业者而言,这种模式在一定程度上要比个人创业更具优势,创业者熟悉企业环境且可以从公司获得各种资源的支持。它是在公司组织内进行的非正规却有一定的内创业制度保障的活动,以此保证公司内部一定的自由度,如果员工感觉自己的创意很有发展潜力的时候,可以向公司中高层进行推荐,由公司高层来最后决定是否支持这项活动。其要求是:第一,内部创业需要公司各层面的员工深刻理解公司愿景和使命描述以及公司的核心价值观等内容,公司应当鼓励员工进行符合公司发展战略的创新和创业活动,并给予一定的政策和资源的支持;第二,公司内部需要有一些有影响的内创业支持者,由他们来协助内创业者获得所需资源,沟通信息以及帮助化解创业过程中来自公司内部的阻力,使得公司内创业得以顺利进行;第三,公司一定要营造包容,鼓励创新的文化以激励更多的内创业者勇于创新,大胆冒险,敢于承担,同时也要建立相应的鼓励创新机制,以发掘和培养内创新人才。这些都需要通过制度加以明确。

(3) 企业内部创业孵化器

创业孵化器是通过提供一系列新创企业发展所需要的管理支持和资源配置,以帮助和促进其成长的创业运作形式,它通过提供场地和设施以及培训和咨询,融资和推广等方面的支持,降低新创企业的创业风险和创业成本,提高创业成功率。那些进取的公司可以开辟一些自由空间开展各种创新活动,如创客空间(为创新和制作服务),其中针对创业服务空间和工作机制,可以有助于员工自主创业,它们是公司内部的创业孵化器。也具有孵化器的一般功能,如果公司的孵化服务专业化水准较高,并且可以帮助创业者实现内部业务衔接,就可以大幅度地提高创业成功率。当然,企业这样做也可以促进企业创新和创业思维的形成,是企业持续发展的动力来源。

(4) 公司创业投资

公司创业投资是指有明确主营业务的非金融企业对具有前景的企业或项目进行分风险投资活动,其目的在于扶持员工创业,激励创业者投入,同时,也是为了隔离与总公司的财务联系,避免创业风险向总公司传导,在安全的前提下增强发展动力。严格地说,公司创业投资不是完整的内创业制度,有时候,它会变成企业的财务行为。因为他们可以对外进行创业投资,对那些已经进入成长阶段的小企业进行收购,这会让他们过多地考虑利益,而忘记自己要为企业内部创业服务,并且让企业变得越来越复杂,核心能力受到冲击。

3. 内创业风险管理

内创业是一个机制,而不是创业项目,其风险来自所运作的创业项目,但更来自这些项目集中后的叠加,如果企业过度支持内部创业,则会给企业带来风险。

(1) 目标与形象

企业需要通过一系列的手段控制自己的核心能力,伤害自己核心能力的努力是没有意义的。换言之,企业的成长是基于核心能力的成长,而不是财务能力的扩张,追求利润往往会偷换成长的概念,迷失自己。从市场角度,顾客对企业的认同度多是通过业务层面完成的。当一家全员保险公司也出售矿泉水的时候,顾客会产生疑问,这不会增加企业的无形资产,相反却会有所削弱。这些都可能由内创业活动带来,需要企业警惕。

(2) 财务失控

如果内创业活动中,企业投入资金过多,占股比例过大,有可能会出现为了新的业务而不断进行投入,致使企业为了挽救已经做出的投入,陷入财务危机之中。如果内创业企业都处于可能会盈利,但现在仍然亏损的状态,企业面临的财务压力会不断放大。

(3) 员工稳定

核心业务需要员工的稳定,如果过度支持内创业,可能会影响员工的稳定。如果那些创业的员工,既有可能获得巨额红利,还有工资做保证,就会更加动摇员工的稳定性;如果创业公司不断在公司内部挖人,影响着内部员工队伍,也会带来风险。至于那些在创业以后,将创业公司独立出去造成失控的情况,更是公司发展的一种隐患。

(4) 管理混乱

为了保证内创业,企业需要打破传统管理模式,如果企业没有做好思想和知识准备,会形成传统与新生业务之间的相互抵触的局面,这会牵扯高层管理者精力,加大企业的管理成本,造成管理的混乱。

防止内创业带来的管理风险仍然需要使用管理手段去解决,其基本原则是适度鼓励内创业,在正常经营与内创业之间寻求平衡;对转型企业和准备转型的企业,可以适当加大内创业激励力度,但要有所控制,比如投入预算控制;对创业企业以股东身份开展正规化和专业化管理。

第十章 企业成长与企业发展战略

五、案例精读

分众传媒的成长史

分众传媒诞生于2003年,创建了电梯媒体广告模式。2015年分众传媒回归A股,市值破千亿元,成为中国传媒第一股。分众传媒营收超百亿元的关键在于,抓住了"电梯"这个核心场景。分众传媒,覆盖230多个城市,超过260万个电梯终端,被评为"中国广告最具品牌引爆力媒体"。

1994年,还在读大学三年级的江南春开始了自主创业。7月,江南春自筹资金,凭借此前兼职的工作经验和人脉资源创办了永怡传播公司。此后,一系列的户外广告业务让江南春掘得了创业的第一桶金。2001年,伴随着互联网经济泡沫的破灭,永怡遭受了重创,江南春在经历了痛苦之后逐渐意识到,广告代理行业往往是费力不讨好,必须改变经营途径。从那一年开始,江南春开始了从广告代理向媒介策略服务转变的尝试。"永怡的十年,培养了我对产业的判断力,积累了一些专业经验。"江南春回忆说,"最重要的是,我发现了分众传媒。"

基于在广告产业中多年的成功和失败经验,江南春把中国的广告产业划分为三个阶段,其中1980—1989年是初级阶段,"这个阶段凡是投广告都会成功,因为那个时候谁只要发出声音就成功";第二个阶段是1990—1998年,"这个阶段凡是有足够群投的网络都可以成功,因为很多人做广告,这个时候你能花更多的钱就行";1998年之后是第三阶段,"这个阶段即使你有足够的网络也不会成功,因为中国广告存在非常大的问题,其中一个问题就是分众性很差"。从进入这个阶段以后,越来越多的企业要求对特定的人群传达自己的产品信息、品牌信息,但是却发现广告必须通过大众传媒来完成,无法有效区分锁定的目标受众,造成大量的广告预算流失在非目标人群中。

正是因为对中国广告产业各阶段的准确划分,江南春找到了当时中国广告产业的市场需求缺口,发现了巨大的商机。就是在这些被广告人忽视的电梯旁,江南春找到了一个超过10亿元规模的"无人竞争"新兴广告市场——楼宇电视广告。

楼宇电视广告能让广告最精准和有效地击中目标受众,在一定程度上解决了广告干扰度太大的问题。

技术上,分众传媒自2002年带领开发的多媒体液晶广告机将超薄DVD、LCD与红外线同步技术相整合,获得国家实用新型专利。2003年下半年起,江南春又率先将硬盘、工控主板、Windows XP系统与无线传输技术相结合,通过GPRS技术实时发送文字信息,利用WiFi和PTOP技术传送视频影像内容,从而将中国的商业楼宇信息化程度提升至国际领先高度。该项发明将多种国内外最新的无线互联网传输技术集成在楼宇电视广告信息平台上,在应用上具有全球领先性,引发了各国各地区的广泛关注。

同时,分众成功的商业模式引来了大量企业的模仿,分众的楼宇电视广告创意模式被频频"复制",在分众成立的几个月后,2003年4月,聚众传媒在上海成立,并在两年多的时间内迅速崛起,成为分众的主要竞争对手。截至2005年7月,聚众已经覆盖全国45

个城市、25 000栋楼宇,日覆盖人群超过近3 000万人次。

为了避免竞争,分众采取了一系列的措施。2005年7月,分众传媒在纳斯达克上市,获得大量融资,分众传媒开始了它的大规模收购活动,给予仿效它的主要竞争对手聚众传媒以沉重打击。2006年1月,为避免惨烈的"红海"竞争,分众传媒以3.25亿美元收购了聚众传媒,合并之后,分众在楼宇电视广告的份额达到98%,拥有每天近1亿都市消费者的受众群,打造出中国最大的户外广告平台。

分众传媒收购史

时间	事项	备注
2006年1月	收购框架传媒公司	进军框架海报广告业务
2006年2月	收购聚众进军电子海报广告	收购当时最大的竞争对手
2006年3月	收购凯威广告改名分众无线,做手机广告	2008年关闭相关业务
2006年9月	收购ACL进军映前广告	映前广告
2006年第四季度	收购枫径广告进入LED户外广告	户外广告
2007年3月	收购好耶广告进军互联网广告	互联网广告
2007年6月	收购华康广告	医疗专业领域广告
2008年1月	收购玺诚传媒,12月剥离	12月剥离
2008年12月	拟将公司出售给新浪	2009年9月终止出售
2010年1月	出售好耶广告公司	减持公司非核心业务的同时集中治理与扩展投资公司核心业务
2010年12月	收购华视传媒15%股权	
2012年	处置4家户外广告公司,聚焦核心业务	
2013年5月	完成纳斯达克私有化	遭遇浑水做空,退市回归
2015年11月	正式回归A股,完成首例中概股回归	

基于在楼宇广告的绝对优势,分众可以为其他广告领域的客户提供打包和协同服务,可以进行一系列的户外广告媒体的并购,可以站在更高的产业层面,去部署企业的长期战略,应对更多的国内外竞争,从而摆脱了竞争惨烈的"红海"。

案例思考题:

(1) 请分析分众传媒短时间内高速成长的原因。

(2) 分众传媒的增长会一直持续下去吗?分众传媒的高速增长存在什么问题?

六、创业思维训练

企业的成长曲线

企业成长是创业的始终目标,也是衡量创业是否成功的重要指标。但并非所有企业都会顺利成长,大多数企业会随着内外部商业环境和因素的变化呈现出不同的成长模

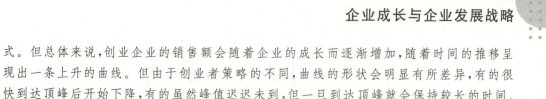

式。但总体来说,创业企业的销售额会随着企业的成长而逐渐增加,随着时间的推移呈现出一条上升的曲线。但由于创业者策略的不同,曲线的形状会明显有所差异,有的很快到达顶峰后开始下降,有的虽然峰值迟迟未到,但一旦到达顶峰就会保持较长的时间。企业成长曲线呈现什么样的形状,与创业者或企业家的决策息息相关。

学习目标

1. 了解企业成长曲线。
2. 识别企业成长的不同模式。
3. 掌握影响企业成长的外部因素。

训练材料

1. 现有企业的连续若干年的财务报表。
2. 白纸、尺子、马克笔。

训练步骤

1. 小组讨论:创业的根本目的是什么?企业是否必须成长?
2. 分配任务:每个小组选择一个新创企业(根据财务报表获得的难易程度,可以适当放宽这个条件),仔细研究他们过去若干年(一般为5年以上)的财务报表,找出企业的年收入数据。
3. 绘制企业成长曲线:横轴代表时间,纵轴代表收入。
4. 小组讨论:根据成长曲线思考该企业是如何成长的?大致可以分成几个阶段?每个阶段的成长特征受哪些因素影响?
5. 小组间互相交换成长曲线,观察不同企业的成长曲线是否一致或类似?
6. 各小组对成长曲线进行分享。

七、课后思考题

1. 新创企业在成长过程中会遇到哪些问题?如何解决?
2. 新创业企业如何进行人力资源管理、时间管理、财务管理以及风险管理?
3. 新创企业快速增长带来的积极和消极的后果有哪些?
4. 新创企业如何实现适度增长(方法和分析过程)?

参考文献

[1] [美]海迪·M.内克(Heidi M.neck)、帕特里夏·G.格林(Patricia G.Greene)和坎迪达·G.布拉什(Candida G.Brush).Teaching Entrepreneurship——A Practice-Based Approach[M].薛红志,等,译.北京:机械工业出版社,2015.

[2] [美]阿玛尔·毕海德.新企业的起源与演进[M].魏如山,译.北京:中国人民大学出版社,2004.

[3] [美]布鲁斯·R.巴林杰.创业计划书——从创意到方案[M].陈忠卫,等,译.北京:机械工业出版社,2016.

[4] [美]劳拉·P.哈特曼,乔·德斯贾丁斯,苏勇等.企业伦理学[M].北京:机械工业出版社,2011.

[5] Michael Haynie, Dean Shepherd, and Jeffrey McMullen. An Opportunity for Me? The Role of Resources in Opportunity Evaluation Decisions[J].Journal of Management Studies,May,2009.

[6] Robert Cooper,Winning at New Product (Third Edition),Product Development Institute Inc.,2001.

[7] 百度文库.百度百科关于创业计划书的介绍.

[8] 邴红艳,张婧.企业法律环境[M].北京:经济管理出版社,2017.

[9] 曾萍.企业伦理与社会责任[M].北京:机械工业出版社,2011.

[10] 陈佳贵.企业管理学大辞典[M].北京:经济科学出版社,2000.

[11] 陈解.企业与法律环境[M].北京:清华大学出版社,2004.

[12] 陈少峰.企业文化与企业伦理[M].上海:复旦大学出版社,2009.

[13] 成芳.晋商文化内涵探析[J].法制与社会,2019(15).

[14] 贵立义.企业法律环境[M].大连:东北财经大学出版社,2004.

[15] 郭会斌.重构持续竞争优势:面向现代服务性企业的内创业研究[M].北京:中国经济出版社,2009.

[16] 韩双林,马秀岩主编.证券投资大词典[M].哈尔滨:黑龙江人民出版社,1993.

[17] 李彤.金风科技:好日子有多长[J].商界(评论),2008(2).

[18] 李政.创业型经济:内在机理与发展策略[M].北京:社会科学文献出版社,2010.

[19] 刘晓晖.因为精准所以超值——从触动传媒互动模式谈新媒体发展趋势[J].中国广告,2008(5).

[20] 刘志坚.创业基础[M].广州:华南理工大学出版社,2016.

[21] 潘玉香,吴芳.创办新企业[M].北京:中国经济出版社,2012.

[22] 清华大学技术创新研究中心,创新与创业管理(第3辑):产业技术创新专辑[M].北京:清华大学出版社,2007.

[23] [日]大前研一.创新者的思考:发现创业与创意的源头(珍藏版)[M].王伟,郑玉贵,译.北京:机械工业出版社,2012.

[24] 史蒂夫·布兰克,鲍勃·多夫.创业者手册——教你如何构建伟大的企业[M].新华都商学院,译.北京:机械工业出版社,2015.

[25] 王宣喻,李新春,陈凌.资本合作与信任扩展:一个跨越家族的创业故事——广东华帝集团案例[J].管理世界,2006(7).

[26] 王瑛杰.创业者最想要的法律常识[M].杭州:华文出版社,2011.

[27] 王元等.中国创业风险投资发展报告2012[M].北京:经济管理出版社,2012.

[28] 严睿,宋清华.武钢解析下滑内幕:金风科技,风电龙头能否止跌[J].英才,2009(7).

[29] 袁文艺.基于波特竞争理论的分众传媒竞争优势探析[J].探索与争鸣,2008(12).

［30］ 张茉楠.创业型经济论[M].北京：人民出版社,2009.
［31］ 张堂恒.中国茶学辞典[M].上海：上海科学技术出版社,1995：343.
［32］ 张耀辉,张树义,朱锋.创业学导论——原理、训练与应用[M].北京：机械工业出版社,2011.
［33］ 张耀辉,朱锋.创业基础[M].广州：暨南大学出版社,2013.
［34］ 张耀辉,左小德.新商业模型评析第1辑[M].广州：暨南大学出版社,2009.
［35］ 张耀辉,朱锋,左小德.新商业模型评析第2辑[M].广州：暨南大学出版社,2010.
［36］ 张耀辉,左小德,朱锋.新商业模型评析第3辑[M].广州：暨南大学出版社,2012.
［37］ 张耀辉,张树义,宋宇翔,王勇.创业基础[M].重庆：重庆大学出版社,2018.
［38］ 周海泉.分众传媒缘何由盛转衰？——分众内部的整合创新远远不够[J].经理人,2009(3).
［39］ 周祖城.企业伦理学[M].北京：清华大学出版社,2009.
［40］ 朱未萍,张瑾.企业法律环境[M].北京：科学出版社,2008.
［41］ 朱武祥,魏炜.发现商业模式[M].北京：机械工业出版社,2009.
［42］ 朱武祥,魏炜.金风科技：全外包的商业模式[J].深圳特区科技,2008(3).
［43］ 左凌烨,雷家骕.创业机会评价方法研究综述[J].中外管理导报,2002(7).

后 记

2018年10月24日,习近平总书记视察暨南大学。他指示,"把中华文化传播到五湖四海"。习总书记的指示,是对我们暨南大学提出的新的工作要求,我们教学科研人员要跟上这个节奏。

《创业原理、案例与实训——以中华文化为背景》是暨南大学重点支持的教材。在近20年的创业教育探索中,我们撰写了《电子商务企业创业教程》《知识经营者》《大学生创业基础》《创业基础》等六七本关于创业创新的教材,但是都没有如这本教材有更强烈的使命感。

撰写这本教材的时候,一个重要的困难是没有可以参考的资料,而且在中国的创业教育中,几乎全部是翻译或者根据翻译编写的教材,"中学为体,西学为用"的基本信念让我们面临着一些对其他教材所涉及内容的割舍问题,这让这本教材不免带有一些研究性质。多年来,我们一直坚持着创业案例研究,在广东创意经济研究会的协助下,到2019年8月已经举办了108期"新商业模型论坛"和各类创业企业的项目打磨会。我们将研究成果带进课堂,把自己的创意讲给学生,从而使我们这本教材有了更生动的案例背景,书中一些重要结论归纳和原理的创新多是对这些案例观察分析的结果,感谢广东创意经济研究会。在这本书中,一些以前非常重要的创业教育的体会,被吸收到其中,特别是曾经两度与我们合作的上海金融学院的张树义教授,他在商业模式、创业融资等领域有过较深的研究,我们需要把研究成果与中华文化结合起来,使之成为本书的内容,我们要特别感谢他。持续了15年的创业实验室积累了一批人才,创业实验原理也成为创业学院的基本工作原理,例如把我们的一些主张提炼成"张三条",其中"中学为体,西学为用"理论变成了我们的教育实践,"以解决全人类心态创新,以以理服人态度坚持,以创造财富方式实现人生价值"诠释了创新追求、人本主义和科学精神的结合。他们在实践上,有的人比我们对这些问题的理解更加深刻,我们感谢他们为本书奉献的思想与智慧。创业学院成立之后,逐步成立了微孵化中心和EDP中心,蔡耿添主任和余燕舞主任成为我们最重要的合作者,他们把主要精力放在管理上,同时也参与一部分研究,为我们提供了素材。兼任创业学院创业人才研究所所长的余燕舞还在本书中承担了第四章基础内容的撰写任务,我们也要感谢他们。创业学院的学术研究氛围很浓厚,经常参与E读书会的几位——徐咏梅、王虹、苏晓华、朱峰、佟瑞等老师间接地参与了相关话题的讨论,新商业模型论坛的一些主讲案例也成为本书的案例来源。王虹是人力资源方面的专家,她对此书抱着热情支持的态度。我的学生,也是创业实验室的负责人——郭天山承担一部分词

后记

汇核对工作,在此向他们表示感谢。

全书由张耀辉、王勇撰写,王勇负责第六至第十章及全书案例、实训部分的组织和撰写。

传统中华文化下的创业原理今天写完了,但在中华文化背景指导下的创意、创新、创业教育实践还远没有完成,后续相关的慕课也将发布。我们会继续努力的。

张耀辉　王　勇
2022 年 1 月